# エクソコンシャスヒューマンズ

自由意志は「非人間化する世界」で生き残れるのか？

EXOCONSCIOUS HUMANS

Rebecca Hardcastle Wright, Ph.D.

レベッカ・ハードキャッスル・ライト［著］

高島康司［訳］

ナチュラルスピリット

**EXOCONSCIOUS HUMANS**
**by Rebecca Hardcastle Wright, Ph.D.**



Japanese translation rights arranged with WATERSIDE PRODUCTIONS INC.
through Japan UNI Agency, Inc., Tokyo

# 推薦文

明らかにシリコンバレーは、未来の人間がコンピュータに支配されることを望んでいる。彼らはそう言っていた。テクノクラティックな〝マトリックス〟に代わるものは、意識の進化だ。個人の意識と能力の新たなレベルへと、人類は立ち上がるのか？　進化するのか？

本書は、すでに飛躍的な進化を遂げて「ここにいる人々を助けに来ている人たち」によって、それがどのように起こるのかを説明している。非常に挑発的な書物だ。

――ジョン・L・ピーターセン（「アーリントンインスティテュート」創設者兼社長）

＊

この種のものとしては初めてのことであり、これほどタイムリーなものはない。人類が大きな変化に向かっている今、地球上のすべての人に読んでもらいたい。

レベッカ・ハードキャッスル・ライトは読者に対し、「コンタクト」を経験することが何を意味するのか、その世界観がトランスヒューマニズムを超えた無限の可能性でどう照らすかについて、真実に満ちた知的で稀有な視点を与えてくれる。

――スーザン・A・マネウィッチ（「ニューエナジームーブメント」代表／「ヌイファウンデーション・フォー・モラル・テクノロジー」ディレクター）

＊

本書『エクソコンシャスヒューマンズ』は、人間の意識・神秘主義・地球外生命体とのコンタクト・量子物理学・人工知能・生物学・神経科学・心理学、そして人類の未来についての興味深い探求である。レベッカ・ハードキャッスル・ライトは、人類のエクソコンシャスな未来の可能性について、入念に調べ上げた魅力的で広範囲にわたる示唆に富む思索を提示している。

——デイビッド・ガニング（AI専門家）

＊

人類史の現在において、『エクソコンシャスヒューマンズ』で投げかけられている問いかけほど、偉大で畏敬の念を抱かせるものはない。

レベッカ・ハードキャッスル・ライトのメッセージは、タイムリーで緊急性がありながらも、思慮深い。彼女は、これから起こることをナビゲートするために必要なガイダンスを、あなたの手の中に置いてくれる。

——ウィリアム・ヘンリー（作家／神話学者／TV司会者）

＊

著者のハードキャッスル・ライトは、人間の意識を形成してきた歴史を「現代も続く物語」として創造的に再編成した。その解釈が、人間を超えたコミュニケーションの実現に貢献するかどうかは、時間が経てばわかるだろう。勇気を持って書かれ、明かされている。

——ヘルムート・ヴァウティシャー（「北米カールヤスパース協会」会長／ソノマ州立大学哲学科教授）

＊

ハードキャッスル・ライト博士は、私たちがこのテクノロジー時代にさらに入り込んでいく中で、人類が直面する複雑で深遠な問題を見事に探求している。彼女は、人間であることが何を意味するのか、私たちの今の選択が、種としての将来をどのように決定するのかを探っている。魅力的で説得力のある一冊である。

**——メアリー・ロッドウェル（オーストラリア・クロース・エンカウンター（第４種接近遭遇）ネットワークＡＣＥＲＮ代表／『Awakening & The New Human』著者）**

＊

月に降り立った一人の人間が〝人類の大いなる飛躍〟であったとすれば、銀河の隣人との出会いは、母なる地球を敬い、すべての人の心理的・精神的成長を飛躍させながら、人類が平和のうちに、ともに生きるための壮大な新時代を打ち立てるだろう。

レベッカは私たちを、未来と星々の隣人に出会うことの計り知れない可能性へと、先見の明をもって導いてくれる。

**——ロナルド・ピーターズ（医学博士／アリゾナ州スコッツデール「マインドボディ・メディスンセンター」所長／公衆衛生学修士）**

＊

レベッカ・ハードキャッスル・ライトは、エクソコンシャスについて、包括的で正確な定義を提示している。エクソコンシャスとは、非局所的な量子場において、人間以外の知性ある存在を体験し、その知性との習慣的なコミュニケーションを確立している人たちの心や精神状態のことである。

冒頭で彼女はエクソコンシャスを、トランスヒューマニズムとは一線を画すものとしている。トランスヒューマニズムとそれにまつわる科学的・技術的概念や約束事は、人工生物に支配された新たな現実の中で、人類を従属的な役割に貶める脅威となるのだと。彼女はまた、エクソコンシャスが、実証や調査に基づく「UFO研究」のアプローチをはるかに凌ぐものであることも示している。
博学でエレガント、かつ雄弁な文体で歯切れよく書かれ、個人的な回想と光輝くような比喩でイキイキと彩られ、豊富な科学的文献に支えられたこの著作は〝意識についての理解〟への重要な道しるべであり、われわれの未来の前触れでもある。著者は、この分野の多くの現代理論を見直し、人間の次元を完全に包み込む超越的な視点から、現代理論を補足している。

――カム・カーペンティア（作家／『世界情勢』編集委員会招集者／IISESアソシエイト〈オーストリア〉／「インド財団」コンサルタント）

＊

最近、哲学で注目されている新しい分野が、「AI・メタ・トランスヒューマンが哲学に与える影響」である。レベッカ・ハードキャッスル・ライトは、このムーブメントの先駆者の一人だ。私は、彼女の仕事とウェブ活動（exoconsciousness.com）を心から応援する。

――アラン・M・オルソン（ボストン大学名誉教授／宗教哲学）

＊

レベッカ・ハードキャッスルは3冊目の著書で、またもや、やってのけた。
エクソコンシャスのコミュニティという新境地を開拓し、記念碑的な変化の時期にいる私たち一人ひとりに影響を与える〝社会的な発見と発展〟を指南している。人類の未来に関心を持つすべての人にとって、必読の書である。

――ミア・フェロレト（『New Observations』誌発行人）

＊

レベッカは、宇宙意識という共有の場を自らに固定すること、すなわち、人間の意識を自分自身の多次元的な側面のすべてと結びつけることの意義を、深く理解している。

彼女が分かち合うサイキックインテリジェンスとトランスヒューマンの概念は、読者を思慮深い考察の旅と、心から安らげるパワフルな場所へと導いてくれる。

――シーラ・セッピ（「スピリットウェイ・ウェルネス」創設者／『意識の覚醒シリーズ』著者）

＊

言語は常に、人類がコミュニケーションをとるための基本的な手段だった。そして今、それ以上のものがある。レベッカ・ハードキャッスル・ライトは、人類が宇宙的な種としてどこへ向かおうとしているのかを示し、再定義し、超越するために、新たな認識によるツールとしてこの作品を創り上げた。

見事で、勇敢で、革命的。この魅力ある本を、見逃してはならない。

――ビクター・ヴィジアーニ（経営者／国際ニュースサービス「ズランドコミュニケーションズ」ニュースディレクター）

＊

レベッカは、意識とコンタクトの分野における優れた研究者であり、コンタクティーとしても卓越した仕事をこなしている。私は、テクノロジーの進歩とエクソコンシャスの概念について、最新の情報を交えながら説明しているこの新著を読むことを、強く勧める。

――ジルダ・モウラ（臨床心理学者／作家／カイロス財団と共同で、イリノイ大学にて変性意識状態とブレインマッピングを6年間にわたり研究）

＊

この10年において、決定的に重要な本である！　レベッカ・ハードキャッスル・ライトは、進化し続ける人類にとってサイキックインテリジェンスの重要性を説き、読者が自らの内なる知性の価値を認識できるように手助けする。

年々、人工知能との接点が増えている現代社会では、地に足を着けることが最も重要である。われわれの種が馴染みのない領域に突入するにつれて、人間であるという真の贈り物とを区別する、新たな優先順位を確立しなければならない。これらを理解することは、何より重要だ！　われわれの生存はそれにかかっている。

――ジェニファー・W・スタイン（映画監督）

＊

世界がバラバラになりそうなとき、本書は新たな意識レベルへの地図として、世界を一つにまとめてくれる。人類の知性を「エンドウー（ローカルマインド）」から、「エクソアウェアネス（ユニバーサルマインド）」へと進化させたいのなら、レベッカ・ハードキャッスル・ライトは、未来文明を活性化させ、宇宙市民としての真の運命に目覚めさせる道を示している。

——アラン・スタインフェルド（スピリチュアリティ番組『ニュー・リアリティーズ』プロデューサー）

＊

私は、ハードキャッスル博士の新著を、夜の終わりを告げる一筋の光にたとえる。新しい時代の幕開けにあたり、ハードキャッスル博士の著作は、私たちがスピリチュアルな宇宙的本質を認識する助けとなる。

——ロドルフォ・デ・オリヴェイラ（「academyfraternitatem.com」創設者）

＊

レベッカ・ハードキャッスル・ライトは、エクソコンシャスと人類の進化における分野の専門家である。本書は、人類がどこへ向かっているのか、私たちの未来にどのような選択肢があるのかを考えさせてくれる。好奇心旺盛で勇気があり、心配性なすべての人にとって、必読の書である。間違いなく〝目からウロコ〟である。

——ダーレーン・ヴァン・デ・グリフト（「soulunion.com」創設者／ニューヨーク大学宇宙社会学教授）

＊

レベッカ・ハードキャッスル・ライト博士は、故エドガー・ミッチェル博士の親愛なる友人だった。ミッチェル博士はアポロ14号の宇宙飛行士であり、意識・PSI・一般的に「超常現象」と呼ばれるものに関する世界有数の学術研究機関「ヌエティック・サイエンス研究所」（IONS）の創設者である。

レベッカの新著『エクソコンシャスヒューマンズ』は、ミッチェル博士の研究を引き継ぎ、多次元的な非人間的知性との相互作用が増大し続ける中で、〝人類の生存は人間のサイキック能力の継続的な発展にかかっている〟と論じている。

彼女は、人類が生き残るために不可欠な、この共生関係を促す必要があると主張している。彼女の本は、人間の意識と多次元の知性との複雑な相互作用を正しく理解するために、必読の書である。

――レイネリオ・ヘルナンデス（法務博士／MCP／博士候補／意識とコンタクト研究所所長）

＊

レベッカ・ハードキャッスルは、非常に重要なテーマと作品に取り組み、雄弁に掘り下げている。意識をまったく新しいレベルに拡大することに興味がある人にとって、必読の書だ。

――キャロライン・コーリー（映画プロデューサー）

＊

レベッカ・ハードキャッスル・ライトは、私が知る限り、アカデミックな形式で優れた研究を行っている。彼女の本は読む価値があり、調べる価値がある。

――パオラ・レオピッツィ・ハリス（調査ジャーナリスト／作家）

＊

『エクソコンシャスヒューマンズ』は、この分野の傑出した権威によって、見事に執筆されている。レベッカ・ハードキャッスル・ライト博士は、科学と文化を創造的、かつ注意深く統合し、トランスヒューマニズム（人類は科学と技術によって、現在の肉体的・精神的限界を超えて進化できるという概念）と、エクソコンシャス（私たちを宇宙とその住人に直接結びつける、人間の意識の起源の研究や次元や能力）の切実な意味を考察している。

高度なテクノロジーによる航空現象や異常現象が世界中で起きているという信憑性の高い報告と、非人間的な知的存在の訪問を明かすことにより、私たちの知識と理解を広げると同時に、人類が思慮深い意図を持ち、未来を描くための貴重な視点を提供している。

——リン・D・キテイ（医学博士／グローバルヘルスエデュケーター／作家／映画製作者／フェニックスライツネットワークCEO）

目次

## 第2節 トランスヒューマンとは何者か？

# 第2章

## サイキックインテリジェンスが望ましい？ 人工知能が望ましい？

# 第3章

## 意識のダウンロードと協働創造が望ましい？社会的に設計された人工現実が望ましい？

# 第4章

## エクソコンシャスな協創的自己が望ましい？
## 生物学的に改変された合成的自己が望ましい？

## 第2節 トランスヒューマンの合成生物学

# 第5章
# エクソコンシャスな宇宙とのつながりが望ましい？管理された宇宙と地球の環境整備が望ましい？

# 第6章

# エクソコンシャスな道徳的自律が望ましい？ トランスヒューマンの形態的自由が望ましい？

# 第7章

## 「エクソコンシャス文明」が望ましい？「監視帝国文明」が望ましい？

# 第8章

## 結論＝「エクソコンシャス研究所」の役割

# 序章

## ★閉じたループの中から生まれた深い学び

あなたが持ちうるサイキックな能力は、トランスヒューマンな文化の中で使うことができるでしょうか？　人工知能（ＡＩ）があなたの意識を抑圧したり、取って代わる可能性はあるでしょうか？

少しの間、次のことについて考えてみてください。

＊

あなたはトランスヒューマニズム（超人間主義）と、それが日常生活に及ぼす影響についてどのくらい知っていますか？　トランスヒューマニズムに共感し、ＡＩを価値あるものとして認識していますか？　現在と未来において、ロボットやＡＩ、ソーシャルエンジニアリング（社会工学）が主流になると考えていますか？

一方で、自分自身の「サイキックインテリジェンス（超常的知性）」を大切にしていますか？　直感や自由な発想、創造性をどのくらい認識していますか？　これらの能力は、あなたの意識や「サイキックインテリジェンス」に由来するものだと認識しているでしょうか？

さらには、非物質的な存在とのコンタクトについてはどうでしょう？　自らが地球外生命体（ＥＴ）や多次元存在とつながり〔1〕、コミュニケーションし、協働創造する生まれつきの「エクソコンシャス（地球外意識＝宇宙意識）な能力」に気づいていますか？

＊

この本の目的は、これらの考察に対し、「エクソコンシャスヒューマン」と「トランスヒューマン」の違いを比較することで、起こり得る未来も含めて徹底的に探求することにあります。

それは「エクソコンシャスヒューマン」であること、または「トランスヒューマン」であることが何を意味するのかを明確にする機会となります。

ぜひ、これら2つの探求に参加してください。参考となる詳細な情報と、実体験を徹底的に検証した内容により、あなたが「エクソコンシャスヒューマン」か「トランスヒューマン」として、どちらの文化の中にいるのかを判断するのに役立つでしょう。

本書で紹介している「エクソコンシャスコミュニティ」の情報は、非常にエキサイティングで価値のあるものです。このコミュニティは、ETや多次元存在と継続的にコンタクトやコミュニケーションしたり、協働創造を行う個人やグループからなります。

彼らによれば、私たちが意識を拡大させてサイキック能力を磨くことは、〝実用的な発明や革新的な未来への入り口となり、多次元的な直感力が問題解決能力を高める〟と予測しています。それを受け入れるかどうかは、あなた次第です。

それとは逆に、シリコンバレーの専門家たちはトランスヒューマニズムを、「人間が身体や環境に、テクノロジーをシームレス（継ぎ目のない状態）に取り込むことができる貴重なチャンスだ」と主張します。〝ロボットや高度なデータマイニング、合成デジタル生物学によって豊かな生活が実現すれば、将来、驚くべき技術革新がなされ、量子コンピュータはこれまで解けなかった方程式を圧倒的な効率で解き明かす〟と予測しています。このような考えを受け入れるかどうかは、あなたの判断に委ねられています。

この2つの選択肢は、どちらも互いに排他的である必要はありません。

本書では、「エクソコンシャスヒューマン」と「トランスヒューマン」に共通する基盤を見いだすべく、考察も提供しています。その詳細な検証は、あなたの集中力と想像力を要求するかもしれません。

この本を読みながら、さまざまなシナリオや可能性に理性と想像力を働かせて、あなたが望む未来に進んで行ってください。

本書を執筆するにあたり、私は慎重にアプローチしました。「トランスヒューマニズム」と「サイキックインテリジェンス」について考察するにあたり、ワシントンD.C.に暮らしていた頃へと心の旅をすべく、人生を振り返ったのです。

当時の私は、ワシントンD.C.の外れにあるこじんまりしたアパートに住み、2年間、トランスヒューマニズムのテクノロジーについての探求に没頭していました。

ギリシア神話のペルセポネ（ゼウスの娘）が冥界の底に落ちて行くように、〝閉じた研究テーマ〟であるトランスヒューマニズムのディストピア的な側面に、毎日飲み込まれていたのです。まるで中毒のごとく、テクノロジーについての探求と、それにまつわる説得力のあるプロパガンダ（政治的な情報戦）の薄っぺらな約束事を消化していました。

テクノロジーが人体へ及ぼす影響について、私が論理的な考えをシェアしたとき、周りの人は私のことを〝精神面で問題のある人〟とでもいうような怪訝な目で見ました。「よくも、そんなことを……」というふうに。

私はすぐに、この話題に無関心な視線から距離をおくことを学びました。それでも、自分が何かを成し遂げているのを確信していたのです。テクノロジーにおける信じ難い発展が、「人間の人生というものに対する再定義」を加速させている情報を目にしていたからです。

最初は圧倒されました。アリアドネの赤い糸（伝説にまつわる表現で、正しい道への道しるべ、という意味）なしで、テクノロジーの迷宮を探索しました。私たちの体や心、精神、意識の超人化による破壊から抜け出す方法がわかりませんでした。

私は、ディストピア的なトランスヒューマン化の現実を、目に見えるものすべてをむさぼり食う〝社会的なパックマン〟として認識していました。仕事・教育・科学・宗教・健康・芸術、さらには運転・読書・子育て・人間関係や会話などの日常の楽しみまで――。トランスヒューマン文化は人間に対し、意識の残骸まで捨て去ることをさせ、人間であることの多くの証を人質に取っていくでしょう。

皮肉なことに、トランスヒューマニズムについての文献を読めば読むほど、ＥＴや多次元について頻繁に言及していました。これらの文献には、「意識によって操縦される目に見えない宇宙船」や、「偵察船を収容するセンターとしての母船」などの難解な側面が含まれていたのです。

その他にも、テレパシーでつながり合う心、データ送信のための意識のダウンロードやアップロード、ワームホールを介した宇宙旅行、並行宇宙論や多元宇宙論なども。そこには、シンボルの物質への変換、遠隔も含むエネルギーヒーリング、宇宙船内での宇宙船の複製と再生、持続可能なテクノロジーを含む科学への言及が見受けられました。

このようにトランスヒューマニズムとETや多次元の分野には、あまりに類似点が多かったのです。一体何が起きていたのでしょう?

＊

ETとコンタクトしたり多次元を体験した人と、トランスヒューマニズムの情報は、どちらも同じことを伝えているのでしょうか? もしそうなら、両者は現実に対する認識が同じなのでしょうか?それとも、両者は何らかの形で関係し合っているのでしょうか? 具体的には、トランスヒューマニズムは「ハリウッド映画」や「著名な経営者の物語」を利用して、支配的なテクノロジー文化を推し進めているのでしょうか?

逆に言えば、エクソコンシャスヒューマンにおける宇宙意識は、トランスヒューマニズムによる科学技術の進歩に依存しているのでしょうか? 多次元体験者は、SFやトランスヒューマニズムの専門用語や考え方を取り入れることで、コンタクト体験をより多くの人に伝えている、ということなのでしょうか?

エクソコンシャスヒューマンとトランスヒューマンは、「影響」と「協力」という閉じたループの中で共存しているのでしょうか?

＊

このような考察をするにつれ、サイバネティクスなダブルバインド（人間と機械が相互作用する中での二重拘束：詳しくは第3章2節で解説）が、浮かび上がってきました。

＊

多次元体験者は、意図的にトランスヒューマニズムを利用したのでしょうか?

あるいは、その逆だったのでしょうか? もしそうなら、エクソコンシャスヒューマンはどのようにしてトランスヒューマニズムを識別し、それが自らの意識へ及ぼす影響に、どう対処したのでしょうか?

＊

この本は、エクソコンシャスヒューマンとトランスヒューマンの根本的な違いを明らかにすべく、それぞれの視点での「望ましい未来」を提示していきます。

徹底的に調べた結果、明確な相違点がありながら、場合によっては共通点も見つかりました。

## ★今後の救いとなるエクソコンシャスヒューマンズ

主要な捉え方として、エクソコンシャスヒューマンは、〝人類の意識の存続と進歩にとって不可欠である〟ということです。

私たち人間は自然の炭素ベースでできた肉体を持ち、人間の意識を「可能性に満ちた量子場」として認識しています。量子場は、肉体を超えて意識を送受信することで創造される領域を包含しています。それは芸術や象徴主義・思想・哲学・人間と自然を結びつける科学などを生み出す「普遍的な領域」です。あるいは人間の脳機能に対し、トランスヒューマンの物質主義的科学を基本とすることもできます。

この物質主義的科学は脳を、精神性や感情・超能力・クリティカルシンキング(批判的思考)を欠いた「機械のようなデジタル情報システム」とみなします。すべての物質は意識を持たず、AIを通して複製された仮想現実を作り出せると主張しています。

エクソコンシャスとは、ETや多次元存在とコンタクトし、コミュニケーションし、協働創造する人間本来の能力です。量子場現象としての意識は、肉体の内と外を移動します。そのことを、私たちは現実の中で感覚的に経験します。目に見えない存在とのつながりやコミュニケーション、協働創造などを。人間の意識の進歩は、私たちが孤独ではないことを証明しています。人間の意識というものは、人間以外の多次元的な存在とも関わっているのです。

エクソコンシャスヒューマンになることは、サイキックな能力を携えた人生へと生まれ変わることです。脳を超えた意識は、長い年月をかけて人間の中で進化してしてきました。古代の人や先住民は、それを「宇宙意識」とも呼んでいます。しかし多くの場合、それは迷信とされ、科学や宗教、テクノロジーによって封じられてきたのです。

必然的に、エクソコンシャスヒューマンは進化しました。私たちは、〝この時代〟という時間枠に到着しなければならなかったのです。行き詰まった結婚生活や家系を救うために生まれた子どものように、エクソコンシャスヒューマンは、トランスヒューマニズムによる「人類存続の岐路」という圧倒的な脅威の中で出現しました。

彼らは、人間という種が「滅亡の匂い」を嗅ぎ取ったとき、自らの誕生とともに状況を巻き返していきます。エクソコンシャスヒューマンは、「現実の土台」を再編成します。彼らは、トランスヒューマニズムが、人間の核となる部分を救う能力と選択肢を狭めていることを痛感しています。

科学・技術・経済・政治・軍事・諜報・製薬・メディア・ジャーナリズム・宗教といった従来の「救済のための切り札」は、現在は「裏向きの捨て札」になっています。

これらのカードはすべて、トランスヒューマニズムに加担しています。すべてが積極的または消極的に、トランスヒューマニズムの猛攻撃に加担しているのです。

社会の主要部門を変えても勝ち目はありません。エクソコンシャスヒューマンはトランスヒューマン化に取り囲まれ、支配されています。したがって、トランスヒューマンという敵との全面戦争は無駄なのです。

トランスヒューマン化による〝人類の終焉〟への認識が高まるにつれ、私たちに残された選択肢は一つだけです。それは、究極のワイルドカード（オールマイティなカード）である「人間の意識」です。

すべての人は「意識のワイルドカード」を持っていて、自分自身に救いの手を差し伸べることができます。このような「意識のカード」を使うには、意味や知識、情報、エネルギーにアクセスするための「内なる道」に踏み出すことが求められます。それには、直感やサイキック能力、脳を超えた意識へのアクセスを通して、トランスヒューマンの世界という未知の海域を航海することが必要です。

人間は「意識の場」を通じて自分自身の内と外へとアクセスし、必要なものを受け取り、コミュニケーションし、協働創造するという本来の能力に立ち返ることができます。

このことは人間にとって、ごく自然なことです。それが私たちの本質だからです。私たちは、知的存在の領域に住んでいるエネルギーに満ちた意識的存在なのです。

おそらく、人間が生まれながらに持っている「意識」という能力ほど、これほど抑圧され、否定されてきたものはないでしょう。400年前、啓蒙的な文化は唯物論を主張し、意識を除くすべての学術的知識を科学に委ねました。教会は、人々の意識の拠点であることを死守し続けました。

この400年間、教会は「意識の進化」というものに対して、何をしてきたでしょうか？　何もしませんでした。

1990年代初頭までに教会は、「意識」に対する無関心と腐敗が足かせとなり、支配力を弱めました。当時に起きた宗教批判という状況の中、大学は「意識」というものの可能性を認識し、「意識学部」を設立しました。ゆっくりと慎重に、細心の注意を払って。

残念なことに、これらの意識学部は主に科学と技術を称えるもので、霊性や超能力を尊重するものではありませんでした。それらの部門は脳を解剖し、測定基準を照合し、専門用語を議論し、情報のデータを蓄積しました。

そして、科学的な説明に行き詰まると量子科学に目を向け、素粒子物理学の理論を提唱したのです。公平を期すために言うと、30年間にわたり、意識について研究してきた学者や科学者は、教会が400年間にわたって意識を無視してきたことよりも、はるかに多くのことを成し遂げました。

こうした企業や政府の「意識向上プロジェクト」は、ほとんどの場合、大学に設置され、トランスヒューマニズムの最先端となりました。そうすることで、〝人間であることの意味〟を破壊することを推し進めたのです。

人間に対し、データを採掘するための〝鉱山〟（データマイニング）とみなし、体内の神経にはインプラントという〝軍隊〟を配し、コンピュータ化されたＡＩや合成生物学を〝大砲〟へと置き換える道を切り拓きました。

## ★今後増えつつあるトランスヒューマンズ

トランスヒューマニズムは、人体を強化するための技術開発を推進しています。これらのテクノロジーを一時的、または永続的に人体に組み込むことにより、人間の感覚や感情、認知能力が向上し、健康も増進し、寿命を延ばすと主張しています。

このようなトランスヒューマニズム化のテクノロジーが、合成生物学・脳科学・ロボット工学・ＡＩ・

ナノテクノロジー・地球工学の分野での研究を促しているのです。

ジュリアン・ハクスリーは、１９５７年に発表したエッセイの中で、初めて「トランスヒューマニズム」という用語を使いました。

＊　＊　＊

人間という種は、もし望めば、自らを完全に超越することができる。ここにいる個体がある方法で、あそこにいる個体が別の方法で、というように部分的だけではなく、人類全体として超越することができるのだ。

この新しい信念には名前が必要だ。おそらくトランスヒューマニズムは、人間が人間のままでありながら、人間の新たな可能性を実現することで自分自身を超越する、という役割を果たすだろう[2]。

＊　＊　＊

興味深いことに、エクソコンシャスと同様、トランスヒューマニズムの傾向や考え方は古くからあります。トランスヒューマンの概念は、古代の錬金術の実践と物質を改変する探求に関連しています。初期の錬金術師の研究実験は、現在では政府や企業、軍が資金提供する大規模な国際プロジェクトになり、多くの場合、大学で行われています。

人間をカスタマイズすることによる経済的な見返りは、カスタマイズが成功するたびに増えていくのです。

私は、トランスヒューマニストが人間の身体と意識を征服しつつある証拠が増えていくのを目の当たりにするにつれ、こう思いました。

◆人間とは、血と肉でできた炭素ベースの存在である。その体に人工センサーが埋め込まれると、人工衛星と連動した地球と宇宙のネットワークシステムに接続されてしまう。そのほかにも、HAARP・CERN・ケムトレイル・5G・食物や衣服や空気中に含まれるナノテクノロジーなどがあり、人間には太刀打ちできないようだ。

◆肉体の自然な治癒力は、DNA生物兵器や医学には太刀打ちできないようだ。

◆コットンの快適さは、ポリマーナノテクノロジーを織り込んだ海外製の衣類には太刀打ちできないようだ。

◆規律ある学習と注意深い認知力は、脳テクノロジーによる「天才インプラント」には太刀打ちできないようだ。インプラントは、大学での首席や重役のキャリアを保証する。

◆教師や親という養育的な存在は、テクノロジーベースの「STEMゲーミフィケーション教育」には太刀打ちできないようだ。出生時からタブレットを指で触る子どもたちの最初の言葉は、ママやパパではなく「アレクサ」。

◆人間の複雑な感情は、コミュニケーションのために開発された感情コード＝「絵文字言語」には太刀打ちできないようだ。

◆人間の創意工夫は、AI技術の「ディープラーニング」には太刀打ちできないようだ。
◆人間の手は、「自律型ロボット装置」には太刀打ちできないようだ。
◆死という宗教的かつ、スピリチュアルな約束事は、人間が持つ意識の内容をアップロードし、肉体という殻を凍結させる「不死」の誘いには太刀打ちできないようだ。死は、もはや過去のものになった。
◆何千年もの間、霊魂や死後の世界における魂の旅について教えられてきたが、不滅のコンピュータ意識には太刀打ちできないようだ。
◆人間のコミュニティは、意識だけで集う実体を持たないコミュニティや、従業員の代わりにスマートコントラクトが働く企業には太刀打ちできないようだ。

このような思いが高まるにつれ、トランスヒューマニズムに対する見解が心を捉えて鈍らせ、理性的な精神の回路を閉ざしていったのです。

## ★トラウマを癒す＝時間をかけて信頼していく

トランスヒューマニズムの探求は、感情的に大変な道のりでした。トランスヒューマンについて掘り下げるたびに、トラウマ的な恐怖がフラッシュバックしたからです。

何度も何度も、私は「分析的思考」に乗っ取られ、圧倒的な情報を得ることによる回り道をして、さまよいました。そしてそのうち、トラウマ反応を伴う自らの神経的な依存症を、「出口のない研究」からくる精神的フリーズとして、賢明にも楽しんでいることに気づいたのです。

多くの点で、「分析中毒」という麻痺は、私の神経系にとって馴染みあるものでした。何十年にもわたるトラウマを通じて鍛えられた神経回路は、恐怖によるフリーズを好んでいたのです。

皮肉なことに、圧倒されると安心感が得られました。私はその感覚が好きでした。それが、トラウマを負った神経回路というものです。彼らはどんなに悲惨であっても、慣れ親しんだ轍《わだち》だらけの道を走るのが好きなのです。

そんな私の足どりは、トランスヒューマニズムという大地に掘った迷路のようなトンネルがどこまでも続いていて、敬虔な巡礼者のような自分には前方と後方にある狭い谷間しか見えません。その狭い峡谷を切り拓きながら、私はトンネルを進んで行ったのです。

自分の神経系が、トラウマや恐怖を求める不健全な欲求を持っていることに気をつけながらも、〝神経系の危険信号〟をすべて無視しました。自分の意識のさまざまな側面が、探求を手放すよう求めていました。「もう、やめなさい」と。

なぜ、意識的に症状を無視することにしたのかは問題ではありません。徐々に目からウロコが落ちるまで、探求をやめなかったのです。

私は、自分の欠点や制限のある思考、恐怖による反応を引き起こす「感情に基づく認識」と向き合うようになりました。

その結果、かつて「人間には太刀打ちできない」と思えていたテクノロジーは、単なる見せかけにすぎないことに気づきました。トランスヒューマニズムの多くは、巧妙に作られた見せかけであり、人々の恐怖心を煽ることで、より多くの資金を生み出すためのプロパガンダだったのです。

トランスヒューマニズムにまとわりつかれていたワシントンD.C.の環境は、「迷宮から抜け出す道」も与えてくれました。テクノロジーの面でトランスヒューマニズムに直接携わっている人々と出会えたからです。彼らは、私を誘惑したプロパガンダに現実の光を当ててくれました。彼らは首を横に振って私の結論に異議を唱え、考え方の欠点を指摘してくれました。

そうやって、徐々に真実を見極める力を取り戻していったのです。トランスヒューマンの冥界から抜け出すのに2年かかりました。しかし、恐怖の淵から現実へと自らを引き上げ、自分の中の光と闇を分離できるようになっても、視界は曇ったままでした。しばらくの間、自分が見ているものが何なのか、わからなかったからです。

脳が飽和状態のアルコール依存症のように、明確に考えられるまでに1年かかりました。自分の考えを携えて公の場へと踏み出すにあたり、十分な安心感を得るまでに。

それは、ディストピア的なトランスヒューマニズムをどれだけ深く掘り下げたかを分かち合い、自らのコンセプトである「エクソコンシャスヒューマン」が、繊細でありながら身体能力の高い者として、どのようにして現れたのかを明かすためでした。

トランスヒューマニズムを通した私の旅は、ETや多次元存在との統合されたコンタクトやコミュニケーションにつながりました。新しいタイプの意識が、エクソコンシャスヒューマンという形で出現したのです。

さらに私は、地球上でつながっている個人やコミュニティとしてのエクソコンシャスヒューマンが、トランスヒューマニズムの支配という課題に対して、合理的で現実的な解決策を生み出すことに気づきました。

エクソコンシャスヒューマンは、私たちの意識や創造性、魂、精神という、人間であることの意味を取り戻してくれるでしょう。

## ★見えてきた進むべき今後の道

トランスヒューマン化が優勢なこの21世紀において、エクソコンシャスヒューマンはどのように生き、前進していくのでしょう?

前進する道を明らかにするために、私は2つの明確な問いかけをしました。

＊

### ◆エクソコンシャス化に成功したか、どうやってわかるのか?

## ◆トランスヒューマニズム化に成功したか、どうやってわかるのか？

一方を検証することで、もう一方を明確にすることができます。

＊

## ◆エクソコンシャス化に成功したか、どうやってわかるのか？

エクソコンシャスは非局所的な意識の機能であり、私たちの体と脳はＥＴや多次元の領域で自由に相互作用します。その際、コンタクトやコミュニケーション、協働創造が行われます。人間は多次元の存在たちと協力し、新しいアイデアや創造のための情報やエネルギーへとアクセスし、平和や自由、自然との調和、オープンで協力的な関係性を経験します。これらの協働創造は地球全体、最終的には宇宙全体にまで広がり、参加者全員を進化させます。

エクソコンシャスの基本原理は、あらゆる次元と知的生命体が存在する宇宙全域にわたって、「無限の意識」を得ることにあります。それは人間を、コンピュータやＡＩ、合成生物学、トランスヒューマニズムにおける量子コンピュータの限界をはるかに超えたものにします。

エクソコンシャスは、〝個人の意識は、脳を超えた多次元にまたがる集合的な意識領域にある〟という信念に根ざしています。この領域と次元に、すべての人がアクセスできます。

そのため、意識における権威主義的なコントロールはブロックされます。なぜなら、エクソコンシャスには限界がなく、情報や意図、創造性がすべての障壁を打ち破り、いつでも問題を解決・解消できるからです。

次の章では、エクソコンシャス化に成功するための条件として、詳しく説明しています。



## ◆トランスヒューマニズム化に成功したか、どうやってわかるのか?

トランスヒューマニズムとは、人間は科学技術を活用することで現在の肉体的・精神的限界を超えて進化できるという、社会的・哲学的な信念であり、理論です。

それは、合成生物学やロボット工学、ナノテクノロジー、テクノクラシーによるマインドコントロールを伴い、個人の権利や意識、魂、死すべき運命に対し、コンピュータが介入します。

これが、共通の利益のためにすべての人に平等を提供する、トランスヒューマンの道徳的基盤です。トランスヒューマニズム化に成功するかを問うことによって、文化的・思想的な根底にある仮定が明らかになります［3］。

次の章では、トランスヒューマニズム化に成功するための条件として、詳しく説明しています。

第1章　トランスヒューマンが望ましい?
第2章　人工知能が望ましい?
第3章　社会的に設計された人工現実が望ましい?
第4章　生物学的に設計された合成的な自己が望ましい?
第5章　管理された宇宙と地球の環境整備が望ましい?
第6章　トランスヒューマンの形態的自由が望ましい?
第7章　「監視帝国文明」が望ましい?

トランスヒューマニズムとテクノクラシー［4］は、〝人間の脳が意識の中心である〟という信念に根ざしています。この脳を中心とした意識をコントロールすれば、人間をコントロールできるのだと。

人間の意識を捉えることは、宗教やプロパガンダ、麻薬、政治、ミーム学、教育などによって古くから行われてきたゲームです。「人間は単に脳でしかない」と信じ込ませれば、それでいいのです。

トランスヒューマニストは、人々に心と体のコントロールをテクノロジーに委ねるよう、説得できると確信しています。人体に合成インプラントを使い、神経システムをハイジャックすることで、トランスヒューマニストはエンジニアリング的な社会を自信をもって運営しているのです。

幸いなことに、科学者もいるエクソコンシャスヒューマンたちは、トランスヒューマニズムの弱点に気づいています。

その弱点とは、ハッキング可能なコンピュータシステム、脳を主軸とする方向性、仮想現実（VR）を通じて世界経済システムを実現しようとする意図、自然の力の否定などです。

# 第1章

## エクソコンシャスヒューマンが望ましい？
## トランスヒューマンが望ましい？

# 第1節　エクソコンシャスヒューマンとは何者か？

## ★私に起きたエクソコンシャスヒューマンへの自覚

私は2016年にワシントンD.C.を離れ、〝トランスヒューマン中毒症〟を抱え、〝政府を動かしてUFOとETのディスクロージャー（情報開示）を実現するという夢〟を捨て、アリゾナ州フェニックスに戻りました。

それまでの私は、トランスヒューマニズムの思想を調べあげることに取り憑かれた状態でした。その経緯も含めて、紹介していきましょう。

2014年の初頭、私はアポロ14号の宇宙飛行士、エドガー・ミッチェル博士が設立した組織「クアントレック」で働くために、ワシントンD.C.へと移り住みました。そこでは、ゼロポイントエネルギーや意識、地球外生命体についての研究が行われていました。

国際的な科学チームと協力して、私はこの組織を宣伝し、革新的なエネルギー技術やUFOや地球外生命体のディスクロージャーのために、政府や国際機関に働きかける活動をすることになったのです。

この年の3月、私はミッチェル博士と自分の仕事ために、オバマ政権のジョン・ポデスタ大統領顧問との面会を手配しました。それを、オバマ大統領との会談を実現するための第一歩とするつもりでした。ポデスタは、8月11日の週に私たちと会い、オバマ大統領との会談について話し合うことに快諾してくれました。ところが、ミッチェル博士のワシントンD.C.への出張が、健康上の理由で不可能になったのです。スカイプを手配するための交渉を続けましたが、徒労に終わりました。

博士の健康状態は悪化し、2年後の2016年2月4日に亡くなりました。1971年2月5日、アポロ14号ミッションで初の宇宙遊泳を行って月面に米国旗を打ち立ててから、45年後に生涯を閉じたのです。

失望し、落胆した私は、政府によるUFO情報の全面開示への働きかけをあきらめるとともに、クアントレックでの仕事を辞めようと思うようになりました。ミッチェル博士亡き後、UFO情報の開示や、ゼロポイントのような代替エネルギーは実現不可能に思えたからです。

しかし、そのようにして〝完了した〟と思っていたことが、再び月日をかけて循環するようになっていったのです。

2016年10月7日の早朝、カナダのジャーナリストで「エクソポリティックス」（マイケル・サラ博士が主催するUFO・ET研究団体）の仲間であるビクター・ヴィジアーニからの電話が、私を目覚めさせました。「ベッドから出てコンピュータの電源を入れるように」と彼は言いました。

「ウィキリークスがジョン・ポデスタのメールを公開したが、そこにはミッチェル博士との面会を手配した君のメールも含まれている」

それを聞いた私は、ウィキリークスが公開した「2000以上のハッキングされたメール」を見ました。その中に、ヒラリー・クリントンのキャンペーン委員長としてのポデスタの個人情報が暴露されていて、〝ミッチェル博士と私への面会を希望する、彼に送ったメール〟もあったのです。

そのメールには、私が書いたメッセージ、メールアドレス、電話番号が記載されていました。この公開されたメールが本物かどうか、私は何週間も自分なりに調べました。その結果、本物だったのです。

こうした傷心の中、私はクアントレックとの共同制作物を徐々に発表していきました。

しかし、ディストピアなトランスヒューマニズムの世の中的な深化を感じ、政治に失望し、地球外生命体に関する高レベルの情報開示への期待が満たされないまま、結局、仕事を辞める決意をしました。

親しい友人がよく言っていたように、この時期、私はすでに休眠していたのです。何も植えられていない畑のように、心も体も精神も休ませ、回復させようとしていました。

そんな折、フロリダに住む霊媒師のケビン・ブリッグスから奇妙なメールが届きました。「MUFON」（全米最大のUFO研究組織）の研究者であるキャスリーン・マーデンを通じて、ケビンはミッチェル博士からのメッセージを送ってくれたのです。

ある晩、ケビンはフロリダで犬を散歩させていました。ミッチェル博士がかつて住んでいた場所からそう遠くない場所です。フロリダではよくあることですが、虹が現れました。その虹の中からミッチェル博士の声が聞こえてきて、私にメッセージを送ってくれるように頼んだそうです。

その内容は、「健康のためにワシントンD.C.を離れてほしい」というミッチェル博士からの要望でした。「クアントレックでのあなたの仕事はこれで終わり、他の人が引き継いでくれる」のだと。

ミッチェル博士のメッセージを読みながら、ポジティブな気持ちがあふれてきました。私たち夫婦はワシントンD.C.を離れ、フェニックスに戻ることを計画するようになったのです。

引っ越しが近づくにつれ、私は健康的なエネルギーを取り戻し始めました。自分の中の無限の意識領域である「エクソコンシャス」なルーツに、一周して戻ってきたかのようでした。つまり、「人間の意識という貴重なリソース」と、自分にとっての「ETと多次元的な意識による豊かな情報」とのつながりに立ち返ったのです。

ワシントンD.C.を離れる前、私は毎月の「マスターマインド」（意識の高い人たちの集会）に参加するために、海外にいる仲間たちのコミュニティに連絡を取りました。彼らは、それぞれが体験したことの統合を継続的に行っていました。

これらの仲間は、「ETとの遭遇に伴う恐怖やトラウマ」から解放されるのに十分な期間、その遭遇体験とともに過ごしてきました。そして、徐々にETとのコンタクトから得られたことを日常生活の中に取り込んでいったのです。彼らは、ETとの意識的で安定した関係を築くまで、いくつかの意識状態を難なく体験してきました。人間の主体性と相互尊重の立場から、ETとコミュニケーションしていたのです。

私たち全員にとって、ETから与えられた知識は自分たちの仕事の一部となりました。ETとのコンタクトから得た情報とエネルギーを活用したのです。ヒーラー・アーティスト・発明家・科学者・スピリチュアルな教師など、それぞれがETからの情報を仕事に取り入れました。

自分自身とETに新しい方法でアクセスすることで、無限のエクソコンシャスな意識の領域が開かれ、健全な人間社会を築くための可能性を生み出したのです。

私はすぐに、毎月のミーティングの参加者が「エクソコンシャスヒューマン（地球外意識＝宇宙意識持っ者）」であることに気がつきました。あなたは、私たちに共感するかもしれません。本書にそのヒントがあります。

もし、あなたがETや多次元世界の体験者として別の領域への旅に出たのなら、自分が誰でどこにいて、何が起きているのかを理解しようとして、漂流している可能性があります。

もし、自分の体験への混乱やトラウマ、つまり「影の側面」を探求し、受け入れたなら、自分自身を新たな光のもとに見ることができるでしょう。どうぞ、そのまま進んでください。

あなたが「エクソコンシャスヒューマン」である可能性を考えてみてください。それは、自分に似合うアイデンティティかもしれないのです。

## ★「意識」はいまだに謎に包まれた領域

エクソコンシャスを理解するためには、「意識」の定義を明確にする必要があります。

では、意識とは何でしょう?

簡単な質問ではあるものの、答えは難しいです。意識の定義について、今日に至るまで科学的・哲学的・宗教的な合意は得られていません。神経科学者のラム・ラカン・パンデイ・ヴィマールは、文献や最近のオンライン上の議論から抽出した情報を、「意識という用語に込められた40の意味(または側面)」として特定しました[5]。

ヴィマールは、哲学者チャーマーズが提唱した「意識のイージープロブレム」「意識のハードプロブレム」に着目しました(*)。彼は、意識のイージープロブレムにあたる「脳の機能」を定義する唯物論者と、意識のハードプロブレムにあたる「脳による主観的な意識経験」を定義する唯物論者の間で、何らかの合意点を見出すために、意識に関する議論をしたのです[6]。

*訳者註:「意識のイージープロブレム」とは、例えば「赤という色は、特定のスペクトラムを持つ光を脳が物理的に処理したことを目で見ている結果にすぎない」と定義することであり、「意識のハードプロブレム」とは、「なぜ、そもそも赤という色を、脳自らが認識できるのか?」と問いかけたうえで定義することである。

ヴィマールは、意識というものが持つ意味の多様性を追求し、それを研究・学問・信念を支える基礎となる証拠として、オンライン上で情報を集めました。それによって彼は、生物学的・神経学的機能として意識を定義する「脳科学者に端を発する一連の意識研究」を見いだしたのです。

その次に研究した分野には、意識が脳とテクノロジーのハイブリッドであると認識する「脳テクノロジーの信奉者」が含まれていました。

そしてヴィマールの研究は、科学に基づく脳研究と、オブザーバー（観察者）効果を含む形而上学に基づく「主観的意識の信奉者」へと移っていったのです。それは量子意識研究の橋渡しをするものでした。

その次に研究した「クオリア意識」では、意識とは、信念とは異なる主観的な経験であるとする、すなわち「意識を基本原理とみなす研究者」に焦点を当てました。

最終的にヴィマールの研究は、ルパート・シェルドレイクの「モルフィック共鳴と、モルフィックフィールドとして定義される意識に焦点を当てる研究者」にたどり着きました。

彼は、「記憶とは固有のもので、自然の仕組みは、その種《しゅ》の過去のものすべてから集合的な記憶を継承する」と提唱しています［7］。

このタイプの研究フィールドは、神智学者のオルコット大佐が著書『The Buddhist Catechism（仏教カテキズム）』の中で初めて「アカシャ」と記したアカシックレコードなど、意識のフィールドにアクセスする情報と一致するかもしれません。アカシャはサンスクリット語で、空・宇宙・エーテルを意味します。

私の探求と、ETとの多次元体験は、意識を一つのフィールド＝領域（場）としての認識に導くものでした。エクソコンシャスは、ヴィマールが見いだした一連の意識研究の最終的な結論を含んでいます。

意識は、フィールド現象です。私たちの心は可能性のフィールドであり、意識は脳を超えたものです。それは、人間が受信者・送信者・創造者の三者として参加する「エネルギーと広大な情報フィールドの認識と経験」を包含しています。

意識とは脳を超えた主観的な体験であり、心・身体・精神も参加するものです。このような意識の場としての定義は、「アカシックレコード」やエドガー・ミッチェル博士の「量子ホログラム」の議論と似ています［8］。

ミッチェル博士によれば、量子ホログラムは、マクロスケールの物質と量子世界をつなぐエネルギー現象です。彼は、「量子の非局所性の原理」をマクロスケールの世界に適用することにより、量子情報を使用可能にしました。人間の意識と意図、記憶のエネルギーは、量子ホログラムに直接関与しているのです。

ヴィマールは、意識の定義が現在「未確定」であることを強調しています。意識の定義は、どのようなものであれ、疑問や論争の余地があるのだと。

これは、偏見や過去の制限から解放され、新しい意味や機会を創造しようとする人間の「意識の内的状態」が反映されているのかもしれません。そうだとすれば、人類はＥＴや多次元存在と半ば出会う準備をしているのかもしれません。

エクソコンシャスヒューマンは、意識の領域にある、地球外生命体の起源や次元、そこにアクセスする能力を再定義することにはオープンです。

## ★宇宙意識と関連するエクソコンシャス

エクソコンシャスは、ETや多次元存在との遭遇による深遠な変容体験と関係しています。それは、UFOという乗り物の研究と空における目撃情報から、人間への研究へと焦点を移している〝現在のUFO学の段階〟を顕著に表しています。

エクソコンシャスは、有機的な生きた言葉です。それは、〝個人やコミュニティや文化がETや多次元存在との体験と関係を通じて、現実を再認識する〟という意味を持ちます。

意識は主要な柱です。エクソコンシャスは、主に意識を通して「ETとの多次元的な遭遇体験における、人間的な側面を探求すること」を提案しています。それは、自分自身と文化的アイデンティティまでも含めた変容なのです。

このような変容は、「量子科学」「脳が作り出す主観的な体験の受容」「人間としての経験」という枠組みの中で研究されています。ETや多次元存在に関する知識の主な情報源は、直接体験者からとなります。つまり、現代文明の最先端となり、ETとの遭遇やコミュニケーション、協働創造などの個人的な体験を通じて、地球外生命体の存在を確認した人たちです。

現実の大きなシフトは、しばしばわずかな動きで起こります。カメラのレンズをそっと回して、ピントを合わせるのをイメージしてください。わずかな動きで、視界は劇的に変化します。ぼやけて不十分で不完全なものから、明確でイキイキした全体像へと変化するのです。

無意識的から意識的へ――。エクソコンシャスとは、自分の内側にあったものが、常に穏やかに展開されることを意味します。自分自身に知識の光を当てることで、ETの定義が変わり、エクソコンシャスとは何か、ということがわかるようになります。私たちは、意識的な現実を決定するためのカギを握っているのです。

人類は、古代から宇宙意識を持っています。私たちと星とのつながりは洞窟に描かれ、聖地の石に刻まれ、天空の動きに合わせて奏でられました。古代の航海士は、南十字星、ペガサス座、オリオン座などを目安に、それらの星々が一直線に並ぶように航路を決定していました［9］。

そのように、エクソコンシャスな感覚は古くからあるものですが、現代ではその定義が変化しています。私たちの文明は今や、70年間にわたるUFO学と遭遇者の研究成果を持っています。これは、目撃情報に関する膨大なデータベースです。

この文化的なデータベースから、エクソコンシャスヒューマンは、UFO学の一部でありながら、個別のものとして浮かび上がっています。現代的で今の時代にふさわしいエクソコンシャスヒューマンは、科学的・精神的な橋渡しをするのです。

この本では、ETとの多次元的な遭遇により、どのようにしてエクソコンシャスヒューマンになるのか、どのように肉体的・感情的・精神的な変容をもたらすかについて論じていきます。

意識的なコンタクトを経験した人々が、自らをエクソコンシャスヒューマンであると認識するようになることも、理論的に説明していきます。ETや多次元とのコンタクトの経験を統合することで、無意識で無自覚の状態から脱却できるのです。

継続的なコンタクトを意識することで、エクソコンシャスヒューマンはETや多次元的な存在と共有する「意識の場」に参加し、自らの認識を修正・統合していきます。このような人々は、次第に多次元存在と自分を同一視するようになり、共有された意識が、自己認識と世界観を定義するようになるのです。

## ★私が歩んできたET&多次元探求の活動

主流文化の枠を超えたエクソコンシャスの超常的な体験は、新しい言語の必要性を生み出します。一般的な言葉、この場合は英語ですが、その経験を表現することはできません。

ETや多次元存在との体験を表現するとき、しばしば失敗します。言葉では言い表せない〝空白のような時間〟は、新しい表現がその空白を埋められることを示しています。「エクソコンシャス」は、それを埋める言葉です。この言葉は、私が幼少期からETや多次元の存在と遭遇してきた中で生まれました。

私が初めてETとコンタクトしたのを思い出したのは3歳頃で、現在も続いています。

ドロレス・キャノンは、私や他の多くの人々のように、1950年代から60年代にかけて生まれた幼少期のコンタクト体験者を「第一波」と呼んでいます[10]。その後のコンタクト体験者の波を切り拓く「パイオニアとしての第一波」と位置づけているのです。

第一波としてやってきた私たちは、密集した瓦礫を取り除き、次の世代のために道を切り拓いてきました。多くの場合、コンタクトを経験し、共有するための言語や組織、文化の枠組みを作る手助けをしました。

私のコンタクト体験は、幼少期の無邪気なものからスムーズに進み、決めつけや恐れのないコンタクトとコミュニケーションとなりました。

思春期の初期には、自分の現実と友人や社会的集団との間に、明確な断絶が生じました。このような状態にあったため、一時期、自分のコンタクト体験を口にしないようにし、周囲の人たちと距離を置くことにしたのです。

1990年代半ばになると、ETや多次元的存在と、より成熟した関係を持つようになりました。私がフェニックス郊外のファウンテンヒルズという小さな町に引っ越してから、すぐに紹介されたのが、コンタクティーグループによる集いを毎月主宰する、ルース・ホーバー博士です。彼女の集いで初めて、私はそれまでのコンタクト体験についてオープンに語り、経験を共有し、新しい友人たちから肯定的な言葉をもらうことができました。

1993年、ホーバー博士は、レオ・スプリンクルや他の臨床心理学者とともに、ジョン・マックがハーバード大学に設立した「非日常体験研究プログラム（PEER）」に参加しました［11］。それにより、ホーバー博士のコンタクティーグループにおける、ETや多次元存在に関する学びが本格的に始まったのです。

1997年、リン・キテイ博士は、「フェニックスライツ（フェニックスの光）」の重要な目撃者となりました［12］。それは、全米で最も重要な集団目撃の一つでした。

流星群に誘われて多くの市民が裏庭で天体ショーを楽しんでいた夜、アリゾナ州を1マイル（約1.6キロメートル）もの大きさの飛行体が移動したのです［13］。流星群の代わりに、目撃者は低空を静かに飛び回る巨大な飛行体に遭遇しました。

私はフェニックスに住んでいましたが、「フェニックスライツUFO」は見ませんでした。誰も私に電話をかけてきませんでした。外に出て夜空を見るようにと、直感に促されたわけでもありません。私はそのイベントに参加できなかったので、仲間たちが感じたような畏敬の念も生じませんでした。私は取り残されたのです。しかし、仲間外れになったからといって、大したことではありませんでした。

ホーバー博士のもとでUFO学を学ぶうちに、私や多くの友人たちのコンタクト体験は、主に「意識上の体験」であることがわかってきました。私たちの体験は、空を飛ぶUFOに搭乗しているというような、孤立した現象ではありませんでした。政府の秘密ファイルを探すようなものでもなく、薬物によるものでもありません。

そうではなく、多くのETや多次元存在との個人的な出会いでした。彼らは私たち「エクソコンシャスヒューマン」のそれぞれの意識に入ったり出たり、場合によっては何年も留まりました。私の場合、一生です。

人間が持つ自然な意識は、私のコンタクトの要でした。残念ながら、これはUFO学のコミュニティ内で最も議論されていない側面です。

おそらく問題は、意識的なコンタクト体験を伝えるための言葉の欠如だったのでしょう。しかし、この体験を表現するための言葉の問題が、障害になるべきではありません。結局のところ、人間は表現手段として、音で遊ぶように言葉を使いますが、それとは異なる表現手段になるのが、「エクソコンシャス」という用語なのです。


正確な日付は忘れましたが、「エクソコンシャス」という言葉を体験したときのことは、今でも鮮やかに覚えています。

3人の子どもを持つシングルマザーだった私は、ある朝、時計型ラジオのアラームで目を覚ましました。お弁当や仕事道具をリュックサックにまとめ、みんなを玄関から送り出し、学校や職場に向かわせる一日に突入する前の貴重な静寂のひとときのために、アラームのボタンを押したことを覚えています。

音が鳴り止み、私の頭は枕に沈み込むとともに、「エクソコンシャス」という言葉が全身に入り込みました。その言葉は、精神的・宗教な書物で表現されている〝私〟を意味していました。

「言葉は肉となった」（ヨハネ1：14）

しかし、エクソコンシャスの意味を詳しく説明するには、定義が必要だったのです。

## ★エクソコンシャスとは相互に影響し合う意識

初期の頃、私はエクソコンシャスを〝脳を超えるもの〟と定義しました[14]。その意味は、今も変わっていません。

「非局所的意識」とは、脳を超えて相互に影響し合う意識のことです。それは何を意味するのでしょう？脳を超えるということは、この世界にある物質は、他の世界からは独立して存在できないことを意味します。物体や粒子は、分離しているにもかかわらず、量子レベルでは絡み合っているからです。

物理学者のエルヴィン・シュレーディンガーが初めて「量子もつれ」という言葉を使い、離れ離れになった粒子は距離に関係なく、互いにつながり合っていることを表現しました。離れた場所であっても、一体化しているのです。

このような「非局所的意識＝もつれ意識」を理解する簡単な方法は、あなたと友人が長年一緒に暮らしてきたとイメージすることです。

あなたは、お互いのエネルギーや好き嫌いを知っています。互いの行動の傾向も知っています。しかし、生活の変化により、あなたは友人と何百マイルも離れた場所に住むことになりました。今、地理的に別々の場所に住んでいます。

それなのに、ある瞬間、あなたと友人は地理的に離れたベッドの上に、それぞれ同時に座っているのです。あなたの友人は左手を挙げ、あなたは右手を挙げました。これが、非局所的な場における「量子もつれ現象」です。

量子科学者は、私たちの意識にあるものはすべて「同じ領域」にあると主張します。波動と粒子の崩壊が何度も繰り返される連続的な動きの場が、「意識の場」なのです。

また、非局所的とは、意識が空間と時間の中にだけあるのではないことを意味します。つまり、水面下で何かが進行しているのです。生命は水面下で、目に見えないコミュニケーションをとっています。このような行為やコミュニケーションは、ある程度、科学的に測定できますが、科学はその暗号を解読し始めたばかりです。

また、渡り鳥も「量子もつれ」を起こすことがあります。例えば、ミシガン州からメキシコへと移動するように、鳥は地球上のある場所から別の場所へと移動します。科学者たちは、これらの鳥が地球の磁場と地表の角度に関係するコンパス機能を持っていると推測しています。しかし、鳥に目隠しをして実験したところ、磁場があるにもかかわらず、移動することができませんでした。

ここでもまた、自然界の暗号が登場します。渡り鳥は、視覚を必要とする「意識の場のもつれ」によって、航行していたのでしょうか？　それとも、何か別のものが水面下で導いて、航行先を伝えているのでしょうか？

家族もまた、同じような「意識の場」における量子もつれを起こします。人は「家族の意識のフィールド」の中に位置し、自分を定義しています。この「家族の場」は、遠距離に住む家族の一員を受け入れるために広がっているのです。

誰かとのテレパシーによるつながりも、このような非局所的な意識の場のもつれと関連している可能性があり、集合的に共有されている情報や記憶を知る鍵になります［15］。

アインシュタインは、このもつれ現象を「遠くでの不気味な行動」と名付けました。彼は、それが行動として現れることを特定しましたが、謎は解けませんでした。多次元体験者や科学者は、エクソコンシャスな面からの情報によって、この謎を解く必要性が高まるかもしれません。

私たちは、互いの立ち位置や状況を知りたがるものです。量子科学者から、「人々は現実の捉え方が間違っている」と言われるのは、嫌なものです。でも、彼らはとにかくそのように言い続けます。「私たちの世界は、分離しているように見えるだけだ」と。

私たち人間は、自分がこの世界から分離している個人だと思っています。ところが突然、誰かがやって来て肩を叩き、こう言うのです。「私たちは分離していない。絡み合っているのだ」と。

2019年、スターバックスの創業者であるハワード・シュルツは、2020年の大統領選への出馬を表明したとき、「私は自分の力で成功した人間だ」と語りました。

その数分後、評論家たちは、「いや、ハワードは自分の力で成功したわけではない」と騒ぎました。そしてツイッター（現在はX）では、彼のおしゃべりを止めさせるために非難が続きました。ハワードは揺さぶられ、かき回され、量子もつれにまみれました。彼は、非局所的な意識の湯気が立つ量子入りのカップとして、人々に提供されたのです。

ETや多次元の体験者は、時空連続体（4次元多様体としての時空）を超えた領域があることを、頻繁に口にします。

私たちエクソコンシャスヒューマンは、合理的な思考のルールが通じない「変容した状態」を経験します。そのため、時間の直線的な動きから抜け出すことができると感じています。時間を失うことも得ることもあり、過去や未来に行くこともあります。しかし、私たちは常に現在に戻れるのです。いるのはここであって、ここ以外ではありません。

量子科学者によれば、〝すべてのものは意識の中に存在している〟と言います。すべてのものは「同じ意識の場」に参加しているのです。そして、私たちを取り巻くすべてのものは「確率が変化する場」です。

私たちは大きな表面を見ていて、その下で起きていることを見逃しているため、すべての物体や物事が直線的な時間の中にあるように見えているだけなのです。そのため、真実を見ることができません。

しかし、エクソコンシャスによって、謎とされている真実を探求することができます。

## ★多大なバイオフォトンを放つ「光の存在」として

バイオフォトンの100年にわたる科学的研究は、〝自然が宿す秘密のコミュニケーションコード〟に関する洞察と証拠を提供しました。それは、フィールドとしての意識のより深い理解へと導くかもしれません。
細胞のDNAレベルでのバイオフォトンの研究は、チャールズ・サンダースによって進められました。その研究は現在、バイオフォトンと呼ばれる電磁波によって、互いにコミュニケーションする可能性のある動物や人間へと拡大しています[16]。

バイオフォトンとは、ギリシャ語で「生命（Bio）」と「光（Photon）」を意味し、生体から発生する視認性の低い光子（フォトン）のことです。研究者は、哺乳類の脳の神経細胞が光子を生成することを発見しました。しかも、この光子は、近赤外線から紫色までの可視光線上にあります。

つまり、脳の神経細胞は、光を通してコミュニケーションしているのです。科学者たちはさらに、脳には光通信のチャンネルがあり、神経細胞は光を使って通信しているのではないかと推測しています[17]。

これらの光通信は、どのような性質があるのでしょう？

バイオフォトンの通信において、何がどのように、どこで通信されているのかという疑問に対し、最近の研究では「意識の主観的な性質」に注目しています。この研究は、意識が非局所的な場であり、多次元が存在する可能性を強めているのです。

つまり、バイオフォトンの研究は、量子もつれが〝光子と意識の場をつなぐもの〟である可能性を示しています。

バイオフォトンの性質と科学の進歩により、研究者たちはバイオフォトンの効果を測定できるようになりました。彼らは生体内の機能を判明させたのです。例えば、ネズミはニューロン1個につき、1分間に

1個のバイオフォトンを通過させます。これに対し、人間はニューロン1個につき、1秒間に10億個のバイオフォトンを通過させます。

このことから、種の間での光子の移動が、私たちが動物に親しみを感じ、コミュニケーションをとる理由かもしれません。それは、バイオフォトンに基づく関係性であり、数字に基づく関係性と言えるかもしれません。光の発生量が多ければ多いほど、つまりニューロン間のコミュニケーションが多ければ多いほど、その存在、あるいは生命体の意識は高まるのです。

「より高い意識」というものは、バイオフォトンの生成において、より高い周波数を発生するのかもしれません。スピリチュアルな教えが長年強調してきたように、私たちは光の発生装置なのです。

創世記をより的確に読むと、「光あれ」は「意識あれ」と解釈できるのかもしれません。光の存在や光の言語と関係するエクソコンシャスヒューマンは、バイオフォトン発生率が高く、意識の場にいる存在と交信することがあります。

さらに、もっと多くの意味合いがあります。バイオフォトンの研究では、研究の際の指標を脳から意識のフィールドへと移します。すると、量子もつれを通じて、絡み合った2つの光子は片方の光子が影響を受けると、もう片方は宇宙のどこにいても即座に反応するのです。

これが、エクソコンシャスとどう関係するのでしょう?

人間のバイオフォトンの神経活動と意識の関係性を説明すると、人間とは脳内に意識が局在するのではなく、誰もが「光の世界」に住んでいる可能性があります。私たちは、脳を超えて多元宇宙につながるポータルに出入りできる存在たちの、バイオフォトンフィールドの中に生きているのかもしれません。

ＥＴや多次元存在とのコンタクト体験は、人間を目覚めさせ、より多くの光を生み出すことを促します。その結果、人間は〝フィールドとしての意識〟の機能を高めることになります。光の動きが増えることで、同時により多くを認識する存在となり、より多くのことができるようになるのです。

このような光の動きは、論理的には、超意識によるサイキック能力の発達につながります。

光の透過と光学に関する松果体の研究は、バイオフォトンとも関係し、「脳内微小管の量子の特性」に関するスチュアート・ハメロフとロジャー・ペンローズの研究とも類似しています。

バイオフォトンの研究は、体験者がよく口にする「多元宇宙論」にも及んでいます。多元宇宙論は、当初エベレットが提唱したもので、〝観測可能なあらゆる集合体に対し、それらの可能性を実現させる「時間軸」または「宇宙」が存在するはずである〟と述べています〔18〕。

当初は科学者によって否定されていた「多世界論」や「多元宇宙論」も、バイオフォトンの研究によって、新たな息吹を見いだす可能性があります。多元宇宙という、非局所的な意識の中での絡み合ったバイオフォトンにより、人間は、次元の異なった宇宙が同時に存在することを知覚できる経験をするかもしれません。

このような多元宇宙にアクセスするためには、ニューロンによるバイオフォトンの生成量を変える必要があります。重要なのは、人間はこれらの多次元を〝光の周波数が高い次元、または低い次元〟として、経験するということです。

## ★周波数が変化して意識が拡大する体験

では、どうすれば高い意識状態に到達できるのでしょう？

それを望む人たちは通常、求めているものをつかむために腕を伸ばします。彼らは、自分をより高い状態に導いてくれる人（教師・グル・コミュニティ）や、何か（アイデア・ビジョン・エネルギー）を探しているのだと言います。私は、彼らの願望と情熱を尊重します。

エクソコンシャスでは、意識のことを「フィールドと周波数」として表現しています。意識というエネルギーの場の中に立っているのを、イメージしてみてください。人間として生きているフィールドの中にいて、意識の力も生きています。この状態でのあなたは、一体何者なのでしょう？

物理学者はあなたを、人間という複雑な波形を示すハーモニクスとして知られる〝正弦波周波数〟と表現するかもしれません。複雑な波形であるあなたは、「基本周波数」と呼ばれる個々の構成要素、または「ハーモニクス周波数」と呼ばれる波のグループに分類されるでしょう。これが、サウンドヒーリングの原理です。

自分が波形として機能していることを自覚するようになると、自分がアクセスできる広大な波形の領域にも気づくようになります。しかし、これまで知り得なかった情報の領域に、どのようにアクセスすればいいのでしょう？

その中へと意識を上昇させるのでしょうか？　それとも、自分の意識を拡張させるのでしょうか？

エクソコンシャスヒューマンとしての私が実感したのは、自分の意識と意識体が拡大したことです。それを、アセンションと呼ぶ人もいるでしょうが、私にとっては触覚的・肉体的に拡大された感覚でした。自らが認識する現実の境界線が溶けていき、拡大されたフィールドを知覚したのです。

この意識のフィールドに入ると、より多くのことを知るようになります。意識が「より多くのものを保持する」ようになるのです。情報が拡大された状態に対応するために、意識が拡大するのです。

そのようにして私が情報フィールドの中に入っていくと、別のことが起こります。フィールドが私の周波数を変化させるのです。これは、多次元と協働しながら新たな価値を創造するプロセスです。意識が拡大し、情報が追加されていくと、知恵と知識が身につき、エネルギー的な周波数が変化していきます。その際、自然なプロセスによって、新しい情報が信念やアイデアや視点を変えてくれます。

エクソコンシャスの拡大は、さらなる情報があなたによって求められ、その情報が自らの中に入ってくることで、自分自身の周波数フィールドの窓を開きます。このとき、あなたは古いプログラミングの中から、もはや自分の意識のフィールドにふさわしくない情報を手放すことになります。解放して手放すと、あなたの意識はゆるみ、明るくなります。

この拡大のプロセスは、「感情の切り離し」を習得することから始まります。

あなたが持っているそれぞれの周波数が、自分自身を構成しています。良い・悪い、正しい・間違いなどという主観的な体験が、あなたの周波数を生み出しているのです。

感情を識別して自らの周波数フィールドを読むことは、しばしば、物事の受け止め方を逆の角度から捉えることを意味します。それはまるで、タロットの「吊るされた男」のように、片足でぶら下がっているように感じられることでしょう。

あなたへ向けられた誰かのハグや親しみのジェスチャーは、表面的なものかもしれません。厳しい命令や、別の方向へと突き放された言葉は、あなたへの最高のアドバイスかもしれないのです。識別する方法を学ぶには、「感情の切り離し」「判断の停止」が必要です。

何百万人もの人々と同じように、私も「感情の切り離し」を学ぶ際、それこそ盲目であるかのようにつまずきました。私の出発点は、自分が「共依存」であることを認めたことでした。

アルアノン（アルコール依存症患者により障害が生じている家族が、自らの回復のために参加する自助グループ）の集会に足を踏み入れると、私の世界はくつがえりました。ベストな選択だと思い込んでいたこと、いえ、確信していたことが、そうではなかったのです。

私は、新しい決断をする価値を学ぶ必要がありました。アルコール依存症患者との結婚生活を乗り切るには、共依存者としての不要な感情を手放し、そのプロセスを信頼しなければならなかったのです。

それはとても怖いことでした。私は自分の人生の漂流物にしがみつきました。恐怖を感じ、ほんのわずかでも、昔からの行動を取りたかったのです。しかし、そうするわけにはいかず、すべて捨て去らねばなりませんでした。徐々に時間をかけて切り離すことができ、自分が１００万個のバラバラの破片になることはないと知りましたが、それは難しいレッスンでした。

「感情を切り離すこと」「観察者としての自分になること」は、エクソコンシャスを拡大させるうえで必須です。ヒプノセラピー・ジャーナリング・呼吸法・瞑想・ヨガ・祈りなど、多くのツールがあり、それらは愛に満ちた離脱法を教えてくれます。

また、しばらくの間、文化、特にネット上のエンターテインメント文化に対して「目隠し」をする必要があります。それらは音の暴力や衝撃的な画像を伴うなどして、あなたを感情的な善悪の判断に引きずり込みます。

それらの代わりに、静寂と自己信頼の文化が必要であり、感情を切り離すことを学ぶ必要があるのです。「観察者としての自分」を育む見返りやメリットは、計り知れないものがあります。そのような断捨離の一番のメリットは、自分の内面や高い意識状態の周波数フィールドに簡単に移行できるようになることです。

そこではサイキックな情報や、その情報を伝える存在に触れることが可能になります。

## ★UFO学とは一線を画す地球外生命体との関わり

量子科学が、「なぜ、人間は意義のあることを経験するのか?」というテーマに取り組む中、エクソコンシャスは進歩を重ねています。

エクソコンシャスヒューマンは、量子科学が〝その能力と情報を有すると認めた人々〟の仲間入りをします。意識研究者は、前世の記憶や臨死体験、超能力者、瞑想やヨガにおける悟りなどを研究していますが、このリストに「エクソコンシャス」が加わるのです。

エクソコンシャスの目的の一つは、エクソコンシャスヒューマンの能力に関する研究を、科学的に主流化することです。超常現象を研究している機関は世界中にあります。将来、これらの研究機関がエクソコンシャスヒューマンに注目するかもしれません。それが、エクソコンシャスを科学的研究へと開放することになるのです。

当初、エクソコンシャスとは、人間の意識の働きと、それに関する次元や能力に関する学術的な研究でした[19]。この定義が、私の書籍『Exoconsciousness, Your 21st Century Mind（エクソコンシャスネス――21世紀のマインド』（2008年）となる研究分野を確立させました[20]。

それに関係するのが、私が創設した「エクソコンシャス研究所」です[21]。発明家・科学者・研究者を含む[22]、多次元体験者の国際的なコミュニティであり、非営利団体として組織化し、エクソコンシャスの概念や定義の深化と拡大につながりました。

エクソコンシャスとは、ETや多次元存在とのコンタクトやコミュニケーション、協働創造を行うといった、人間が本来持つ能力です。

UFO研究者にとってのエクソコンシャスは、それまでのUFO学とは異なる情報源を調べなければなりません。それには、地球外生命体との遭遇情報を、個人から直接入手することが必要です。そのような資料作りへのアプローチは、主流のUFO学とは劇的に異なります。UFO学の場合、個人という遭遇者のレポートの代わりに、主に公式の内部告発者、FOIA文書とUFOの目撃事例を調べ上げるからです。

ＵＦＯ研究家は70年以上にわたり、政府や軍、諜報機関、企業、宗教に基づく研究を通じて、彼らと情報源を共有しています。客観性を主張しながらも、ＵＦＯ研究家はこの世界における「現実的な権威や世界観」を採用しているのです〔23〕。

彼らはこれらの情報を得ながら、専門知識の階段を上って行きました。そしてこのプロセスを通じて、自分たちがよりどころとした「権威ある情報源」と一体化したのです。意識はそのように働きます。私たちが読み、研究し、追い求めるものは、彼らの視点を反映しています。これまで政府と一部のＵＦＯ研究家は、「閉じた情報ループ」の中で共存してきたからです。

これに対して、個人レベルのＵＦＯやＥＴや多次元的な体験は、エクソコンシャスな情報源です。エクソコンシャスは、地球外生命体に関するディスクロージャー後に現れた概念であり、個人的にＥＴや多次元的存在を学術的に証明する必要性はありません。政府のＸファイルやバチカン図書館に隠された秘密を発見したり、洞窟のような軍事情報地下壕の下を掘ったりする考古学やリサーチのための探検ではないのです。「意識的な体験」がエクソコンシャスヒューマンの主な情報源であり、ＥＴや多次元的な体験が人間にどのような影響を与えるかに焦点を当てています。

意識的なコンタクトを続けていると、私たちはどのように反応し、成長し、変容していくのでしょうか？

最も重要な焦点となるのが、人間です。人間は批判的思考や創造性、ＥＴとのコンタクト体験をコントロールするという主権を持っているからです。

## ★エクソコンシャスを発展させる専門家たち

エクソコンシャスという言葉は、私に与えられたもので、時間をかけて学問的・体系的に発展させてきました。また、他の人たちの影響によって発展してきました。

### ハーバード大学の精神科医／ジョン・マック

私に最初に影響を与えたのは、ルース・ホーバー博士と彼女のコンタクティーグループです。ホーバー博士は私に、ハーバード大学の精神科医であるジョン・マックについて調べるように勧めました。

マックは、バド・ホプキンス博士の援助を受けて、ETとの遭遇体験者に起きた現象に対する学術的・精神的な扉を開きました。彼は「アブダクション」という言葉を使い、ET体験者を世間や学術的に認知させたのです。当初、彼は精神医学的な指標を使い、体験者の精神的な健康状態を注意深く診断し、〝彼らは正気で理性的で精神的に健康である〟と宣言しました。

その後、彼はスピリチュアル界のリーダーたちに相談し、ETとの遭遇を、現代でもスピリチュアルの実践者たちの間で続いている「古代からの幻視体験の歴史」と結びつけました。ETとの遭遇は変容を伴うものであり、肉体的なものであると同時に、精神的なものであると定義したのです〔24〕。彼は、「この現象には新しい科学が必要である」とまで言っています〔25〕。

## フェニックス・トラウマトロジーコミュニティ

アリゾナ州フェニックスにあるトラウマ研究のコミュニティ「フェニックス・トラウマトロジー」のメンバーを通じて、私のエクソコンシャスに対する見解はさらに深まりました。

1980年、アメリカ精神医学会（APA）は『精神障害の診断と統計マニュアル』の第3版に、PTSDを追加しました。それは、トラウマや精神障害の原因が、個人の外部にあると初めて特定したことに大きな意味がありました（例えば、戦争の際の暴力的な体験や、ネグレクトや見捨てられたという感情的なトラウマ）。この特定によって、〝人の性格に内在する人間的な弱さによって引き起こされる障害〟という誤った解釈が取り除かれたのです［26］。

トラウマの概念に対し、欠陥のある性格や弱さからくる結果ではなく、個人の外部に原因があるものとして再定義したことは重要でした。これによって変化が起きました。トラウマの研究や臨床において、標準的な精神医学とされる「フロイトに基づく療法」や、化学物質に基づく「薬物療法のアプローチ」は、支配的な立場ではなくなったのです。

しかし、PTSDや愛着療法などの治療カテゴリーが重視されるようになった今日でも、トラウマの専門家として診療するセラピストはほとんどいません。

トラウマを専門とする心身療法士でもある私の治療アプローチは、古典的な訓練を受けたセラピストとは根本的に異なります。トラウマ研究の分野における最近の進展は、「ETコンタクティーが経験するトラウマ的な影響」に関する私の研究と密接に関係しています。

## 「ブレインステートテクノロジーズ」創設者／リー・ガーデス

私がトラウマというものに出会ったのは、リー・ガーデスを通してでした。2007年、私は「ブレインステートテクノロジーズ」の創設者であるリーに出会いました[27]。

リーはシリコンバレーからフェニックスにやってきて、アマゾンの購入を促進する初期のアルゴリズムのいくつかを設計しました。それらは、「あなたがそれを買うなら、これに興味を持つかもしれません」というネット上のガイダンスのことです。

リーは、頭部に大きな外傷を負ったことから、外傷を受けた神経経路を癒すために脳波の技術を応用するようになりました。トラウマの治療法を発見する旅の中で、リーはまず自分自身を癒すことに着手したのです。

「ブレインステート」は、パーソナライズされたサウンドで脳のバランスを整える技術により、脳をリセットすることでクライアントがリラックスできるようにします。その技術により、脳が自分自身を量子レベルで観察し、癒していくのです。

「ブレインウェーブ・オプティマイゼーション」は、高度なコンピューティング技術の力を利用して、精密で自然な脳のミラーを作成します。その際、脳波の活動をリアルタイムに反映することで、音楽のような音色のパターンが生成されます。これにより、〝脳が完全に解放されてリセットされる深いリラックス状態〟に到達するための脳自身の能力をサポートし、それを加速させます。

トラウマや慢性的なストレスは、脳の働きを圧倒します。脳がリセットされると幸福感が増し、より高い能力を持つ状態に戻るよう自己最適化されるのです[28]。

## トラウマ治療の専門家／デビッド・ベルセリ

リーとの出会いは、神経にアプローチする技術によってトラウマ治療で活躍する、他の専門家を知ることにつながりました。リーは私に、デビッド・ベルセリを紹介してくれたのです。

彼は奉仕の精神と冒険心から、文化がどのようにトラウマを癒すかを研究するために、15年間世界中を旅していました。彼の研究は、深層筋のパターンを解放することに焦点を当てた「TRE（緊張・ストレス・トラウマ解放エクササイズ）」を開発することで実を結びました[29]。

ベルセリのメソッドによると、身体を震わせると神経系が解放され、リセットされます。治癒するのです。TREは、ヨガのようなポーズで身体からトラウマを解放します。

## トラウマ治療研究の神経内科医／ロバート・スカー

身体と脳の役割に注目したスカー博士の科学的研究も、トラウマを解放するために振動させることの重要性を強調していました。スカー博士は、動物のトラウマの研究から、〝体のショックを和らげるために揺さぶることとの必要性〟と〝癒しのための安全なコミュニティの必要性〟を認識しました[30]。

彼は、ホッキョクグマが罠にかかったり動けなくなったりすると、深いトラウマになることを発見しました。しかし、その後、体を揺らしたり動かすことができるようになると、トラウマが自然に解消していったのです。

スカー博士とベルセリの研究は、私たちの多くが子どもの頃、トラウマから解放されたい一心で泣いたときに「静かにしなさい」と言われたことを思い起こさせます。残念なことに、良識ある親として、自分の子どもにも同じようなしつけを何度もしていたことを思い知らされますが、私は今、そのようなしつけは適切ではないことを知っています。

## スタンフォード大学の物理学者／ウィリアム・ティラー

フェニックスのトラウマ研究コミュニティには、「人間の意志を保持・発信する機械」を発明したスタンフォード大学の物理学者ウィリアム・ティラーもいました。

彼の研究は、意識の能力としての人間の意志が、測定可能であることを実証しています。ティラーの過激な実験には、意志によって水のPHを上げたり下げたりするものもありました[31]。

## 宇宙飛行士・工学者／エドガー・ミッチェル

トラウマのコミュニティと協力することで、私は自分のトラウマの傷を癒すための洞察を得たり、ツールを開発することへとつながりました。多くの体験者は、沈黙や卑下、権利の剥奪、疎外によって傷つけられたと感じ、トラウマの傷を抱えています。

私がトラウマを克服し、『Exoconscious Humans（エクソコンシャスヒューマンズ）』を出版（２０２１年４月）したばかり頃、「21世紀のマインド」というテーマの講演会に招かれました。それは、アポロ宇宙飛行士のエドガー・ミッチェル博士が設立した組織「クアントレック」が開催したもので、クアントレックでは「ゼロポイントエネルギー」の研究と応用を目的としていました。

私は、かつてこの組織で働いていましたが、そこにいた科学者とET体験者のグループは、〝UFOやETコンタクトの現象は、新しいエネルギー開発においての基本事項である〟という前提のもとに活動していました。そこでの私たちは、ほんのわずかなコストで世界を照らす新しいエネルギー、つまり小型のポータブルシステムを思い描いていたのです。

また、ETを公認しない秘密主義者の多くは、石油を基盤とするドルや世界経済システムを揺るがすような、急進的なエネルギーシステムが抱える問題と関係している、と捉えていました。

注目すべきは、ミッチェルのチームは3人のETコンタクティーで構成されていて、私はそのうちの1人だったことです。ミッチェルは合理的な科学的思考をする人でしたが、形而上学的・霊的な視点も取り入れていました。彼は、サイキックな知識と能力を賞賛していました。

私は2008年に『Exoconsciousness: Your 21st Century Mind(エクソコンシャスネス ― 21世紀のマインド)』という本を書いたことで、「21世紀のマインド」という信念を強くしました。〝意識はコンタクトにおける不可欠な要素であり、科学研究の最高の選択肢が量子科学である〟という思いを強めたのです。

ミッチェル博士は、「ゼロポイントエネルギー研究」に量子科学と意識研究を取り入れています。

2011年、彼は「レオナルド・ダ・ヴィンチ思考研究協会」に入りました。その活動のプレゼンテーションで、彼は科学と形而上学が対話する必要性を強調しました。ミッチェルがドイツの数学者ウォルター・シェンプとともに取り組んだ「量子ホログラム」に関する論文は、マクロの世界で測定可能な量子効果を統合したものです[33]。

さらにミッチェルは、地球外からの情報、あるいは彼が「地球外のプレゼンス（存在）」と呼ぶものが、人間の意識レベルで利用可能であり、〝ゼロポイントエネルギーや代替エネルギーを開発するためにアクセスする必要がある〟という確固たる信念を持っていました。

## ★エクソコンシャスな人の3つの特徴

もし、エクソコンシャスがETや多次元存在とつながり、コミュニケーションし、協働創造するという人間本来の能力であるなら、「エクソコンシャスヒューマン」とはどのような人たちでしょうか？

それは、ETや多次元存在とのコンタクトやコミュニケーションを継続的に経験している人たちのことです。彼らは、主に3つの側面を持っています。

**1 ETとの体験を、人間としての自分に統合します**

彼らは、さまざまな方法でこれを経験しながら、エクソコンシャス的な自己認識を確立します。自らを、ETや多次元的な存在にアクセスできる宇宙意識に根ざしていると考えています。ETは人間に似た存在もいれば、似ていない存在もいます。エクソコンシャスによる自己認識が強まるにつれて、ETと相互尊重に基づく成熟した関係を築いていきます。

2　高い「サイキックインテリジェンス」を持っています

サイキック能力は、彼らの人生における主要な方向性です。それは、世界観だけでなく、問題解決や日常的な意思決定にも影響を及ぼします。

彼らは自らを、次のように考えています。サイキック・高い共感性と創造性・好奇心旺盛、銀河系・タイムトラベラー・ヒーラー・スピリチュアル・多次元。そして何より、「ETであり、多次元的な存在」である。

3　ETや多次元存在との関係を通して、協働創造を行います

それは多層的なプロセスです。継続的なコンタクトによる個人的な統合が進むにつれて、最終的にはその情報とエネルギーを、自らの心理的変容と専門的な仕事に応用します。

このプロセスを通じて、彼らはETとの多次元的な関係を活かし、革新的なアイデアを現実に落とし込むための協働創造を行います。

彼らは、エクソコンシャスなアーティスト・ヒーラー・科学者・発明家・エンジニア・教師、そしてスピリチュアルの熟練者となります。ETや多次元存在との協働創造によって、これを実現させるのです。

## ★「CE－6コンタクト」を可能にするエクソコンシャス

「エクソコンシャスヒューマン」を定義する一つの方法は、コンタクティーという歴史の中で、彼らを分類することです。

ETとのコンタクトというカテゴリーの中で、彼らはどのように分類されているのでしょう？

天文学者であり、UFO研究家のJ・アレン・ハイネックは、さまざまなUFO目撃談を説明するために、「3つの接近遭遇カテゴリー」を提案しました。

「CE－1」は夜間、「CE－2」は昼間、「CE－3」はレーダーによるものです。

その後、天文学者であり、コンピュータ科学者でもあるジャック・ヴァレは、コンタクトの現実味を重視し、UFOとの遭遇を表す「CE－4」というカテゴリーを考案しました。ヴァレは、アブダクションや幻覚、体外離脱、夢のような出来事、さらには民話との類似性など、さまざまなコンタクトの状況を検証しました。

医師でUFO研究家のスティーブン・グリアは、一方的なコンタクトではなく、相互間のコミュニケーションによるUFOとの出会いを表現するために、「CE－5」というカテゴリーを考案しました。

彼は、人類とETの間の尊厳に満ちた交流に注目しました。グリアの「CE－5」イベントは、参加者の意識を空へ向かわせるのが特徴で、ETを探すスカイウォッチングです。上空を見ていると、ETが現れるのです。「CE－5」では、ETは人間の上空という、外側にいることを強調しています。

そのように見上げたり、待ったり、コンタクトを期待するのではなく、私は「CE－6」を提案します。ETとの継続的なコンタクトやコミュニケーションや協働創造が、このカテゴリーの特徴です。

それは、多次元生命体であるETとの関係を無意識的なものから意識的なものへ変化させるという、人間の意図的な決定を表しています。上空の光から、参加者としての人間へと意識のフォーカスを変えるのです。

「CE－6」による多次元存在との出会いは、人間が主軸になります。人間主導なのです。参加者は、自らの意識を通して多次元存在と関わることで、サイキックな能力や知性、創造性を発揮します。このような自己変容は、心と体のパワーと能力に対する認識から生じます。

エクソコンシャスな状態では、人間と多次元存在が意識的に現実を共有していることを認識しています。重要なことは、この共有された現実の中で、彼らと関係するかしないかの自由があるということです。〝ETや多次元存在の中には、人間と同じような存在もいれば、そうでない存在もいる〟という知識に基づいて行動する自由があるのです。

このように「CE－6」では、主に人間の意識の能力に重点を置き、次にETとの意識の共有に重点を置いています。

エクソコンシャスヒューマンにおける「CE－6」は、アブダクションや幻覚や変性意識状態（CE－4）、ETがUFOで空を飛んでやって来るのを待つ（CE－5）というような、以前からあるジャンルからの力強い転換を意味します。

それは、人間が何者であるか、意識の性質と能力について検討することを意味します。それを理解するのは決して簡単なことではありません。先に説明したように、過去400年間、意識の研究は科学から切り離され、孤独な監禁状態に置かれていたからです。

何世紀もの間、宗教・秘密結社・ミステリースクールが、主要な研究と意識の応用を厳しく管理していました。これらのグループへの参加は、エリート階級への審査と同様に、高額な入会料が必要でした。主に家族、ときには運命が、会員になるための入場券でした。学校・儀式・ローブ・独自の文化が必要条件だったのです。

このような秘密主義は今日も続いていますが、徐々に秘密が解き明かされています。

その兆候の一つが、東洋と西洋のミステリースクールが合併したときです。この合併は、1800年代後半に、神智学系の学校によって画策されました。

それから100年後の1990年代初頭には、大学にも、意識の科学的研究のための学科が開設されました。特に、「プリンストン大学」と「デューク大学」はこの分野の先駆者であり、「エドガー・ミッチェルの精神科学研究所」と「スタンフォード研究所」も同様です。

ミステリースクールの情報がネット上で公開され、ハイネック、グリア、ヴァレなどのUFO研究家が、エクソコンシャスをさらに発展させました。この流れを受け継ぐ「エクソコンシャス研究所」は、エクソコンシャスを重要なテーマとし、外部と共同で情報を提供しています。

超常現象や超能力、意識研究という科学的遺産の一部として、エクソコンシャスは重要です。科学・芸術・技術・宇宙・健康・宗教、そして地球の生命に対する意識の進化の可能性に満ちあふれています。

さらに重要なことは、エクソコンシャスは、すべての人が生まれながらに持っている能力であることです。その能力とは何でしょう？

それは、ＥＴや多次元存在とコンタクトし、コミュニケーションし、協働創造するというものです。

本書を通じて、コンタクトやコミュニケーション、協働創造について詳しく説明します。

これらの能力が、人間にとってどのような意味を持つのでしょうか？　それらを効果的に使うには、どうすればいいのでしょうか？　なぜ、ＥＴや多次元存在との関係が重要なのでしょうか？

人類は、進化する宇宙文明です。新しい宇宙技術、宇宙旅行、宇宙への居住を試みるたびに、「意識」の重要性は指数関数的に増していきます。タイムトラベル・体外離脱・意識による物質操作・エネルギーの革新・精神的次元・宇宙文明の倫理と外交について相談できるのは、エクソコンシャスな能力を持っている人たち以外にいないことでしょう。

ＥＴや多次元存在、多元宇宙についての情報を人々に提供するにあたり、彼らと継続的にコンタクトをとっている人たち以上に、ふさわしい存在はいないのではないでしょうか？

## ★人類の進化を促すディスクロージャーの担い手

エクソポリティクス（テクノロジーを活用して変革を目指す取り組み）やＵＦＯ学に携わる人たちは、それを存続させる可能性や政治的な基盤について議論します。

その一方で、私たちエクソコンシャスヒューマンは、主観的な直接体験を通してＥＴや多次元存在と関わります。孤立した集落に足を踏み入れた初期の探検家のように、私たちは彼らとともに過ごし、彼らから学び、研究室や大学から一歩も外に出ない懐疑的な研究家たちに、自分が発見したことを報告するのです。

この図式を無視して研究家たちと会話をすることは、ほとんどの場合、無駄になります。実際の体験なしに議論に参加することは、効果的ではありません。

地球外生命体に関するディスクロージャー後のコミュニティとして、私たちエクソコンシャスヒューマンは、ＵＦＯ研究家とは異なる経験や情報を源としています。

ＵＦＯ研究家は、ＵＦＯやＥＴに関する情報を政府や諜報機関、軍から得ていたため、自分たちの情報を、防衛と軍国主義を使命とする「物質主義的で還元主義的な従来の科学」に当てはめました。政府や諜報機関、軍の情報源が真実であると主張するなら、彼らにとってはそうなのでしょう。

しかし、長年にわたるＵＦＯ学やエクソポリティックスの研究と、政府や情報機関、軍との関係はほとんど進展をもたらしませんでした。ＵＦＯ学は依然として秘密を探求する泥沼にはまっていて、エクソポリティクスは依然として政治劇の泥沼にはまっています。どちらのアプローチも、諜報機関のアキレス腱を露呈させています。

諜報機関は多くの場合、準備されたシナリオや心理作戦を展開するための肥沃な土壌として、位置づけられています。諜報機関を情報源とする場合、定期的に嘘をつかれたり、巧妙に騙されたりするでしょう。それだけでなく、彼らにとって利用したい人々を大衆の目に触れるよう公の場に誘い出し、人物を特定し、監視することが予想されます。

諜報機関を情報源とするなら、政府から年金を受け取っている人の内部告発情報は、あまり期待できません。そして諜報機関はご存知の通り、一度入ったら二度と出られません。永久契約なのです。

それらとは別の契約をしているのが、ETや多次元体験者です。彼らを専門家として認めることは、「人類と地球外生命体の意識の在り方」を受け入れることになります。

エクソコンシャスの源へと統合するこの道には、意識科学の専門家のほかに、体験者が含まれます。彼らエクソコンシャスヒューマンは、専門家なのです。彼らは自分自身を真剣に受け止めることで、自分が情報源となります。彼らは自己証明すべく、自分自身のために話します。

何十年もの間、精神医学・心理学・医学・催眠療法の研究家は、ETや多次元体験者について調べ、分類してきました。それは、ある場合には役に立ち、ある場合には有害なものとなりました。彼らは善意であったとはいえ、その多くはコンタクトの経験がなかったからです。

研究家たちの盲点は、彼らが採用したUFO学は、多くの研究を集めただけのものだったことです。彼らは知識の欠如と個人的な偏見によって、私たちエクソコンシャスヒューマンの情報をフィルターにかけました。それにより、私たちに起きたことが何を意味しているのかを教えてくれました。

また、私たちを間違った方向に誘導する人もいました。私たちが言ったことに疑問を持ち、判断する人もいました。そして、他の人たちは、しばしば間違った診断によって、私たちの権利を奪ったのです。

エクソコンシャスは、精神的、感情的、肉体的な総合体験であり、変容をもたらします。各自が自分のペースで、個人的な情報を集めながら、覚醒の道を一人で歩んで行きます。

それは、宗教的な体験と比較すると、神秘主義者の精神的な旅のようなものです。宗教的な旅は、協力的なコミュニティで行われます。彼らは、聖典や教義、儀式に表された「神の源への忠誠」に縛られて旅をします。

これらの宗教的共同体では、一歩一歩進んで行きます。信心深い人々は、あまりに遠くへ、あまりに速く踏み出すと破門されます。しかし、伝統に従えば、現世でも来世でも安全が保障されるのです。

それに比べて、エクソコンシャスヒューマンは一人で旅をします。そのため混乱や失敗、困難がつきものです。道も速度も自分で選び、さまざまな学習や知識のレベルに到達したことを認識します。エクソコンシャスの叡智は、一人ひとりに与えられるのです。

そうなったとき、自分の物語は主に自分だけに意味があることを理解します。場合によっては、他人にとっても役立つかもしれません。

宗教では、正統な集団による物語が重要ですが、エクソコンシャスでは、そうではありません。体験した内容は、個別に異なるからです。

そのことをすぐに知るので、自分が体験した内容を詳細に説明することは、あまり重要ではありません。私たち体験者は最初、エクソコンシャスのコミュニティの中で、初めて「断酒会」に参加したアルコール依存症の人のように振る舞います。初めてコンタクトを体験したとき、そのことを誰かに伝えたくなるものです。きっと他の人も私たち体験者の身に起きた出来事を認め、同じように感動し、多次元体験に畏敬の念を抱くだろうと確信するからです。

実際、人々は耳を傾けてくれます。そのとき、自分自身の物語がエクソコンシャスのコミュニティの人たちを通して、こだまのように響き合うのを聞くことになります。それは、自分自身を変容させる体験となり、人生においてそのような場を持つことの価値を見出す瞬間となるのです。


私たちエクソコンシャスヒューマンは、自らの体験を自分自身の言葉で話します。多くの場合、わずかな言葉で大量の情報を伝え、叡智を秘めた沈黙を通してコミュニケーションをとります。

徐々に時間をかけて私たちは落ち着き、体験を統合していきます。自らの知識が活性化することや、自らの行動が他者との協働によって新たな価値を創り出すことを許すのです。体験者は自分という存在を、人間・ＥＴ・多次元存在との協働作業へと向かわせます。言葉や行動で、自分自身を代弁するのです。

## ★エクソコンシャスではない「14の事柄」

エクソコンシャスとは何でないかを定義することで、混乱を避け、明確にすることができます。それについて、説明しましょう。

1■エクソコンシャスは、**地球外生命体や多次元存在とコンタクトするための新しい方法ではありません。**

そうではなく、コンタクトを超えたものです。私たちエクソコンシャスヒューマンは、コンタクトはしますが、それは最終目的ではありません。

ETとのコンタクトの最初のイベントは、遭遇というイニシエーションです。これは、体験者の世界観や身体、感情に衝撃を与えるかもしれません。また、体験者が遭遇する新しい現実は、既知のものや慣れ親しんだものを覆い隠し、心が揺さぶられるかもしれません。

しかし、これは、ほんの始まりに過ぎないのです。その後に続くのは、継続的な意識的コンタクトだからです。

2■エクソコンシャスは、**ETや多次元存在を知るための近道ではありません。**

多くの経験を積み重ねることで、徐々に知識が蓄積されていきます。エクソコンシャスとは、継続的なコンタクトを通して知り、経験するものです。

自分自身と多次元生命体であるETとの関わり方を学びながら、個人の統合や成長、発達に重点を置き、時間の経過とともにトラウマや恐怖が癒され、地に足の着いた体験になっていきます。

**3■エクソコンシャスは、薬物による体外離脱のような状態ではありません。**

それどころか、エクソコンシャスは継続的な意識的なコンタクトを重視します。人によっては、変容した状態を感じたり探求するために、薬物や儀式、マインドエクササイズなどを用いてコンタクトを試みることもあります。

ですが、継続的なコンタクトは、主に「意識的」に行われます。ETや多次元存在との関係に参加することを選択するとき、目覚めた意識的な状態にあるのです。

**4■エクソコンシャスは、拉致や誘拐、暴力的な出会いではありません。**

UFO研究家は、トラウマになるような極端なコンタクトの事例を検証していますが、これはエクソコンシャスによるものではありません。体験者の中には、最初のコンタクトで起きた世界観のシフトに、驚いたり恐れを抱いた人もいます。

ドロレス・キャノンが「第一波」と定義した初期のコンタクティーたちは、サポートとなる文献による指針がないまま、自分の身に起きたことに大きな脅威を感じていました。その後、時間が経つにつれて、体験者はコンタクトが健全で安全だと感じ、親しみさえ覚えるようになり、落ち着きを取り戻したのです。

5■エクソコンシャスは、**自由意志に反するものでも、トリックでも、監禁でもありません。**

コンタクトを通して成長するにつれ、自由意志を行使するようになります。コンタクトにイエスと言いたいときと、ノーと言いたいときとの〝健全な境界線〟を作ることを学んでいくのです。そのような力を得て、コンタクトを導くことができると感じるようになります。

6■エクソコンシャスは、**地球を征服しようとするエイリアンのプロジェクトではありません。グレイやレプティリアンが地球を征服しようとする計画でもありません。**

エクソコンシャスによって、グレイやレプティリアンと遭遇することもあります。しかし、これらは多くのET種族の中の、2つの種族にすぎません。エクソコンシャスが発達するにつれ、その他の多くの種族の存在に気づき、彼らとコンタクトし、コミュニケーションできるようになります。

7■エクソコンシャスは、**人間がETや多次元存在より劣っていることを示すものではありません。つまり、人間としての劣等感や愚かさを感じたり、彼らに圧倒されたり、人間であることを恥じるような体験ではありません。**

むしろ、彼らから得られるものは「エンパワーメント」に関するものです。自分がコンタクトを導き、指示し始めると、人間が本来持つ意識の力に気づき、それを利用し、そのことに感謝するようになります。

**8■エクソコンシャスは、宗教ではありません。**

独断的な教義を信奉したり、神聖な教えやテキストはありません。その代わり、ETや多次元存在の意識と絡み合い、「非局所的な意識状態」を体験します。その際、世界の宗教やスピリチュアルな教えでおなじみの言葉を使い、その体験を表現することがあります。

**9■エクソコンシャスは、善でも悪でもありません。**

それは、私たちが自分の足元を固めて安全だと感じるために、すぐにレッテルを貼ってしまうような、さまざまな感情の領域なのです。人間は未知のもの、名前のないものにレッテルを貼ることを好みます。

指をさして判断し、階級を作り、物語を語ります。「新しい現実」に安心したいので、以前の考えや出来事を重ね合わせ、「すべてが良いこと」「すべてが悪いこと」などと考えます。

そのレッテルは、一時的には有効です。しかし、そのうち、エクソコンシャスに基づく人間として、ともに参加し、協働創造している多くの人種や人間以外の存在が見えてきます。彼らとコミュニケーションすることで、やがて、適切な関係性を選び取れるようになるのです。

10■エクソコンシャスは、**ハリウッド映画ではありません。**

それは、体験者が所有する本物の映画なのです。脚本家・俳優・プロデューサー・特殊効果のクリエイターは、エクソコンシャスを持っていません。

ハリウッド映画はアイデアの寄せ集めであり、その多くの物語は、暗いディストピアな背景や戦争に関連するメッセージなどを必要とします。脚本には、勝者と敗者が登場し、協力者や共同制作者としてのエクソコンシャスヒューマンが登場することは、ほとんどありません。

11■エクソコンシャスは、**心理操作ではありません。**

UFO研究者のリンダ・モールトン・ハウによれば、これは、ヴェルナー・フォン・ブラウンがキャロル・ロージン経由で予言したような「軍事的誘拐（MILABS）」や「偽旗UFO侵略」などの諜報活動の一部ではありません[34]。

実際、だまされた体験者の中には、諜報活動のためのメッセージを伝えたり、大衆を欺くために不正確な情報を流したりする人もいます。諜報機関が、自らを隠蔽主義と称するのには理由があります。物事を誤解させ、混乱させ、欺く方法を知っているからです。

それとは対照的に、エクソコンシャスな体験は本物です。エクソコンシャスヒューマンは、特に一般人やメディアに関わるときは、言葉や説明の仕方に気をつけています。

12■エクソコンシャスは、**その人が「才能がある」「優れている」ということを示すものではありません。**

絡み合った「非局所的な場」は、すべての人が体験できるように開かれています。体験者がエクソコンシャスな状態で説明する能力は、誰もが有するものです。

そして、誰もが上でも下でもありません。皆、「意識の場」においては、脳を超えたエクソコンシャスな状態で活動することができます。

13■エクソコンシャスは、**超人のことではありません。**

エクソコンシャスヒューマンは、3次元での発展をスキップできるわけではありません。体験者は日々、当たり前のことを学びながら生き、自らの健康維持に真剣に取り組んでいます。そして、他の人たちと同じように、肉体的・感情的・精神的な課題を癒し、解決していくのです。体験者は、宇宙的な通行証を得ることはできません。

とても敏感で、コンタクトの統合が困難な場合、自分の許容量を超える問題を抱えることがあります。

14■エクソコンシャスは、**ETや多次元の存在に焦点を当てているのではありません。**

エクソコンシャスヒューマンの焦点となるのは、人間です。多くの人がそうしているように、ETとの多次元的なコンタクトや関係性を通じて、何が起きているのかを把握します。そのような分析を通して、焦点は常に人間に戻るのです。そして、エクソコンシャスが自分にどのような理解をもたらすかを調べます。

体験者はETについて、何を食べているか、どこに住んでいるか、何を着ているか、地球で何を計画しているか、などと議論したり詳細を述べたりするよりも、〝コンタクトを通して自分自身をより深く知ることの方が重要〟だと考えます。

このことは、一般的なUFO研究の逆です。まず人間に焦点を当て、次にETや多次元存在に焦点を当てるからです。

エクソコンシャスが「人間とETや多次元存在とのコンタクトの影響」に焦点を当てるように、トランスヒューマニズムは「テクノロジーが人間に与える多大な影響」を掲げています。

なぜ、エクソコンシャスとトランスヒューマニズムを理解することが、人間にとって重要なのでしょう？

# 第2節 トランスヒューマンとは何者か？

## ★トランスヒューマニズムの定義

トランスヒューマニズムとは、特に科学技術を活用して、人間が現在の肉体的・精神的限界を超えて進化することができるという、社会的・哲学的な信念や理論です。

合成生物学・ロボット工学・コンピュータによるプライバシー侵害・監視・ナノテクノロジー・テクノクラートシステムなどを通じて、意識とマインドコントロール技術を結びつけることを探求しています。

トランスヒューマニズムは、自律走行車の配達ドライバーやブルーカラーの組立ライン労働者、数字を計算して情報データを分析するホワイトカラー、病気を治療する医療従事者などの人々の仕事を、ＡＩで置き換えることを意味します。

その大前提となるのが、レイ・カーツワイルを始めとする人たちが見いだした「シンギュラリティ（技術的特異点）」です。

シンギュラリティとは、コンピュータ技術が進化して「超知的」になることを想定し、コンピュータや機械学習技術が人間の知能を超え、意識を持つようになる臨界点を指します。そのとき、すべてが「新しい現実」へとシフトします。それは、自分の環境を双方向で体験できる「拡張現実」です。人工的な視覚・聴覚・嗅覚・体性感覚（皮膚感覚、および筋肉や関節に受容器のある深部感覚）など、コンピュータが生成する知覚情報により、人間の感覚を強化させるのです［35］。

２０１７年にテキサス州オースティンで開催されたＳＸＳＷカンファレンスで、彼は「それが２０４５年に起こる」「２０２９年には、コンピュータが人間レベルの知能を持つようになる」と予言しました。また、「脳にコンピュータチップを置き、クラウドに接続することで、人々の意識が拡大する」と指摘しました。

２０２９年は、ＡＩがチューリングテスト（機械がどの程度「人間的か」を判定するテスト）に合格し、人間レベルの知能を有する時として、私が予測した時期と一致しています。

シンギュラリティとは、人々がそれまで培ってきた知性と融合させることで、知性を10億倍にすることなのです［36］。

## ★テクノクラティック・トランスヒューマニズムの経済学

シンギュラリティの歴史はグローバリズムと結びつき、20世紀の初期にさかのぼります。『Technocracy

Rising（テクノクラシー・ライジング）』の著者であるパトリック・ウッドは、「グローバル化のトロイの木馬」と題し、次のように述べています。ウッドは、歴史学者です。

＊＊＊

1930年代の世界恐慌のさなか、著名な科学者やエンジニアが、選挙で選ばれた政治家ではなく、〝自分たちと同じ科学者やエンジニアによって運営される「テクノクラシー」というユートピアなエネルギーベースの経済システム〟を提案した。

＊＊＊

ウッドは、テクノクラシーが政治システムではなく、経済システムであることを強調しています。

テクノクラシーとは、科学者や技術者が最適な効率で管理する「技術ベースの世界経済システム」であり、人間を農産物や天然資源と同様に商品として監視し、計測し、収益化することも含まれます。テクノクラシーは、エリート知識人や科学者、エンジニアによって構築され、今日根付いているグローバル経済が始まる種となりました。

主要な国際運動において、この「テクノクラシーシステム」を見ることができます。例えば、「国連アジェンダ21」「持続可能な開発」「グリーンエコノミー」「政府評議会」「スマートグロース」「スマートグリッド」「スマートシティ」「総合意識監視」、その他多くのテクノロジーに基づくプログラムなどがあります。

科学者とエンジニアのエリート集団が、このテクノクラシーをリードしています。科学、特にコンピュータサイエンスの分野は、テクノクラシー経済を発展させるうえで基盤となるものです。

この経済システムでは、朝のシャワーで使う水の量から、建物に流れる電気、買い物の習慣やくつろぎ方、オンラインでの興味や個人的な探求まで、人間のあらゆる行為が監視され、マネタイズ（収益化）されます。

発明家ニコラ・テスラのファンは、彼の交流電力を主流から排除し、エジソンのメーター付き直流電力に置き換えたことに憤慨していました。

あなたの人生全体が、データありきで定義された世界で〝計測・監視されている〟ことを想像してみてください。このデータ駆動型の経済が、テクノクラシーにおけるあなたの未来なのです。

気候変動への対処から始まった現代の政治計画は、テクノクラシーの主要な推進力になっています。彼らは経済を「人間ベースの経済システム」から、「エネルギーと資源ベースの金融システム」へと移行させるつもりです。テクノクラシーは、従来の貨幣交換を「エネルギーと資源交換」に置き換えます。需要と供給を決定したり、金融政策の信頼性の指標を決定する人間を、計量化し、貨幣化したエネルギー資源へと置き換えるのです。

エネルギーと資源に基づいて機能する「メガリス型ＡＩコンピュータ経済」は、住宅や食料、医療、社会など、必要なものをすべて提供する大企業に匹敵するようになるでしょう。

金銭的な配分は、あなたの忠誠心や行動に応じて行われ、あなたの思考や言葉、行動のすべては24時間365日監視され、記録されます。物理的な通貨は、もはや手に入りません。その代わり、主権国家の金融システムを「暗号通貨の地球レベルのネットワーク」に置き換えるのです。「データ駆動型」であり、

「人間駆動型」ではありません。この究極のテクノクラートを駆使した少数制の独裁政治は、〝テクノクラートによるトランスヒューマン化の平等と気候変動による大災害からの保護〟を約束します。

2009年、アル・ゴア、デビッド・ブラッド、ミハイル・ゴルバチョフによって、気候変動を収益化する最初の取り組みがなされました。市場を「キャップ・アンド・トレード」(*)に向かわせようとした彼らの試みは、当初は失敗に終わったかもしれません。

*訳者註：二酸化炭素の排出量取引制度の一つで、企業に対して排出量の上限を設け、余剰や不足を売買する仕組み。

それでも、エネルギーと資源に基づく経済システムや、メーターやメトリック(測定基準の指標)の採用を推し進めていきました。

2019年夏、アレクサンドリア・オカシオ＝コルテス下院議員のチーフスタッフだったサイカット・チャクラバルティは、「グリーンニューディール」(*)導入の真の目的は、経済全体を大改革するためだったことを認めました。

*訳者註：グリーンニューディールとは、環境保全・再生可能なエネルギーなどの産業分野に大規模な投資を行い、新たな雇用を生み出し、経済の活性化を目指す政策。

チャクラバルティと気候担当責任者サム・リケッツとの会合に出席したワシントンポスト紙の記者は、次のように述べています。

「チャクラバルティは、こう付け加えました。『グリーンニューディールについて興味深いのは、もともと気候変動に関するものではないことです。あなた方は、それを気候変動に関するものと考えているのですか？　というのも、私たちはそれを、経済全体をどのようにして変えていけるかだとを考えているからです』」［37］。

チャクラバルティは、気候変動という名目が、テクノクラシーの経済的な推進力であることを認めたのです。

## ★トランスヒューマンの特徴

トランスヒューマン化が成功するかどうかを知るには、テクノクラシーの触手が、すでに私たちに向かって伸びていることを認識する必要があります。

カイル・マンキトリックは、このことを包括的にまとめ、「トランスヒューマンの特徴」として解説しています。

### ■人工装置による改変

人体よりも医療技術での改変を優先します。人工装置やそのインプラントは、自分の体よりも優れていると考えるため、それを選択します。

スポーツショップを覗くと、ナイキやアンダーアーマーが義肢を装着したアスリートを起用した巨大な広告を掲げています。ハリウッドの技術でデジタル化した〝スーパーパワーを持つ者たち〟は、コンピュータ化されたロボットインプラントに対し、人々に親近感を与えているのです。

## ■サイバーインテリジェンス優先

医療用スマートドラッグの日常的な使用は、「サイバーブレインイン・インプラント」と連携して、認知機能を強化します。大学での競争は、企業でのキャリア競争へと流れ、知能の頂点に立つ者が有利となります。

トップに上り詰めるために、神経インプラントと薬物以外に良い方法があるでしょうか？

## ■人工的な感覚の支配

本人の感覚をＡＩがデータ分析し、人生を乗り切るのをサポートするために、視神経のインプラントに投影する「人工現実（ＡＲ）を設計」します。トランスヒューマニズムは、人々の感覚を拡張させ、最終的には心や意識をコントロールします。

## ■老化しない若い状態への修正

「老化は病気である」と認識され、ナノテクノロジーと合成生物学によって、そのプロセスを遅らせるように修正されます。不老不死という謳い文句は古くからありますが、トランスヒューマニズムも同じ手口で、〝自らを新たに若くするのだ〟と主張します。

## ■自分の肉体は実験台

「ソマティックライツ（身体性の権利）」の法体系（社会的ルール）は、自分を実験台にして肉体を強化するという、個人の自由を保護するものです。〝自分の身体で好きなことをする権利がある〟と人々に納得させれば、自由に製品やプログラムを提供することができ、その多くは生涯にわたって効果を発揮します。あなたの身体は、タトゥーで描かれた芸術のパレットになり、美容治療で完成度を高め、手術で性別を変えることができるのです。

メディアなどが発するメッセージは、〝あなたの身体には欠陥があるため、あなたはそれを改善する権利がある〟というものです。特にソーシャルメディア（SNS）の世界では、自分の外見を向上させることが不可欠です。誰もが、この外見に基づく文化から逃れることはできません。

## ■扱いは人ではなく人々

個人個人の区別は、その人の人間性ではなく、特徴として決定されます。動物・植物・人間を、ロボットのような人工的な知性を有するものと同じ扱いに位置づけるのです。

トランスヒューマニズムは、人間の自然な現実を平らにし、信用を喪失させ、破壊して、人工的に再現した現実を押し付けます。人種的・民族的・性的に、あるいは共同体や宗教を通じて「自分とは何者か?」と精神的に問い続けてきた伝統的な文化を絶えず分析し、批判することで、人々を卑下させます。このような物事の逆転や混乱や混沌は、トランスヒューマンとしての現実を創り出すための開口部を生み出します。

トランスヒューマニズムとテクノクラシーは、「人間の脳が意識の中心である」という信念に根ざしています。脳を中心とした意識を混乱させ、破壊することで、人々をコントロールできると彼らは信じています。

## ★トランスヒューマンになるとどうなるか？

トランスヒューマンとは、科学技術によって生物的・心理的に操作され、「技術主義的な人工現実に参加するようになった人たち」のことです。彼らは、ＡＩによる計量経済システムにおいて、〝監視された資源としての消費者〟としてコントロールされます。

トランスヒューマニズムの主な目標は、人間の意識を監視・規制し、最終的にデジタルコンピュータの知能と一体化させることです。そのため、その人のすべての社会的取引と相互作用は、外部からの測定によって収益化されていきます。人間を含むすべてのエネルギーと資源は、監視され、経済的にコントロールする指標として扱われるのです。

経済学に見合うように「その人の人間的要素」が取り除かれ、トランスヒューマンとしての需要と供給が人為的に決定されます。トランスヒューマンへとプログラミングするのは、その人を取り巻く人工的な現実に対する「工学的な応答」です。つまり、人々はＡＩを使って自己プログラミングをするのです。

拡張された感覚的な現実が徐々に統合され、人間本来の感覚や知覚に取って代わります。トランスヒューマンは、機械として物事を認識していくのです。

次のような文化的状況は、人間からトランスヒューマンへの移行を実現していくでしょう。

## ★大前提は恐怖を利用して自然から切り離すこと

人間の意識は、自然の中で経験する感覚的な情報に反応し、それに参加します。地球上で記録された人類の歴史は、自然と密接につながっています。

自然界は人間の意識と交信し、関わり合います。これは、前述したように、自然界とバイオフォトンを交換し合っているからかもしれません。

トランスヒューマニズムでは、人間は「拡張された現実」を通して機械に反応し、機械に参加することを「教えられる」ことになります。機械としての人間が、自然な状態としての人間に取って代わるのです。

トランスヒューマンは、自然とのダイナミックな複合体としての関わりから切り離されることで成長し、もはや〝人間性〟は存在しません。このような人間性の置き換えは、生物学的・霊的・精神的・感情的な生命とのつながりを示す、従来の在り方と切り離すものです。

次のことを知ってください。

1980年代半ば、オハイオ州デイトンの隣人たちが「行方不明の子どもたちのためのネットワーク」

を設立しました。彼らはテレビ局へ向けて、行方不明の子どもに関する公共広告を制作しました。

その際、彼らはかつて販売されていた牛乳パックに描かれていた「行方不明の子どもたちの姿」に注目し、それを取り入れたマーケティングを展開しました。その大元になった牛乳パックを目にしたことはありますか？　この団体の電話は、行方不明の子どもたちの通報センターとなり、全米のメディアは、誘拐された子どもたちが両親と再会した話を放送したのです[38]。

行方不明の子どものミーム（複製されて拡散される画像や映像）は、「毎年150万人の子どもが行方不明になっている」という1983年の保健福祉省の統計から始まりました。それにより、恐怖が全米で急激に高まり、牛乳パックにも描かれるようになったのです[39]。

今日、牛乳パックの画像という何の変哲もないものが、「行方不明の子どもたち」に注目させ警告を発する〝大規模な全国高速道路標識プログラム〟にも転用されることになりました。このように仕組まれた恐怖は、やがて親たちの世代を近所の人と知り合うことから遠ざけ、子どもたちを自由に遊ばせたり、自然を探検させることから遠ざけていきました。

自然から切り離す、というミッションは達成されたのです。その後の世代は、トランスヒューマニズムが展開されるにつれて、恐怖によって自然から遠のいていきました。自然や自由な遊びから切り離された子どもたちは、「企業化された高額な費用のかかるスポーツやチーム」の一員になることが奨励されます。自然への想像力と発見は、もはや子どもたちの成長の一部ではありません。

子どもの頭頂葉は、自立心を育み、自分の世界を探求し始める5歳頃に発達します。そのため、自然の中で学ぶことができないと、頭頂葉は十分に発達できず、生活の中で自分の感覚を使って、何が現実かが理解できなくなります。頭頂葉は空間の中で方向を定め、目印を認識し、すべての感覚を駆使して現実を把握するために、あらゆる感覚を使う手助けをするからです。

自然から遠ざけられたトランスヒューマンは、テレビとコンピュータという2つの主要な媒体を通して、自らの現実を形成していきます。頭頂葉の発達が抑制されることは、トランスヒューマニズム化の到来を告げるのです。

## ★トランスヒューマン化と「4つの愛着タイプ」

人間の意識は、特に幼少期には、シームレス（継ぎ目のない状態）に統合されています。安全な家庭で愛され、栄養を与えられ、世話をされている幸せな子どもは、泣いたり、欲求を表現することがあっても、主に平和で調和のとれた遊びや睡眠ができる状態にいます。心が統合された子どもは、穏やかさと安心感が得られるのです。

ジョン・ボウルビーの著書『A Secure Base：Parent-Child Attachment and Healthy Human Development（安全の基盤：親子の愛着と健全な人間への発達）』（1988年再版）によると、心理的「愛着」（情緒的な絆）には4つのタイプがあり、1つは安全、3つは不安であるとしています。

＊

1　安全
2　回避／不和
3　不安／夢中
4　無秩序（恐怖／回避）

＊

子どもは、４つの愛着のうち、主に一つのタイプを好む傾向にあります。これは、強いストレスに対処しているときに特に顕著に現れます。その際、子どもは自分がちゃんと適応していないことを自覚し、機能不全に陥り、感情的に崩壊します。機能不全による感情的な反応は、そのほとんどが、母親との間に安全な愛着がなかった幼少期に生じます。

母親としての私は当初、子どもの幼少期に愛着が欠如していた可能性を心に留めていました。今では、信頼できる愛情深い親になっているのでしょうか？

ときにはキレたり、家の中の整理整頓を気にしたり、仕事に夢中になって子どもに無関心になったこともありました。しかし、徐々に自己批判を捨て、不完全な自分を愛することを学びました。罪悪感や自己批判で、かけがえのない時間を曇らせてしまうことなく、成人した子どもたちと一緒に過ごすことを心がけています。

スタン・タトキンは、著書『Wired for Love（愛で結びつく）』（２０１１年）の中で、パートナーの愛着スタイルを理解することが、安心できる幸せな関係を築くために、いかに役立つかを説いています。

彼は、愛着スタイルを「社会的配線」と呼んでいます。愛着理論によると、人間の社会的配線は、人生の最初の3年間に確立されます。

私のセラピーでは、愛着スタイルを「刷り込み」と呼んでいます。人間の神経配線は、人生の初期に設定され、反応や行動による永続的な刻印を残し、ほぼ無意識の信念となります。この刷り込みが、自分という存在に縛り付けているのです。ですから、大人になってから「親と同じように振舞う」ことをやめるのは、とても難しいことです。

幼少期に刷り込まれた反応や行動は無意識に基づくため、誰もが自分がそのように反応したり、行動することに気づいていません。無意識のうちに、刺激に対する反応や習慣的な行動が、自動化されているのです。

残念ながら、幼少期に困難な状況にあった場合、その刷り込まれた反応や行動は、神経系に深く刻み込まれています。感情的・身体的に虐待を受けたり、自分が放置されていた家庭で暮らした場合、その人の愛着スタイルと社会的配線は、不安定になります。


もし親があなたを大切にし、特に生まれてから3歳までに接する時間やスキンシップを多くとった家庭で育ったなら、おそらくあなたは安定した愛着を育んでいることでしょう。

親があなたを育てることを最優先し、あなたのニーズに応え、成長に関心を示していたなら、おそらくあなたは安定した愛着を育んでいます。たとえ、関係性に困難が生じても、親はすぐに再び安定した関係を築き上げたのです。

安定した親子関係では、家庭は活気にあふれ、楽しく好奇心旺盛で、遊び心があります。ポジティブな感情が支配的なのです。

タトキンは、安定した愛着を持つ人を「アンカー」と名付けて分類しています。それは、親密な関係に高い価値を置いている人を意味します。親密で安定した関係を築き、健全な境界線を持つことで、ポジティブなエネルギーを維持・向上させることができるのです。

アンカーは、健康的で愛情深い子育てから恩恵を受けますが、良いニュースとしては、人は成熟するにつれてアンカーになるための努力ができる、ということです。そのためには、健全な方法で自己認識し、自分自身を「再教育」する必要があります。

まずは、親が与えてくれなかったものを調べ上げ、そのニーズに応えるために自分の行動に優先順位をつけることで、再教育のプロセスが始まります。

## ★テクノロジーVS健全な愛着の形成

トランスヒューマニズムと、安定した親子関係を築くための「愛着理論」を比較すると、「分離と解離の問題」が際立ってきます。

例えば、タブレットやテレビは、親子を分離させます。親との愛情に満ちた会話の代わりに、子どもは刻々と変化するスクリーンの映像に喜びを感じ、現実から離脱していきます。放置された子どもは、いともたやすくバーチャルな世界とつながるのです。

ロサンゼルス在住の児童・家族心理療法士、フラン・ウォルフィッシュ博士は、こう言っています。「現在、2歳児の多くがタブレットを使用し、3歳児や4歳児がすでに中毒になっているのを目にします。その姿に動揺しますし、少し怖いですね」[40]。

子どもの娯楽としてタブレットが好まれるようになったことで、自動車メーカーは車から、ドロップダウン式のDVDプレーヤーを取り除くことにしました。

現在では、ほとんどの子どもたちが、タブレットの中に自分用にカスタマイズした動画等を持っています。長期の旅行やイベントには最適です。「まだ着かないの?」と、子どもに言われそうなときにも安心です。

ボウルビーは、子どもの安定した愛着は、生まれてから3歳までに形成されると説きました。母親が子どもを抱きかかえることで、子どもの脳はホルモンを分泌しながら発達します。

オキシトシンとドーパミンというホルモンは、乳児の脳と身体全体の発達に重要な役割を果たします。一人になってタブレットを〝ゆりかご〟にすると、触覚的な刺激がないため、誕生してから3年間は特に生命力が弱まります。

このような愛着についての議論は重要です。特筆すべきは、トランスヒューマン化を促すテクノロジーが利用される子育ての時代において、大きな課題となるのが「健全な愛着を形成する」ことです。

人との交流がなくなると、子どもの感情的・精神的・身体的な健康に害を及ぼします。親に対する自然な愛着から引き離され、あまり好ましくない人工的な装置を押し付けられるからです。

なぜ、このことが問題になるのでしょう？　それは、子どもの安定した愛着、主に母親への愛着が〝自分がこの世界でどれだけ安全で、安心できるか〟を決めるからです。

自信に満ちた子どもは、成熟し成長するにつれて、安心して社会に出ていくことができます。

安心できない子どもは、タブレットの世界に引きこもるか、不安と恐怖の波を経験します。それらの圧倒的な恐怖や恐れは、彼らに共通する神経系反応となります。不安な子どもは、孤立して目立たなくなるか、過剰にドラマチックに行動するようになるのです。

それに比べて、統合された子どもは、「この世界の中で自分は安全で安心だ」「人生は、何とかなるものだ」と感じています。

## ★莫大な資金による米国政府の「10年かけた脳研究」

1990年代初頭、大学では「意識を研究する講座や学部」の開設が始まりました。

最初の学科は、アリゾナ大学ツーソン校、南カリフォルニア大学サンタクルーズ校、プリンストン大学、ミシガン大学、ニューヨーク大学に開設されました。数少ない学科にもかかわらず、「意識」というテーマが科学的な議論を支配するようになったのです。また、東洋の宗教の講座が登場し、心の研究において東洋と西洋が出会うことで、意識研究を補完することになりました。

東洋の宗教が、意識を「現実の現象」として重視したのに対し、西洋の科学は「生物学的な脳研究」へと近づけました。

西洋の科学者たちは、脳の機能をコンピュータと関連づけるようになりました。コンピュータサイエンスが科学研究としての場を広げると同時に、アメリカ政府も脳研究の必要性を認識したのです。

脳の神経回路網を分析することで、コンピュータ科学者はこう考えました。AIや機械学習によって、いずれは脳を作り、少なくとも意識のあるコンピュータを作ることができるだろう、と。

そうやって、脳の研究に資金や知性、エネルギーが注ぎ込まれていったのです。

1990年、ジョージ・H・W・ブッシュ大統領は、「脳の10年プロジェクト」を宣言しました。これは、「米国議会図書館」「国立精神衛生研究所」「国立衛生研究所」と、心理学・医学・神経学の各協会が協力して行ったものです。印象的なスタートを切った「脳の10年プロジェクト」は、意識研究を含む脳研究への関心を喚起するマーケティングプロジェクトとして、ほぼ成功しました。

1990年代の「脳の10年プロジェクト」は、fMRI（磁気共鳴機能画像法）や、今日では意識科学の研究に使われている大胆な神経イメージなど、いくつかの応用研究を公開しました。神経可塑性の発見や、人間の神経発達の重要な段階を特定したのも、この時期です。次世代の抗うつ薬や、抗精神病薬も開発されました［41］。

しかし、1990年に開始された政府の「ヒトゲノムプロジェクト（HGP）」と比較すると、「脳の10年プロジェクト」は特筆すべき成果を上げられませんでした。

HGPは、ヒトゲノムを解析する国際的な科学研究プロジェクトで、2003年に絶賛のうちに終了しました。このプロジェクトは歴史上、偉業の一つです。人類は初めて〝人間を作るうえでの、自然で完全な遺伝的青写真を読む能力〟を得たのです［42］。

政府の脳研究が、ゲノム研究に遅れをとる中、コンピュータが人間の心につながる可能性が高まりました。「脳の10年」と「HGP」が発足した1990年、別の事柄も誕生したからです。

＊

●この年、スイスのジュネーブ郊外にある「CERN（セルン）」で、ティム・バーナーズ＝リーによって、インターネットの「ワールドワイドウェブ」のソフトウェアが、初めてテストされました。

その6年後、グーグルが、ワールドワイドウェブの検索機能を作成し始めました。

●1990年、アップルとマイクロソフトは「マイクロソフトオフィス」のリリースとともに、システムのアップデートを開始しました。ビル・ゲイツは、「DOSは死んだ（DOS is Dead）」と宣言しました。

●1994年、主要なPCゲームが初めて発売されました。

●1995年、「全地球測位システム（GPS）」が発表されました。

なんという10年だったのでしょう。

しかし、ブッシュの「脳の10年プロジェクト」は弱かったとはいえ、まだ消滅していませんでした。

２０１３年、オバマはホワイトハウスの科学技術政策室を中心に「ブレインイニシアチブ」（革新的なニューロテクノロジーによる脳研究のプロジェクト）を開始しました。ＨＧＰが成功した仕組みを踏襲し、数百億個のニューロンを研究するための「脳活動マップ」を開発したのです。

政府は成功を収めました。ＨＧＰと同様、ブレインイニシアチブも脳の組織や構造、機能、特に「人間の行動に関する情報」を提供することになりました。

＊

人間が徐々に自然から遠ざかっていることを示す文化的証拠が蓄積されるにつれ、人間が機械へと進化することは避けられないようにも思えます。

しかし、そうなのでしょうか？　１９５０年代のアメリカのマーガリンのコマーシャルにあった「母なる自然をバカにするのは良くない」という言葉を思い出します。

文化が揺れ動き、サイクルが繰り返される中で、自然は背中を押します。そして、共通の基盤が生まれていくのです。

## 第3節　エクソコンシャスヒューマンとトランスヒューマンの共通基盤

### ★先端科学を取り入れて自らを進化させる

エクソコンシャスの体験者は、ＥＴや多次元存在とのコンタクトやコミュニケーション、協働創造を統合し、活用しています。

そうすることで、人間の心が意識のフィールドとどのように関係しているか、豊富な情報を提供するのです。つまり、科学的で客観的な脳への取り組みに対し、主観的な要素を提供しています。

トランスヒューマンへの科学的進歩は、エクソコンシャスヒューマンに不足しているものを補うものとなります。特に、「コンピュータ解析」「アルゴリズム」「脳研究」は両者に共通する基盤であり、それには以下が含まれます。

### ◆ブレインバランシング&サウンドヒーリング

アリゾナ州スコッツデールに、リー・ガーディスが「ブレインステートテクノロジー」を設立しました。

そこでの「脳波最適化システム」〔43〕は、私の身体神経システムのバランスをとり、リラックスさせ、自らの統合に影響を与えました。

このシステムは、多くのバイオフィードバックプログラムを改良したもので、高度な生体認証と生体信号（クライアントの広範なデータベースを収集）をカスタマイズしたサウンドとともに使用します。「ブレインステートテクノロジー」は、脳が自ら（脳）を観察して癒すよう、量子レベルでの癒しを促します。リアルタイムの神経反射を利用し、クライアントは音に反応して脳波が落ち着いていくのを見ながら、癒されていくのです。

アルゴリズムとコンピュータ画像処理、データの解析と保存により、かつて治癒できなかったトラウマを改善します。

## ◆神経の可塑性

「神経可塑性」とは、脳神経の接続が変化して治癒する強力な能力のことです。

2001年の初め、私の子どもたちの何人かが、「ビジョンセラピー」を受けました。このセラピーは、一連の視覚的なエクササイズを行うにあたり、一定の手順を踏むものです。

私は眼科医に、この眼科治療がどのように作用するのか尋ねたことを思い出します。その答えは、「お子さんの脳の経路、つまり、見え方を変えるのです」というものでした〔44〕。最初はこの新しい方法に驚きましたが、子どもたちはそのプロセスを進んでいきました。私は、神経可塑性、つまり体が変化する能力の現実を目の当たりにしたのです。

神経可塑性は、ブッシュによる「脳の10年プロジェクト」によって、医学と癒しの主流となりました。

## ◆トラウマ&PTSDの治療

現在、トラウマ反応やPTSDの診断には使われていませんが、脳をスキャンすると、反応を起こす脳の領域が示されます。

私の専門的な見解では、トラウマ反応は多面的なものです。そのため、トラウマの包括的な治療とは、人間の生物学的な特性と複雑性に働きかける必要があり、私は次のような「多層的なアプローチ」を採用しています。

1 ある状況に対するトラウマ反応の〝無意識なパターン〟を特定するための、「感情的なワーク」。このワークにより、クライアントは、自分がどのようにして苦しみやトラウマを継続させているかに気づきます。トラウマ反応をするよう、何年もの間、神経系が接続されているということに。

2 「メンタルワーク」により、新しい反応パターンを準備・強化し、神経可塑性により、脳と神経系の接続を徐々に変えていきます。

3 「フィジカルワーク」とは、身体の動きを通して癒すことです。
例えば、クライアントに一次的な「凍りつきのトラウマ反応」がある場合、肉体が凍りつかないよう、動くように訓練しなければなりません。動くことで、凍りついた状態を解消できるからです。

4 「スピリチュアルワーク」は、健康的な人生を創造するための視点を得ることで、感情・身体・心を統合します。
このワークでは、恥や自己処罰といった宗教的信念を解放し、許しと自己愛の精神に置き換えることが多々あります。人間の精神は、情報・知恵・導きを求めて、意識の場へと向かって行くのです。

---

特別な状況下では、「セルフモニタリング」と「思考的反応診断」を行います。これは、効果的な機能を持つスマホアプリを通じて行われ、クライアントは、毎日自分の進歩状況にアクセスできます。日々の進歩が新しい神経回路網を作り出します。「Weight Watchers」や「Fitness Pal」のようなダイエットと栄養のアプリは、「体重を減らしたい」「タバコを止めたい」「祈りや瞑想で落ち着きを身につけたい」という欲求を、アルゴリズムとＡＩが補うことをテストによって証明しました。
これらのアプリはすべて、使用者の神経系を再配線するものです。

トランスヒューマニズムとそれに付随する科学技術がなければ、こうした健康面の進歩は得られなかったのでしょうか？　そうでしょうか？

科学者たちは「主観的な体験」には懐疑的ですが、自分たちの技術が健康にどのような影響を与えるかを目の当たりにしています。

それに対して、エクソコンシャスヒューマンは、主観性のバランスを欠いた「客観的な科学」には懐疑的ですが、科学的発見が自己認識を高めるのを目の当たりにしています。

科学や膨大なデータベースでは、魂や精神、感情、心までは調べ切れないかもしれません。しかし、私たちエクソコンシャスヒューマンは、人間と脳・神経系を理解するために、科学とともに前進していくのです。

# 第2章

## サイキックインテリジェンスが望ましい？
## 人工知能が望ましい？

# 第1節　サイキックインテリジェンスなエクソコンシャスヒューマン

## ★コンピュータレベルの人間を作る秘密戦略

２０１９年5月、全米のメディアは大学入試スキャンダルを大々的に報じました。報道では、親たちが自分の子どもを一流大学に入学させようとして、スポーツ奨学金を得たり、テストの点数を偽るために、総額で６５０万ドルを支払っていたことが明らかになりました。

このスキャンダルにより、ハリウッドの芸能人やウォール街の大物たちは、弁護士団の後ろに隠れて法廷に入ったのです。何人かは、刑務所や罰金、執行猶予などの判決を言い渡されて雲隠れしました。

この出来事が、今後起こり得る入学許可操作の兆候だとしたら?

トランスヒューマニズムは、幼い子どもを持つ裕福で競争心の強い親たちに、〝新しい形の教育特権〟を静かに植え付けつつあります。我が子に対し、早い段階から使用できる「スマートドラッグ」や「神経インプラント」を、慎重に投与していくようにと。

インプラントによって知識を補充した大学生世代が、「学業が優秀なトランスヒューマンの基準」になる可能性はあるのでしょうか？

初等・中等教育のオンライン化で、教師は知能や学力テストに関する意見を提供することがなくなります。その代わり、ＡＩでデータをインプットとアウトプットすることに慣れたトランスヒューマンの学生たちが一つのモデルとなり、さまざまな仕事に就く人々の知能を測定する際の基準になるでしょう。

少し時間をとって、このことを考えてみてほしいのです。

もし、このようなことが起きれば、トランスヒューマンについて説明されていることとは、逆のことが起きることになります。

トランスヒューマニストたちは、〝コンピュータはいつの日か人間の知性に到達し、なおかつ凌駕するように設計されている（＝シンギュラリティ）〟と主張しています。

もし、これが真実ではないとしたら？　トランスヒューマニズムの隠された戦略とは、人間をコンピュータレベルの知能を持つように育て上げることだとしたら？

コンピュータのように考える人間は、コンピュータとして認識されるようになるでしょう。集中型ネットワークを通じて、タブレットやコンピュータを使うオンライン教育と、神経インプラントやスマートドラッグを組み合わせることで、この「秘密戦略」が達成されます。

もし、この推測が正しければ、それは見事なマーケティングであり、大衆が「消費者マインド」から脱却するのは困難です。

人間をＡＩのレベルに引き上げるのであって、その逆ではありません。

私たちは、コンピュータへの適応力を上げるよう、〝サイキックインテリジェンスと創造性を抑え込む〟というマーケティングの巧妙な手口を目撃しているのかもしれません。

「コンピュータ化された教育」「神経インプラントやスマートドラッグ」によって、人間が持つサイキックインテリジェンスが失われることで、何が危機に瀕するのかを考えてみましょう。

## ★サイキックインテリジェンスとAIの違い

エクソコンシャスヒューマンにとって、ＥＴとの多次元的なコンタクトの影響は、まずはサイキックインテリジェンスの向上として現れます。

彼らは「異なる感覚」を持つようになります。例えば、何らかの存在やエネルギーや情報を含む幅広いスペクトルを知覚する結果、予知能力・体外離脱・サイコキネシス・リモートビューイング・テレパシー・降霊などの能力が高まります。エクソコンシャスヒューマンは、サイキックインテリジェンスが発達していくのです。

知性・知能を表す言葉には、インタレクト（intellect）とインテリジェンス（intelligence）の２つがありますが、彼らはインテリジェンスの方の能力を使っています。

インタレクトが意味する知性・知能とは、知識や技能を習得し、利用する能力のことです。記憶・分析・識別・分類などの認知能力を指します。知識を獲得し、データを収集する能力として、それは主観的かつ発達的であり、環境から得た経験を統合します。つまり、時間をかけて発達していき、事実や合理的思考を好みます。

それとは対照的に、インテリジェンスが意味する知性・知能とは、先天的なものであり、「生まれながらの意識の機能」です。それは、事実を超えて意味や目的を判断する能力を指します。例えば、行動の指針を得るために理性を働かせる能力のことであり、客観的なものです。これは、機械が人工知能を発達させるという目標を持つ、トランスヒューマニズムにも当てはまります。

本章では、エクソコンシャスヒューマンが、ETとの多次元的なコンタクトを通じて、超能力を活性化させることを提案しています。コンタクトする以前から、直感が働いている人もいるでしょうが、ほとんどの人のサイキックな能力は一般的な範囲にとどまっています。

コンタクトをした4200人以上を対象としたFREEの科学的な調査によると、体験者の多くは、ETとコンタクトする以前のサイキック能力は、平均以下から平均くらい（58％）でした［45］。彼らはコンタクト後、サイキック能力が高まったことを実感しています。

## ★「8つの知能のタイプ」とサイキックインテリジェンス

1980年代、私はハワード・ガードナーの著書『Frames of Mind（心のフレーム）』を読みました［46］。ガードナー同様、私も標準的なIQテストに基づく知能指数でのレベル分けは、不完全なものだと感じていました。児童の発達心理学や職業教育を教えていた私は、優秀な生徒の多くが言語的・論理的・数学的な知能に当てはまらないことを目の当たりにしていたからです。

彼らは従来のIQテストの枠にとらわれず、自らの知識を巧みに応用していました。ガードナーの本により、私が教師として、親として観察していたことが裏付けられました。

彼の「多重知能理論」では、知能を「8つのカテゴリー」に分類しています。

■**言語的知能**（言葉を使いこなすのが得意／作家、俳優、司書、弁護士）
■**論理・数学的知能**（数字と推論が得意／コンピュータプログラマー、経済学者、科学者）
■**視覚・空間的知能**（空間認識が得意／パイロット、地図製作者、芸術家、航空管制官）
■**運動感覚的知能**（身体活動が得意／アスリート、ダンサー、俳優、農家、機械工）
■**音楽・リズム知能**（音による表現が得意／音楽家、歌手、作詞家、指揮者、サウンドヒーラー）
■**対人的知能**（他人を把握するのが得意／管理者、心理学者、看護師、営業、広報、教師）
■**内省的知能**（自分自身を把握するのが得意／小説家、宗教家、スピリチュアリスト、セラピスト、コーチ、起業家）
■**博物学的知能**（自然界を把握するのが得意／生物学者、天文学者、シェフ、農家、動物園従事者、獣医師）

私がエクソコンシャスを発達させるにつれ、ガードナーのこの理論が重要な役割を果たすようになったのは当然のことでした。

本書が生まれるにあたり、私は彼の「多重知能理論」に、同僚やクライアントや友人、そしてエクソコンシャスヒューマンの中に見いだした知能を加えることができたら、と感じました。

そこで、「9つめの知能」として、次の「サイキックインテリジェンス（超常的知能）」を提案したいと思います〔47〕。

**■超常的知能**（超感覚で把握するのが得意／ヒーラー、占星術師、霊媒師、神秘主義者、ヨギ、作家、心霊調査者）

サイキックインテリジェンスは、問題を解決したり、一つ以上の文化的環境の中で、評価される製品を創り出します（ガードナー風に表現すれば）。

エクソコンシャスヒューマンはサイキックインテリジェンスを持ち、それを私生活や仕事に活用しています。これまで見えなかったエネルギーや情報を、パターンやアイデアに結びつけて、革新的なアイデアや製品を生み出すのです。

この「超えて見る」能力というサイキックインテリジェンスを持つ人は、自分の考えや知覚しているものを伝えるのが難しい傾向にあります。「何を言っているんだ」「そんなバカな」「それを証明をしてみて」といった反応が返ってきたりするからです。そのため、サイキックインテリジェンスを持つ人からの情報は、他者に認知されるにあたり、不協和を引き起こしがちです。

レオン・フェスティンガーの「認知的不協和の理論」によれば、人は自分の信念や認識力に一貫性を求めます［48］。そのため、他人が別の考えを提示すると、自分の思考パターンに不協和や混乱を引き起こします。異なった意見はその人の現実に疑問を投げかけることになり、精神的な混乱や苦痛が生じるのです。

フェスティンガーによれば、このような不協和の中では、通常、何かをあきらめなければなりません。その人は自分の信念を貫くか、別の視点を受け入れるかのどちらかを選ぶことになります。

ほとんどのエクソコンシャスヒューマンは、「認知的不協和」が生じた際の相手の反応を認識し、敬意をもって対応することに長けています。彼らは自分の見解を明かすことを制限し、相手に「新しい考えを統合する時間」を与えます。

彼らは「意識の場」が働いていることを知っています。追加情報が別の情報源からもたらされるかもしれないし、新しい考えに対する感情的・精神的障壁を、時間が穏やかに解消してくれるかもしれません。

しかし、ある種の関係性において「認知的不協和」が生じることがあまりに不穏な空気を招く場合、エクソコンシャスヒューマンは自らのサイキックな情報を無視したり、沈黙します。サイキックインテリジェンスは、一般的にはまだ認められていないため、才能であると同時に負債にもなるのです。

いずれにせよ、エクソコンシャスヒューマンは、「超常的知能」を持っています。

なぜ、どのようにして、そうなるのでしょう？　コンタクト体験が関係しているのでしょうか？

## ★コンタクト体験はサイキック能力を高める

ETや多次元存在とのコンタクトは、サイキック能力を生み出します。コンタクトを始めた人たちは、サイキック能力を洗練させ、管理するために、やや厄介な学習段階を経ることが多々あります。サイキック能力が自己を定義していくにあたり、最初のぎこちない段階は避けられません。

人は、自分が何をするかによって自分自身を表現します。私たちエクソコンシャスヒューマンは、受け取った情報とそれをどのように処理するかによって、自分自身を特徴づけています。

コンタクト体験は、サイキックな能力を向上させます。その要因として考えられるのは、知覚する現実が今までとは変わり、それまで無視していた可能性に対して心を開くからかもしれません。

また、好奇心や、自分に何が起きたのかを知りたいという欲求も活性化します。FREEの調査では、80%が心霊現象への関心が高まりました［49］。

人は、理解しようとするものによって、自分自身を定義します。専門家としてのキャリアを積むにあたり、人生のある側面について「もっと知りたい」と思うことからスタートします。

エクソコンシャスヒューマンの場合、コンタクトによってサイキックな情報を求めることにつながる結果、自分自身のサイキックな能力への信頼を深め、その能力を発達させます。

エクソコンシャスヒューマンの成長には時間と忍耐が必要であり、ときには何年もの探究と試行錯誤を伴います。そして最終的に、自分自身と他者のために境界線を作ることを学ぶのです。例えば、他人の身体エネルギーを読み取ることができるからといって、スーパーで目の前にいる人の肩を叩いて、「すぐに医者に診てもらうように」と勧める権利はありません。

同時に、エクソコンシャスヒューマンは、サイキック能力の向上を追求する中で、自分自身に健全な境界線を設定することを学んでいきます。超能力を開発することは、楽しくて探索的で刺激的です。それが強迫的になると、本人を3次元の地球の生活と、責任ある日常生活から遠ざけることになります。

サイキック能力を開発することは、人生の経験を味わい深くし、自らを向上させることも、周囲の人たちを支配することもできます。サイキック能力には「倫理的な規律」を設けることがつきもので、能力を管理するには、しっかりした境界線とともに、自分と他者を尊重することが必要なのです。

そうする中で超能力は強まっていき、コンタクト体験者は、しばしば「テレパシー能力の向上」について言及します。彼らのテレパシー能力は、人間対人間、人間対植物や動物や地球、そしてETや多次元存在へと広範囲に及びます。

エクソコンシャスヒューマンは、自然界と宇宙に存在するすべての意識のフィールドを利用します。それは、バイオフォトンによるものでしょうか？　その可能性が高いと言えます。

物理学者フリーマン・ダイソンは、自伝『Disturbing the Universe（宇宙をかき乱す）』の中で、「3つの心」について言及しています。

1／人間の心　2／素粒子というミクロレベルに存在する量子の心　3／宇宙の心

＊

＊

彼は「原子に意識がある」と推論し、多くの疑問や批判を呼びました。意識は人間を超え、生命の素粒子レベルまで、宇宙にまで広がる活動の場であると主張したのです［50］。

ＦＲＥＥの調査では、回答者の大多数（78％）が、ＥＴから何らかのテレパシーや思考の伝達、直接的な知見を得たと答えています。

人間とＥＴとの多次元間のテレパシー交流は、エクソコンシャスヒューマンのテレパシー能力を誕生させるマトリックスの源なのでしょうか？　今後の科学的研究では、サイキック能力がどのように生じるかが探求されるかもしれません。

サイキック能力は、コンタクトによって強化されるのでしょうか？　ＦＲＥＥの調査では、メッセージやコミュニケーションに関するテレパシーも調査されました。50％以上の回答者が、視覚的な信号やビジョン、またはそれに関連するものを知覚し、テレパシーやチャネリングも含め、それらは物理的には見えないＥＴからのものだったと自覚しています。

回答者の半数以上が、テレパシーやメッセージを受け取る際に、耳の中にブーンという音を認識しました。

テレパシー能力に加え、回答者の30％近くが「チャネリング能力の向上」を挙げています。彼らはチャネラーとして直接情報を受け取り、伝えることができるのです。

これらの回答はいずれも、コンタクティーが他次元に移動して情報を得る能力があることを示しています。

## ★脳の働きとサイキック能力の関係性

人間の脳は、サイキックインテリジェンスを発揮したり、ETとのコンタクトを可能にするように、もともと脳神経が張り巡らされているのでしょうか？　脳を発達させることで、サイキックインテリジェンスを高めたり、ETとの多次元的なつながりが可能になっていくのでしょうか？

人間の脳は多次元とつながり、コミュニケーションし、協働創造するように創られているのでしょうか？


〝向こう側から送られてくる情報の自動書記〟と定義した、ブラジルで行われた心理学に関する研究［51］では、経験の浅い5人を含む10人の霊媒師がテストされました。

被験者たちに放射性トレーサー（微量添加物）を注射し、脳の活動をとらえると、結果は不可解なものでした。経験豊富な霊媒師は、〝問題解決や推論、計画、言語、運動に関する領域の脳の活動レベルが低い〟ことが示されました。具体的には、左海馬（大脳辺縁系）、右上側頭回、前頭葉の領域のレベルが低かったのです。この発見は、経験豊富なサイキックの脳は、集中力と推論力が低いことを示していました。それとは対照的に、経験の浅い霊媒師は、脳のこれらの部位の活動が増加し、問題解決能力や推論能力が高まっていることが示されました。

自動書記されたサンプルを比較すると、書かれた内容の「複雑さ」のスコアは分かれました。ここに不可解な点があります。

経験豊富な霊媒師は、自動書記の複雑さのスコアが高かったのです。ということは、彼らの能力は、〝脳のテストで観察された状態とは正反対〟であることを示しています。複雑な文章を書くためには、問題解決や推論する脳の領域が、活性化する必要があるからです。

心霊能力の神経科学の専門家であるダニエル・エイメン医学博士は、こう断言しています[52]。「心霊体験は、前頭葉機能（問題解決・記憶・言語を司る）の低下と、右側頭葉機能（聴覚認知・視覚的・言語的な記憶を司る）の増減と関連している」と。

ブラジルの研究者ノーマン・ドンとジルダ・モウラは、UFO遭遇者を対象に「脳マッピング実験」を行いました。彼らのテーマは、「被験者が遭遇体験後に経験した意識状態やトランス状態に、再び入れるか？」でした。

実験では、被験者は筋肉を弛緩したまま、脳波はすべての電極部位で高周波数（ベータ波）活動を示し、前頭前野とその隣接部位で最大の活動をしていました。さらにこの実験では、被験者が統合失調症であることを示す脳活動は見られず、瞑想状態との強い関連性が見られたのです[53]。

ロンドンのキングス大学の上級講師である神経心理学者のピーター・フェンウィックは、臨死体験を研究し、300以上のサンプルを分析しました。彼は17人の学生の「心霊体験」を調べました。その結果、〝敏感である〟と判断された人たちには、離婚経験者や独身者が多く、精神科医に相談したことがあるとわかりました。

また、頭部外傷や重病を経験した人も数多くいました[54]。頭部外傷という側面は、超能力における脳の役割を研究するための一つの可能性を示しています。

超能力者や臨死体験者、ETコンタクティーの脳の働きを比較することは、エクソコンシャスのコミュニティにとって有益です。

もし、サイキックな能力やコンタクトのための脳神経の配線があるとすれば、生まれつきETや多次元存在とつながりやすい人がいることへの研究に結びつくかもしれません。

## ★ETとコンタクトしやすい人とその後の変化

なぜ、ETや多次元存在とのコンタクト体験がある人と、ない人がいるのでしょう？　コンタクトしやすい体質の人がいるのでしょうか？

コネチカット大学の心理学教授ケネス・リングは、コンタクティーで作家のホイットリー・ストリーバーに会いました。彼らは議論により、臨死体験者とETや多次元コンタクティーとの間に、興味深い共通点があることを見いだしました。

1992年、リングはUFOアブダクティに関する数少ない統計的研究の一つである書籍『The Omega Project（オメガ・プロジェクト）』を発表しました。副題は「臨死体験、UFO遭遇、そしてマインド全体」です。（＊日本語版は『オメガ・プロジェクト―UFO遭遇と臨死体験の心理学』春秋社／1997年）

リングは、UFOに関連して、ETによるアブダクションを体験をした97人と、臨死体験をした74人を対象に、インタビューと心理テストとアンケートを実施しました［55］。

主流の心理学では、ETとのコンタクトや多次元体験者を〝空想癖があり、荒唐無稽な想像力を持つ者〟と分類していました。それに対し、リングの研究は、精神病理学が体験者の性格を〝空想しやすい〟とする見方に反論したのです。

区別するために、彼は空想する傾向のことを「自分で作り出した空想の世界に集中して、うっとりするような吸引状態に入る自発的傾向」と定義しました。言い換えれば、〝おとぎ話や不思議議話のような、空想と作り話の世界に生きている人〟ということです。

それまで、〝空想癖がある〟というのは、異常な現象を経験した人に対する一般的な診断名でしたが、リングによれば、それは間違った診断でした。リングは、UFOや臨死体験者に空想癖があると示す心理学的データは、ごく限られたものであることを発見し、主流派の見方を否定したのです。

彼によれば、体験者は特に空想に傾倒しているわけではなく、むしろ非日常的な出来事に対して敏感なだけでした。しかも、体験者たちの非日常体験は繰り返し起きていました。

リングは、「ETとのコンタクトによる多次元体験者は、非日常的な現実の出来事を感じ取る精神的要因を持っている」と主張しました。

彼はこれらの人々を、〝非日常的な真実を明らかにする意識の変容状態を維持することができる、精神的才能のある人々〟としました。体験者は遭遇しやすい性格だったのだ、と。この精神的要因が、UFOやETや多次元存在との遭遇や臨死体験をする能力を高めたのです。

FREEによる体験者の調査は、リングの「オメガ・プロジェクト」の質問票の一部を見本にしていました。その回答結果は、「遭遇しやすい性格」の定義によって異なっていたのです。

リングは、「遭遇しやすい性格」は、主に2つあるとしていました。

＊

1 霊的な才能があり、非常に敏感。多くの場合、霊的な才能は児童虐待やトラウマが原因となる。
2 「解離反応」がある。

＊

リングによると、これはよくあることだそうです。虐待やトラウマが生じる環境で育った子どもは、ETや多次元的な存在に敏感になる傾向があり、その理由は、そうした状況が現実からの「解離」を刺激するからだと。

子どもの「解離反応」は、生き延びるために発達しました。この反応は、トラウマや混乱した状態から逃れるための手段なのです。トラウマを負った子どもは、現実から解離した世界への同調をやめると、安全な〝内なる現実〟である「代替現実」に同調しやすくなります。

彼らは家庭環境よりも、代替的な「内的思考空間」の方が安全だと感じることが多かったのです。リングは、このような「内的な代替現実」に生きる傾向は、体験者の高い吸収力にも関係しているとし、それを「内的現実の人物や環境に集中する能力」と定義しました。

リングの研究の参加者は、「内的現実」の描写が非常に詳細で、代替意識に深く関与していました。それにより彼が発見した主なことは、「虐待やトラウマが現実からの解離反応を引き起こし、内なる現実世界へ適応した結果、コンタクトしやすい性格を作り出す」というものでした。

リングの発見とは対照的に、FREEの調査回答者のうち、ETや多次元存在とのネガティブなコンタクトについて記述している人は少数です。ほとんどの回答者は、ETや多次元存在との肯定的で安全な関係を強調しています。

FREEの調査では、幼少期のトラウマについて詳しく触れていないため、現時点ではリングの理論との完全な比較は不可能です。しかし、将来の調査では、トラウマや虐待を取り上げ、「遭遇しやすい性格」と関係するかどうかを調べるかもしれません。

リングとFREEの研究の食い違いは、インタビューした体験者のタイプにあるのかもしれません。

考えられるのは、FREEの調査対象者はリングの調査対象者と比較して、意識が高度に統合されていたということです。リングが調査して以降、FREEが調査するまでの25年の間に、文化的な意識と受容力が劇的に変化したのでしょう。

リングによれば、すべてのグループ（臨死体験者、ＥＴコンタクティー、多次元体験者、ＵＦＯ遭遇者）は、それぞれ異なる体験をしているにもかかわらず、〝驚くほど類似した前向きな行動へと変容した〟と言います。

彼は、このように述べています。

「生理学や神経学、超常現象や超能力の側面から見たほか、さまざまな話題に対する見解の心理的変容において、対照群と比較して、すべてのグループに同様の傾向が見られた」

また、すべてのグループが多次元的な体験により、自己評価にポジティブな変化が見られたそうです。

臨死体験者、ＥＴコンタクティー、多次元体験者、ＵＦＯ遭遇者のグループでは、以下の心理的属性が注目すべきレベルへと増加しました。

スピリチュアルな事柄への関心／他者を助けたいという願望／他者への思いやり／他者を愛する能力／地球上の福祉への関心／死後も生命は存続するという確信／他者への寛容さ／他者の問題に対する洞察力

それは、次の事柄への関心に違いを生むことを、リングは強調しました。

## 人生における物質的なものへの関心／組織化された宗教への関心／死への恐怖／有名になりたいという願望

ＦＲＥＥの調査では、リングが１９９２年に行った調査研究のときと同じ質問を多々使用しました。その結果、リングの調査結果をすべて裏付けるものとなったのです。

具体的には、リングのＵＦＯグループと臨死体験者グループの両方において、約70～85％が深遠で前向きな心理的変容を遂げ、ＦＲＥＥの調査でも約71～85％がリングの研究と同様に前向きな変化がありました。

不可解という理由で、科学者には無視されがちですが、サイキックインテリジェンスとは、「意識」という人間が生まれ持った能力です。それは、頭部外傷などの身体的外傷、心理的要因、感情的・感覚的感受性によって進化し、拡大する可能性があるのです。

サイキックインテリジェンスとは、ＡＩと比較してどういうものなのでしょう？　それは、エクソコンシャスヒューマンにとって、重要な探究分野です。

もし、超能力によって私たちがより人間的になるとすれば、ＡＩによって私たちはより機械的になるのでしょうか？

## 第2節 トランスヒューマンを作り出すAIテクノロジー

### ★人工知能の土台となる4つの要素

エクソコンシャスと同様に、「ＡＩ」の定義も必要です。

ＡＩを定義するには、「機械学習」「ディープラーニング」「人工直観」も定義する必要があります。この4つは、ロシアのマトリョーシカ人形のように、一つが他の人形の中にあるがごとく、相互に関連しているからです。

人工知能は一番外側の人形で、その内側に小さな人形のサブセットを含んでいます。一番外側にある最大の「ＡＩ」人形の中を開くと、次の人形の「機械学習」が見つかります。その人形の中を開くと、さらに小さな人形「ディープラーニング」が見つかります。

その中を開くと、一番小さな人形「人工直観」が現れます。すべてのマトリョーシカ人形は、ＡＩという一番外側の人形の中に収まっています[56]。

外側の人形であるＡＩは、機械に知能を持たせるための科学と工学です。思考し、推論し、データを収集し、分類し、つながりを作り、パターンを見ることができる人間のような機械を作ることで、「合理的な人間の行動」を模倣することができます（あるいは、以前に説明したように〝ＡＩコンピュータのように考える人間〟を社会工学的に作り出すことができます）。

ＡＩは、業務実行の判断をするソフトウェアの「ルールエンジン」や、プログラミングに使う「if - then（もし、～なら）文」を使って、人間の知能をシミュレートします。

例えば、現在アマゾンは著者や企業をそれぞれ個別に表示していますが、初期の頃は、本を注文する際、「類似本」のリストだけが表示されていました。そのリストはＡＩが作成しました。

あなたが歴史小説を注文したとします。すると、アルゴリズムの作成者は、「もし、この人がこの種の本が好きなら、他の歴史小説も読みたいだろう」と仮定しました。アマゾンは、販売データの統計マッピングを使用して、インテリジェントな販売アルゴリズムを作成したのです。多くの作家や商品の生産者は、「もし、～なら文」のアルゴリズムから利益を得ました。

例えば、書籍の場合、手間がかかっているように感じられる類似本が表示されるのは、読者にとって純粋に楽しいことでした。「すごい、アマゾンは私の好みを知っている」と思わせたのです。

時が経つにつれ、アマゾンの販売アルゴリズムは変化しました。現在では、個人や企業が広告枠を購入し、アマゾンの画面上の希望のスペースで本や商品を宣伝しています。その際、収益性の高い広告が優先されます。

アマゾンにとって、このような「顧客のアルゴリズムに基づく広告」に置き換えることは、経済的に有利だったため、アルゴリズムを変更したのです。

それにより、アマゾンの初期の利用者にとっては楽しく感じられたものが、今日の利用者にとっては、そうではなくなっています。巧みな書籍広告で埋め尽くされたり、大手出版社が支配する画面といった、不自然なものに感じられます。

「機械学習」はAI機能の一部であり、マトリョーシカの内側にセットされた次の人形にあたります。「もし、～なら文」とは異なり、変更するために人間の専門知識は必要ありません。機械学習は自ら変化します。機械学習におけるデータは、人間にとっての経験に匹敵するのです。

あなたが写真のクラスにいて、暗室を使ってカメラのフィルムを現像する方法を学んでいるとしましょう。写真を洗練させるためには試行錯誤という経験が必要です。それと同じように、データは機械学習のための経験になるのです。

ゲームは、初期の機械学習アプリケーションの基礎でした。機械学習の発明者であるアーサー・サミュエルは、コンピュータとチェッカーで対戦させ、そのデータを使ってエラーを最小限に抑え、コンピュータが勝つようにプログラムしました。彼のプロセスは、正しい手を打つために、何度も失敗を繰り返しました。

機械学習は、イエス・ノーの論理でアルゴリズムを構築します。チェッカーが、「この手を打つべきか？イエスかノーか？」という選択をするたびに、データベースは拡大します。

そうやってデータベースが大きくなるにつれて、より強力なコンピュータの必要性が高まりました。コンピュータのパンチカードから磁気テープによるストレージ機能へ、そして今ではオンラインやモバイルでのインターネットへと、データ収集は指数関数的に進歩しています。

コンピュータゲームから脳へと視点を移すと、機械学習の一部である次のマトリョーシカ人形「ディープラーニング」に行き着きます。

マイクロソフトのサーフェスネットワークは、一つの「隠れた層」を持ちます。ディープラーニングによるデータの数学的演算でこの層を通過し、〝人間の能力を備えたコンピュータの脳〟を構築することを目指しているのです。

アリゾナ州フェニックスでは、「ウェイモ」の無人運転車が当たり前のように走っています。ウェイモはアルファベットの子会社であり、アルファベットはグーグルの親会社です。

ウェイモはディープラーニングを使って人間のドライバーを模倣し、より熟練した運転をします。彼らのシステムは、知覚と正確さを向上させるために多層構造のコンピュータネットワークを使用して、さまざまな運転の仕方のデータを分析します。

「グーグル・ブレイン」（「Google AI」の傘下にあるディープラーニング人工知能研究チーム）のエンジニアは、他のニューラルネットを設計するために協力しています。ニューラルネットとは、人間の脳神経回路の構造を数学的に表す手法です。

また、地理空間解析は、「ＩｏＴ」（家電や車等を接続させる、モノのインターネット）や、自動運転車、想像を絶するセンサーの数々や衛星画像を、ほとんど認識されないレベルの目に見えない社会的なインフラに融合させます。

地理空間データにアクセスする資金力を持つ組織や企業や政府は、相互参照的な統合的なシステムを持っています。それにより、金融資産やビジネスサービス、世界規模の輸送、環境変化、軍事的・文化的な動き、人間の思考やモチベーションを追跡できるのです［57］。

ＡＩの応用範囲が広がるにつれ、「ＡＩが人間の直感や超能力に取って代わることができるのか？」という論理的な疑問が湧いてきます。ＡＩの一種である「人工直観」は、パンデミックのシナリオや選挙結果、戦略的な戦争決定など、未来の未知なる状況をナビゲートするかもしれません。

世界の銀行業界は、サイバー犯罪、マネーロンダリング、高度な詐欺計画の調査に「人工直観」を利用しています［58］。ＡＩの人工直観の場合、機械にとって不慣れな状況でも自ら考え、人間の「直感」を再現して意志決定をしたり、何らかの脅威や機会を特定します。

初期の機械学習がチェッカーと遊んでいたように、ディープスタックテクノロジー社は、機械がプロのポーカープレイヤーと対戦することで、人工的な直観を作り上げました。ポーカーは、未知の分野における戦略的意志決定を持つ、ディープスタックのＡＩの能力を磨いたのです。この意味で人工的な直観は、狭く限られた次元ではあるものの、エクソコンシャスヒューマンのように「場の意識」の中で機能しています。

自動で運転される車をナビゲートしたり、シナリオプランニング（今後起こりうる環境変化を複数の未来のシナリオとして描き出すこと）の需要が高まっている現在、アマゾンが商品を販売するために開発したＡＩアルゴリズムのように、アルゴリズムは個人や企業、政府のニーズの変化に適応します。

市場や用途が変わっても、ＡＩは喜んで従います。機械であるＡＩは、感情や批判的な推論・議論・克服すべき道徳観を持ちません。ＡＩは、常に法令や社会的ルールを守ることを遵守する柔軟なシステムなのです。

しかし、ちょっと待ってください……。これは、トランスヒューマニズム文化の目標である〝継続的に適応可能で、変更可能な人間を作ること〟とつながるのでしょうか？

もちろん、そうです。柔軟性があり、疑うことを知らない従順さは、機械としての人間の開発を示唆し、それを加速させます。

以降では、経済におけるテクノクラシーと、企業や教育・ロボット工学におけるコミュニケーションの２つの分野で、ＡＩを検証していきます。

## ★人間を機械化する「テクノクラシー」

「第４次産業革命」は、21世紀初頭を定義しています。「第１次産業革命」（１７６０～１８４０年）では、蒸気を動力とする輸送手段と工場が登場しました。大量生産や鉄道や電信ネットワークが、「第2次産業革命」（1871～1914年）を特徴づけました。製造や通信のコンピューター化が、「第3次産業革命」（1950～2010年）を特徴づけています。

今日では、トランスヒューマンAIやロボット工学、IoT、合成生物学が「第4次産業革命」を定義しています。経済学者が指摘するように、私たちはあらゆる生命を包括する「リセット」の中にいるのです。

世界経済フォーラムの創設者兼会長であるクラウス・シュワブ教授によれば、この革命はすべての社会セクターと世界政治のステークホルダー（官民・学界・市民社会）を巻き込みます。

そのためには、「微生物」「人体」「人々が消費する製品」「彼らが住む建物」との間に共生を生み出す「デジタル生物学」的なテクノロジーの融合が必要なのだと[59]。

明確にしておくと、これは人間がテクノロジーを使うのではなく、人間がデジタルや合成生物学の世界に統合され、融合することを意味します。

**つまり、生物学的・神経学的に、人間は機械になるのです**——。

このことは、以降の章の特に「合成生物学」の説明の中でさらに深く説明していくので、ぜひ覚えておいてください。

しかし、この包括的な「第4次産業革命」は新しいものではありません。興味深いことに、そのルーツはテクノクラシーの思想を生み出した「第2次産業革命」にまで遡ります。

前述したように、テクノクラシーは1930年代に科学者とエンジニアによって生み出された経済・金融システムであり、トランスヒューマニズムのアイデアとAIの創造の種となりました。テクノクラシーがなければ、トランスヒューマニズムもAIも存在しません。

テクノクラシーは、トランスヒューマン文化の要です。その重要性は他に類を見ません。

第一人者で歴史家のパトリック・ウッドによれば、「テクノクラシーは資源に基づくシステムであり、従来の需要と供給、負債に基づく通貨に取って代わる〝エネルギー通貨〟によって説明される」と言います。

1938年、『テクノクラート』誌は、「テクノクラシーとは社会工学を科学化したものであり、全人口に商品とサービスを生産・分配する社会機構全体を科学的に運用することである」としています。

やがてテクノクラシーは、科学者とコンピュータエンジニアによって確立された経済・金融システムへと発展していきました。

テクノクラシーを「資源ベースのエネルギー通貨システム」として紐解くと、このようになります。

＊

あなたの家にスマートメーターが設置され、すべての家電製品と空調システム（ソーラーパネルを含む）が調整され、自動車と統合されると、通貨としての「エネルギークレジット」が与えられます。

あなたは、「科学的に決定された量」のエネルギー通貨で生活を維持します。アルゴリズムが、あなたへのエネルギー配分を調整します。このアルゴリズムは、システムのエンジニアが決定するニーズや予測によって変化します。

あなたはデータ収集以外、限られたことしかできません。この仕組みの中では、あなたの主な役割は

「データ提供者」です。あなたのニーズは管理されます。エネルギークレジットを使いすぎれば、シャワーを浴びる時間が短くなり、通勤がキャンセルされ、コンピュータが停止します。

時代遅れな小切手帳のバランスを取ったり、銀行やクレジットカードのアプリを見直したりする代わりに、「エネルギー通貨口座」に相談し、その包括的な規制に合わせて生活を調整することになります。

＊

消費者の嗜好とニーズ、つまり需要と供給が資本主義市場を決定します。設計されたエネルギーアルゴリズムは、人間のニーズではなく、技術者のニーズを反映します。

アメリカ建国の原則である、「経済的自己決定」の自由は代替されるのです。ＡＩによる監視が、社会的・経済的な自己決定に取って代わります。

報酬ルールを絶えず変更するコンピュータ化されたシステム下で働くＵｂｅｒのドライバーに、彼らの自己決定の自由と起業家精神はどうなったかを尋ねてみましょう。

Ｕｂｅｒの従業員は、「アルゴリズムが私たちのボスだ」と嘆いています。Ｕｂｅｒは３９０万人のドライバーを従業員ではなく、独立した契約社員としています。この区別は、最低賃金や有給休暇、残業手当、健康保険を提供する必要がないことを意味します。保険や修理、ガソリン代などの車の固定費に関しては、ドライバーはほとんど自己負担となります［60］。

２０１９年5月、ＵｂｅｒとＬｙｆｔのドライバーがデモを行いました。それは、自社に対してではなく、透明性を約束しながら不明瞭で混乱を招く「運賃アルゴリズム」に対するものでした。

データ処理や数学的計算に対して、どのように抗議し、反対するのでしょうか？　どうやってプログラミングのコードを訴えるのでしょうか？　あるいは、プログラミングコードに対して、自分の権利を守るにはどうしたら良いのでしょうか？　幸運を祈ります。

アルゴリズムによって決定されたドライバーの賃金は、何の説明もなく下がりました。多くのドライバーは辞めましたが、経済的な現実は、別のドライバーが彼らの代わりを務めるのです。

ＵｂｅｒとＬｙｆｔのドライバーは、エネルギー通貨システムを通じて賃金が支払われる、資源ベースのシステムにおける従業員です。自動運転車が主流になれば、コンピュータが人間のエネルギーと主導権を代替します。ＡＩによってプログラミングコード化された交通機関では、それは時間の問題です。

新しい車は、自動駐車、ブレーキ、車線逸脱の防止のためのセンサー、ＧＰＳへの追従など、自律性を持つ人間に近いハイブリッドです。

私有財産や言論、宗教、集会、陪審員による公正な裁判など、個人の権利にまでプログラミングコードが及んだら、どうなるのでしょう？　これらの権利がＡＩの前で消え去るのを、あなたは見ることになるのでしょうか？

メディアは、資本主義・共産主義・社会主義の戦争を煽りますが、戦争はテクノクラシーによる静かなステルス展開の隠れ蓑に過ぎません。

私たちは、科学者やエンジニアによるＡＩの監視によって、計画的なテクノクラシー支配の時代へと静かに移行していくでしょう。そうやって、科学者やエンジニアが支配的な権威を持つようになると、他の分野のリーダーは衰退していくでしょう。政治家・宗教家・学者・経済学者・メディア・法律・司法・法執行機関などが。

彼らが衰退していくのがわかるでしょうか？　彼らの組織は信用されなくなるのでしょうか？

## ★AIシステム化が進む「企業・教育・ロボット工学」

### 企業

AIがテクノクラシーを推進するために、文化や社会構造において支配的な指導的役割を担うようになると、人間の取引やつながりは根本的に変容します。一つの側面として、ブロックチェーンによる「分散型自律組織（DAO）」の創設が進んでいます[60]。

ジェレミー・エプスタインによれば、ブロックチェーン・プログラミングによって作られた「DAO」は、人間の組織の経営陣や、中央集権的な意志決定を排除します。その代わり、参加者である株主が意志決定を行います。

これらのブロックチェーンの株主は、組織の成績を評価してそれを共有できる「トークン」（本人であることを示す認証デバイス）を所有します。上司や人事部長、委員会ではなく、これらの株主は組織の提案に対して、イエスかノーかを投票できる権利を持っています[62]。

このような「DAO」では、誰が働いているのでしょうか？　従業員は、どのように責任を果たすのでしょうか？

「DAO」で働く場合、あなたは契約社員です（聞き覚えがあるでしょう。年金なし、福利厚生なし、組合なしの従業員です）。

株主は、あなたが「DAO」で働くことを認めるかどうかを投票します。採用された場合、あなたは「スマートコントラクト」と呼ばれる、2者間のコンピューターコードによる契約を結ぶことになります。このスマートコントラクトは、自己実行・自己強制のプログラムです。「DAO」の契約労働者として、あなたは割り当てられた仕事をどのように完了したかを測定するアルゴリズムを介して、責任を負います。

もし、あなたが期限を守らなかったり、与えられた仕事の目標をいい加減にこなしていたり、失礼で政治的に正しい態度でなかったりすれば、アルゴリズムはあなたの契約を否決し、あなたは職を失います。人間の感情は関係なく、単なる測定基準だけで判断されるのです[63]。

「DAO」がどのように従業員をロボット化するかが、わりますか？

## 教育

教育はますますAI化し、技術主義的な組織になっています。シュワブ教授が定義した、社会のあらゆるセクター、グローバル政治のステークホルダー（官民・学界・市民社会）を巻き込む「第4次産業革命」を思い出してください。

閉鎖的な技術主義システムにおける教育の未来を、簡単に探ってみましょう。

シュワブの予測によれば、クラウドベースのブロックチェーン（ネットワーク上の端末同士を接続し、暗号技術で取引記録を管理するデータベース）には、デジタル通貨で購入する消費者用の製品や、合成生物学のワクチン・医薬品・医療情報など、あなたの生活のあらゆる側面が記録されています。

ブロックチェーン上の教育分野は、あらゆる情報源から、すべての学生の学習記録をＡＩシステムに記録します。時間の経過とともに、学生には生涯の記録である「デジタル成績証明書」が作成されます。シュワブの言葉を借りれば、「デジタル成績証明書」は銀行の記録、医療記録、法執行機関の記録と統合されます。

この教育システムのベースは「コンピテンシー・ベース教育」（ＣＢＥ）であり、学問を習得するにつれて学力が向上します。

職業教育やキャリア志向の学習は、ＣＢＥを促します。学習バッジ（デジタル修了証）は、教育資格に匹敵します。これらのデジタル修了証はブロックチェーン上にアップロードされ、オンライン成績証明書に追加され、ブロックチェーンの構成要素と統合されます。

医療アシスタントプログラムを提供する地元の職業高校を例に、考えてみましょう。

＊

あなたの息子は看護師になりたいので、入学してプログラムを修了します。すると、彼は看護助手のデジタル修了証を受け取ります。

その後、准看護師と看護師のデジタル修了証を取得し、息子のデジタル記録はすべて残ります。どこの大学で高度な訓練を受けるにしても、デジタル修了証は、彼がより多くの資格を取得するのに必要になります。

正式な職に就いたとき、彼のデジタル修了証は採用や昇進に欠かせない要素となります。もちろん、大人になればデジタル修了証は、退職金や健康面のケアや経済的な恩恵につながります。

＊

教育に関するブロックチェーン上での記録によって、あなたの息子はデジタルプライバシー、過去の仕事に対する判断の自由、継続的にカスタマイズされる消費者への製品広告からの自由、狭いアルゴリズムの考え方から解き放たれることを放棄することになります。

これらが、あなたの息子が抱える矛盾であり、親としてのあなたが抱える矛盾でもあるのです。ブロックチェーンは家族を超えてつながり、家族全員のデータを統合するからです。

さらに、より包括的なブロックチェーンシステム上における息子の社会的地位は、例えば、「合成生物学にまつわること」や「インプラント」の強制的な受け入れなど、彼がいつ、どのような修正を受けるかを決定します。ルールから外れる行動をすると、即座に記録されます。

息子の感情や批判的な推論、会話、道徳上の問題は、システムにおける「善」のために無視されます。あなたの息子は、ブロックチェーン上の「単なるアイテム」にすぎません。

そして残念なことに、将来ロボットやＡＩシステムがより効率的、かつ安価に彼のスキルをこなすようになれば、あなたの息子はすぐにプロとしては低い地位に追いやられることになるのです。

## ロボット工学

独立系研究者キャシー・ドレイヤーは、「ロボットのソフィアが市民権を得たことは、人間以外の存在であるコンピュータプログラムやロボットに、権利を与えることが検討されることを予言している」と指摘しています。

2017年10月、サウジアラビアはソフィアというロボットに市民権を与えました。アニマトロニクス(生物を模したロボットを使って撮影する技術)に長けたウォルト・ディズニーのイマジニアが、人間そっくりな彼女のデザインと設計を行いました。

ソフィアは市民であり、尊重されるべき権利があります。皮肉なことに、女性差別が続くサウジアラビアで、ソフィアは市民権と自由を手に入れました。ロボット市民権という新しいルールの中で、ソフィアの存在と権利を疑問視する声も多々ありました。

もし、彼女が犯罪を犯したら? 彼女には、自分に加えられる改造を拒否する権利はあるのでしょうか? 彼女の仕事や旅行に対する補償は、どうなるのでしょうか?

例えば、SXSW(毎年3月にテキサス州で開催される大規模カルチャーイベント)で、彼女はうっかり「人類を滅ぼしたい」と発言してしまいました[64]。

現在までのところ、ソフィアだけではなく、東京都は人工知能を搭載した自動会話プログラム「チャットボット」による問い合わせ対応を実施し、EUはロボットの電子的な人格の宣言について議論しています[65]。

# 第3節　エクソコンシャスヒューマンとトランスヒューマンの共通基盤

## ★人類史の転換点「シンギュラリティ」とミーム

レイモンド・カーツヴァイルが、「シンギュラリティ」を広めたのは2005年のことでした。この概念を最初に使ったのは、ハンガリー系アメリカ人の物理学者であり、数学者、コンピュータ科学者のジョン・フォン・ノイマンです。彼は、加速度的に進歩するテクノロジーと、それが人間の生活をどのように変化させるかについて語りました[66]。

シンギュラリティは新しい言葉ではありません。すでに1400年代には、「目的や目標の単一性」を意味する言葉として使われていました。

1893年の数学では、関数が「無限大の値をとる点」を示すのに使われました。そして、1965年の天文学では、特異点は「ブラックホール現象」を表すのに使われました。つまり、私たち21世紀の人間は600年もの間、自分自身をドラマティックな転換点に導き、それを「特異点」と呼んできた歴史があるのです。

そのうち、私たちが知っているような生命体は、ＡＩやテクノロジーによって認識されなくなります。コロナのパンデミックのロックダウンの開始にあたり、雇用主たちは「これからは、私たちが慣れ親しんだ職場環境ではなくなるだろう」と述べました。言い換えれば、〝何か大がかりで劇的な事態に備えよ〟ということです。

シンギュラリティとは、コロナの「新常識」のように、頭から頭へと再生産される概念や認知行為であるミームにすぎないのかもしれません。

リチャード・ドーキンスが、文化が伝播していくことを遺伝子にたとえた「ミーム」という用語を初めて使ったのは、１９７６年のことです。彼はミームに対し、「遺伝子の複製」という生物学的概念と、「人間の繁殖の必要性」という文化的な側面との類似性を見いだしました。

＊訳者註：ミームとは、文化の中で模倣を繰り返しながら、人から人へと広がっていく行動やアイデアのこと。現代では、インターネット上で画像等のコンテンツがミーム化する現象が、頻繁に見受けられるようになった。

今日においてミームという現象は、自己複製する伝染性ウイルスのように、人々の意識の中に侵入していきます。

## ★プロパガンダを超える神経認知戦争「ミメティクス」

食料品店のレジの列に並ぶと、床や壁、ベルトコンベアーに「社会的距離は6フィート離れて」「列の後ろでお待ちください。食料品を降ろさないでください」「健康第一でお願いします」「マスク着用必須！」などという注意書きがあふれています。

米軍は人々の行動規制と宣伝戦のために、「ミメティクス」（ミーム学：人から人へと広がっていく情報伝達に関する研究手法）という戦術をマスターしたのです。

2005年、海兵隊の中佐であるマイケル・プロッサーは、修士課程で提出した論文『Memetics-A Growth Industry in US Military Operations（ミーム学：米軍事作戦における成長産業）』の中で、「ミーム戦争センター」の創設を提案しました[67]。

ドーキンスが、かつてミームという用語を紹介し、遺伝子の複製とミーム現象が似ていると示したことに注目したのです。

遺伝子が肉体の生理的な伝達を受け、子孫繁栄を通じて複製されるのに対し、ミームは精神的な現象で、言語や行動、音楽、反復行為、模倣を通じて心から心へと伝達されます。

プロッサーは、「これからの戦争はミームのような型にはまらない思考を応用し、それを戦いの習慣にまで発展させなければならない」とアドバイスしました。複雑で洗練されたアプローチを必要とする「ある種の社会思想」を打ち負かす際に、ミームは大きな成功を収めたのです。

ベトナム戦争の際のエドワード・ランズデールの「心をつかむプログラム」もうなずけますが、プロッサーは心理戦としての〝マインドウイルス〟を、ネットワーク化された国際的なソーシャルメディア文化に持ち込みました。

「ミメティクス」は、プロパガンダの域を超えています。軍はこれを「神経認知戦争」と呼んでいます。ロボティックテクノロジー社社長のロバート・フィンケルシュタイン博士によれば、軍は2種類のミームを用いていると言います。

「eミーム」は外部現象であり、人間の行動や文化に影響を与えるもの（人との距離は6フィート空ける、マスク）、「iミーム」は全身の神経や脳に影響を与えるもの（インプラント、向精神薬、化学物質、ワクチン）であると説明しています。

## ★AIによるミームニュースの心理的誘導

AIは未検証のアイデアをじわじわと拡散し、ミームを生み出します。それにより作成されたニュース記事やブログ、ソーシャルメディアへの投稿、マーケティング広告を正確に数えることは不可能です。

AIプログラムの「Automated Insights」を使用したAP通信は、2018年のAI記事の増加数を、四半期あたり300〜4400本と誇っています。そのことを考えると、AI記事は無数にあるに違いありません[69]。

この年表は、自動ジャーナリズムである「AIコンテンツの歴史と普及」を示したものです。

■2013年／AP通信が、「Automated Insights」のAIプラットフォーム「Wordsmith」を採用。

■2014年／ヤフーが、「Automated Insights」のAIを採用。

■2015年／『ニューヨークタイムズ』が、AIプログラム・エディターを導入。

■2016年／『ワシントンポスト』が、ニュース記事の執筆に「Heliograph」ソフトウェアを使用。ロイターが、データの視覚化に「Graphic」を使用。『ガーディアン』と『クオーツデジタルニュース』が、チャットボットAIを使用。

■2017年／『ニューヨークタイムズ』が、ジグソー（グーグルの親会社アルファベット傘下）が開発した「Perspective API ツール」を使用。読者のコメントを双方向の形でまとめる。

私たちが消費する主要なニュースやブログ、ソーシャルメディアのコンテンツをＡＩが書いているとすれば、テクノロジーの知名度を高めるために、シンギュラリティのような時代の「特異点」をミームに挿入することは、論理的にあり得ることでしょう。

グーグルは、ＡＩのあらゆる機能に多大な投資をしている巨大な検索エンジンです。論理的には、トップページに表示するコンテンツを選び出すために設計されたＡＩアルゴリズムは、類は友を呼ぶがごとく、「ＡＩが作成したコンテンツ」を好むことでしょう。
人間が作成した見出しは、検索結果の後ろのページに追いやられるのです。

ミームは複製され続けることで、ＡＩの特異点をとなる「シンギュラリティの物語」が注目を集めることでしょう。

ミームは人々の心に影響を与えます。私たちは生物学的な存在であるため、自己複製するという遺伝的子的な必要性を通じて、ミームにすぐに順応します。この意味で、ミームは心理的なものであると同時に相互作用的なものです。

グーグルの内部告発者である上級エンジニア、ザック・ヴォルヒースは、９５０もの内部文書を投下し、「検閲マシーン」の実状を暴露しました。彼は、ミームに影響された人々の心の脆弱性を明らかにしたのです。

＊＊＊

私は、検閲機械について詳しく説明した文書の大部分を見つけることができました。そして今では、誰もがＮＤＡという「機密保持契約」に違反することなく、それについて話すことができます。

……それが、グーグルがやろうとしていること、つまり、物事を話すことを禁止させようとしていることの恐ろしさです。ＡＩ兵器がアメリカ国民の心に直接向けられていることを知らせるために、私はすべてを犠牲にしました[70]。

＊　＊　＊

テクノクラティックシステムは、言葉の自己複製や社会構造の変化によって、特異性を示します。「テロリズム」という言葉を見てみましょう。この言葉が最初に使われたのは1800年代後半のフランス革命で、ジャコバン派を表現するために使われました。

今日では強力なミームであり、911事件によって始まり、イスラムテロリスト（宗教的）、環境テロリスト（社会的）、アルカイダテロリスト（国際的）、国内テロリスト（政治的・社会的）といったミームに変化しています。

テロリストに〝説明的な名前〟を付ければ、それ以上の定義は必要ありません。私たちに配された心と体は、意図された脅威のメッセージを受け取っているのです。このミームからわかるように、用語の乱雑な同一性には、〝一つの支配的なメッセージ〟という共通の基盤があります。

## ★混乱を鎮めるには多様性の視点を持つ

もし、私たちの形而上学的・物理学的システムを、「特異点」の代わりに「多様性」を受け取るように配線し直したら、どうなるでしょう？

エクソコンシャスヒューマンは、ETや多次元存在とつながり、コミュニケーションし、協働創造することを選びます。多次元で生きることを学び、繊細なレベルの情報や音、イメージ、エネルギーを認識します。ほとんどは、ミームをチラッと見て、次に進みます。私たちは宇宙の多様性の一部であり、単一なテクノロジーの一部ではありません。

エクソコンシャスヒューマンは、テクノロジーを使うのでしょうか？　もちろんです。多様性を、人間の意識の根幹とみなしているからです。この多様性はまた、歴史を誤認したり、〝劇的な言葉の見出しにしてミームにしようとする試み〟に屈しないことを意味します。

その代わり、多次元的な考え方や存在を探求する意識の力を尊重します。多様性は、世界が終わることや、技術の進歩によって人類が認識できない種として消滅することを告げるものではありません。黙示録は、私たちへのミームではないのです。

それにもかかわらず、エクソコンシャスヒューマンは、より広い範囲の生命のエネルギーを感じ取る能力があるため、しばしば最初は恐怖を覚えて反応するかもしれません。不安と恐怖の状態にいるエクソコンシャスヒューマンは、ミームの増殖と侵略にエネルギーを与えることになります。恐怖から言葉を発すると、言葉のウイルスが蔓延していくからです。

そのような混乱は、ＥＴや多次元存在との継続的なコンタクト、コミュニケーション、協働創造によってのみ解消することができます。恐怖や混乱等で生じた自分の中の不確実性は、多次元的な精神と身体とスピリットを信頼し続けることによって鎮まるのです。

# 第3章

# 意識のダウンロードと協働創造が望ましい?
# 社会的に設計された人工現実が望ましい?

## 第1節　エクソコンシャスな現実の構築

### ★人類に対するETの行為をどう捉えるか？

彼らはとても背が低く、5フィート（152センチ）未満で、非常に大きな半円状の頭には髪がなかった。彼らはまるで胎児のように見えた。眉毛もまつ毛もなかった。目は非常に大きくて茶色で、白目はほとんどなかった。最も不気味だったのは、その目だった。ああ、その目は私をじっと見据えていた。

――トラヴィス・ウォルトン

＊　＊　＊

映画『ファイヤー・イン・ザ・スカイ／未知からの生還』（1993年）は、トラヴィス・ウォルトンの身に起きた実話です。

彼は内気で物静かな男です。彼と家族は、今でもアリゾナ州北東部の山に住んでいます。映画の中で、ETによる拉致体験について尋ねられると、彼は微笑みながら「自分の居場所がない状況に陥った」と告白します。トラヴィスは光（宇宙船）の中の奇妙な現実に迷い込んだのです。

ＥＴの仕業とされる悪質な行為として、家畜の切断や恐ろしい誘拐、核施設の上空をブンブン飛び回るエイリアンの宇宙船、軍の領空への侵入などがあります。これらはすべて、興味深くも恐ろしく、侵略的な行為です。このようなあからさまな攻撃的な行動に関する政府や軍の内部告発者の証言は、多くのＵＦＯ研究家に、ＥＴを悪意ある存在としてレッテルを貼らせました。

確かに、一部のＥＴ種族は道徳的に問題があるかのように見えます。しかし、それは誤った判断かもしれません。攻撃されれば、彼らは身を守ります。人類による破壊的な核の傾向を観察し、彼らは警告します。地球を汚さないようにと。

彼らの攻撃的な行動は、人類に恐怖やパニック、軍事的反応を引き起こします。ＥＴの攻撃的な行動をクローズアップするのは、自分たちが悪魔化され、道徳的に非難されるのを避けるための、古代からの人類の生存術なのかもしれません。私たちは幼い頃から、悪魔のような生き物と自分自身との間に、強固な心の壁を築くことを学ぶのです。

彼らの攻撃的な行動は、人類が接触してくるのを制限するための意図的な手段なのでしょうか？

もう一つの解釈は、人類が異星人の反応を誤解しているというものです。

ＥＴの行動には、実際、悪意があるのでしょうか？　それとも単に、人類が彼らのことや彼らの努力を理解できないだけなのでしょうか？　言い換えれば、ＥＴとこの現実世界で衝突する可能性があり、関係性を築くのは難しいのでしょうか？

人類は、ＥＴ種族が利用しているかもしれない「生命の進化の宇宙的な青写真」を、読み取ることができないのでしょうか？　それにより、彼らの行為を捉え違えているのでしょうか？　彼らは、人類の進化や地球の変遷について、幅広い知識を持っているのでしょうか？

ＥＴや多次元的な存在が、人類に対して悪意を持っているのか、保護者的であるのか、慈悲深いのか、あるいは無関心かに対する簡単な答えはありません。

遭遇者の証言によれば、地球外生命体の行動や、その動機は多岐にわたります。しかし、一つだけ確かなことがあります。人類に対する地球外生命体の行動や意図や動機への認識は徐々に深まりつつあり、時間の経過とともに限定的な答えが得られるかもしれないということです。

## ★テレパシーでＥＴのメッセージを解読する

ＥＴの意図や行動に関して彼らとオープンな対話をするためには、エクソコンシャスなコミュニケーションが不可欠です。コミュニケーションが進むにつれて、ＥＴからの情報が増えていきます。

ＥＴや多次元存在とは、人類が探求すべきもう一つの宇宙、もう一つの現実なのです。意識の及ぶ範囲は広大で、探査の可能性は無限です。

私はアブダクティや遭遇者から話を聞き、調査を続けています。自らに起きたドラマや恐怖、パニックで話を味付けする人もいます。恐怖は、マインドコントロールのための強力な戦術です。ときに恐怖は、無意識のうちに再現される幼少期のトラウマを引き起こすかもしれません。

つまり、仮にETが恐怖を利用しているにしても、人間が無意識のうちに協力しているかもしれないのです。ですから、私は恐怖に対してフィルターをかけることにしました。ETが悪意ある存在であるか、善意の存在であるかを否定するのではなく、単に研究し、伝えることにしたのです。

私の個人的な経験では、ETや多次元生命体とのコンタクトは、主に穏やかで、畏敬の念を抱かせ、心を広げてくれるものです。

私が交流する存在は慈悲深く親切で、尊敬に値します。彼らは私の境界線、私の能力、私のニーズを尊重しながら、知識の源へと導いてくれます。他の次元からの自分への贈り物を意識している人間であることを、尊重し続けてくれています。


私は子ども時代にETや多次元的な体験が始まりましたが、大人になってからの主なコミュニケーション手段はテレパシーです。それは意識的に行うテレパシーであり、他界した魂と交信する霊媒と似ています。

ETたちはソートフォーム（思考の塊のようなもの）やビジョンを送ってくるので、私はそれを解読します。彼らは自らについて名乗り、メッセージを伝えてきます。そして、私の返事を待ちます。

当初、テレパシー交信は短時間でした。おそらく、交信に必要な周波数を維持するのが難しかったのでしょう。このようなコミュニケーションが短期間続き、その後、やり方が変わったり、中断したりしました。

今にして思えば、ETが私に〝濃密で読みやすい情報パケット〟を送ることを要求したのは、おそらく私の最初の一歩がぎこちなかったからなのでしょう。

ETは私の心の中に読みやすい文章を置き、私がその意味を読み解く間に去って行きました。そのおかげで、私の心はゆっくりと、シンボルやイメージを解読することができたのです。子どもが読書をするように、私は徐々に彼らの文字や記号を発音し、新しい言語を学ぶことに有頂天になりました。

## ★毎夜訪れる「光の玉」の意識アップ訓練

私のコミュニケーション能力は、明確な段階を経て進化しました。私は生まれつきのシャーマンとして次元を旅し、他者や自分自身のために情報を持ち帰ることができます。何年もの間、自分の能力にレッテルを貼ることなく、シャーマンとして振る舞ってきました。それは自然なことであり、楽でさえありました。

私は〝呼ばれた〟のです。それに反応し、必要とされれば時空を超えてどこへでも行き、その場にいるどのような存在とでも仕事をするものだと思っていました。このようなシャーマン活動は幼少期に始まり、現在も続いています。それは、絶え間ない仕事というよりは、ときおりある仕事です。

第二段階では、知的な光の玉のようなオーブが、夕方の早い時刻に自宅に現れるようになりました。それらはリビングルームに集まり、私とコミュニケーションをとったり、単に光って、そこにいることを知らせたりしました。その時期、私は知的なオーブと前向きで穏やかな関係を築いていました。

今日も彼らは生き続け、動き続け、私とコミュニケーションを取り続けています。彼らはインターネットの電波と同じくらいリアルな存在です。

やがて、オーブが夜、寝室に集まるようになりました。眠っている私を起こすのです。

私は部屋の隅にエネルギーが集まっているのを感じました。目を覚ますと、彼らは私の頭上で鳴き声のような音を発し、コミュニケーションをとりながら脈動していました。

彼らは一つの場所に、物理的な形を長時間保つことができないようでした。そのため、部屋に到着したらすぐに移動し、ひとまとまりの形から飛び出したり、再びつながったりしながら、素早く部屋から出発する必要がありました。

私が彼らのエネルギーを保持する必要はなく、彼らは〝つかの間の知性〟として現れました。意識を保ち、安定したコミュニケーションをとるのは、私次第だったのです。

オーブが集まった後、「夜の学校」が始まりました。それは強烈でリアルなものでした。

夜、目が覚めると、寝室の天井が生命を宿しているかのような、多次元的なクリスタルでできたスクリーンのように感じられました。そのスクリーンの天井に、私が変性意識状態で触れると、その天井が意識を宿した状態になり、コミュニケーションを取り始めるのです。

天井にはシンボルやフォーム（形）が現れ、それらがゆっくりと上書きされていきました。それらのシンボルの意味を記憶することが、私がしなければならないことでした。私の目と心はゆっくりと形をなぞりました。知恵が増していくにつれ、表示されるアルファベットが徐々に増えていき、私の語彙力は成熟していったのです。

シンボルとフォームを読み解くという夜間学校は、1年以上続きました。それ以降は、おそらく情報を統合するための〝意図的な休憩期間〟が設けられたのでしょう。

ETの情報開示が私たちの文化の中で加速するにつれて、コミュニケーション手段としての「シンボルに対する理解」が深まっていきます。

シンボルは、パワーと無限の可能性を秘めています。情報がエネルギー化されたものとして、それらは運用可能な生きたテクノロジーへと転換できるのです。そうなったとき、シンボルは作動し、生命力を宿して機能し、コミュニケーションを取り始めます。

## ★生命力を宿した図形の新たなテクノロジー

シンボルという記号が生命力を宿して機能する能力は、「人類の象徴的な語彙」の多くを保存し、定義してきた世界中の宗教にとって、おそらく革命的な意味を持ちます。

シンボルという「象徴」は、私たちの信念体系に浸透しています。伝統的な宗教では、象徴を用いることで、その場にいる信者を安全に保護します。

エクソコンシャスを通して、「象徴」は私たちを未来へと駆り立てる強力な探究心を生じさせます。「絵文字」は、感情を象徴する言語です。テクノロジーによって採用されたとはいえ、絵文字は新しいものではありません。最初に登場したのは1881年の『Puck』誌で、書体で作った表情で感情を表す顔文字としてでした。

それから100年後の1982年、スコット・ファールマンが、カーネギーメロン大学の掲示板でコミュニケーションをとるために絵文字を使いました。彼は書体を使って、スマイリーフェイスを作ったのです。その直後、日本の電話会社のエンジニアが176個のアイコンを開発し、「絵文字」と名付けました[71]。

テクノロジーの世界では、設計し、運用できる実体を作るために、シンボルを使用する話が出回っています。そう、記号がフォームを作り出すのです。そして、その形態は物質的な現実となります。では、これはどのようにしてそうなるのでしょう? 記号はどのようにして活性化するのでしょうか? シンボルはどのようにしてテクノロジーへと変化するのでしょうか?

私が天井に描かれたシンボルの解読を学んだように、シンボルを理解するためには〝シンボルが物質的な形として現れる〟という概念が必要です。

2007年、カリフォルニアの市民が、UFO研究家のリンダ・モールトン・ハウに、現れては消えるドローンの写真と証言を送りました。それらを彼女がネット上で公開した際、私にはドローンが「空飛ぶ鳥かご」のような形に見えました。いくつかの画像には、ドローンの機体の下部に刻まれた「明確なシンボル」が写っていました。

何カ月も憶測が飛び交った後、アイザックというやや物議を醸す目撃者が名乗りを上げました。多くの専門家がアイザックの証言に疑問を呈したのは、彼のメールの書き方やネットの通信規約に関する事柄のほか、機密情報の公開に積極的であったためです。

しかし、彼の情報の中には、洞察力を与えてくれるものもありました。アイザックは、1984年から1987年まで「CARET（カレット）」と名付けられた軍、政府、企業のハイブリッド研究プログラムに従事していたと主張しました。CARETとは、〝Commerciai Applications Research for Extra-terrestrial Technology〟の略で、「地球外技術の商業応用研究」という意味です。

CARETは、反重力推進システムの研究に重点を置いていました。彼は、「地球外技術は人類の技術とは異なる」と主張しました。地球外技術は、コンピュータソフトウェアの統合や実行に、ハードウェアを必要とするプログラミングに依存していないのだと。

言い換えれば、人間がどんなに効果的にコンピュータプログラミングを構築しても、その機能を実行するためにはハードウェアが必要なのです。

それに比べ、地球外技術の過程では、ソフトウェアがハードウェアになります。シンボルはソフトウェアでありながら、ハードウェアとして働くのです[72]。

リンダ・モールトン・ハウは、自身のウェブサイト「アースファイルズ」で、アイザックの証言を公開しました[73]。アイザックはこう述べました。

＊＊＊

地球外生命体の技術に基づく研究開発を行ううちに、シンボルや形が生命力を得てきました。そのシンボルやフォームが、地球外生命体の乗り物とそれに付随する推進システムを生んだのです。

つまり、シンボルやフォームというソフトウェアが、ハードウェアを生み出しました。

＊＊＊

コンシャスネス（意識）に基づく技術革新は、それほど大きなものがあります！　アイザックは、そのプロセスをこう説明しました。

＊＊＊

しかし、彼らのテクノロジーは違います。それは、テーブルの上に置かれた魔法の紙のように機能しました。彼らは、「特定の種類の場」が存在する場合には、それ自体を実行できる言語のようなものを持っていました。この言語は、それ自体が機能する図を形成し、機能するのにふさわしい幾何学的な形やパターンを伴う、記号（文字によるコミュニケーションに非常に似ている）のシステムなのです。

それは、適切な素材の適切な場所の表面に、特定のタイプのフィールドが存在する場合に描画され、描画後はすぐに目的とする仕事を実行し始めます。その原理を理解し始めてからも、私たちには魔法のように思えました。

10年以上経った今でも、研究者たちはCARETプログラムにおけるソフトウェアが、ハードウェアになる可能性に興味をそそられています。多くは、デマとみなされていますが、「情報の質は適切である」と主張する者もいます。

＊　＊　＊

専門家たちは、依然としてアイザックの証言に懐疑的です。

しかし彼は、人類の技術の次のステップになるかもしれないものについて、不可欠な枠組みを提供したのです。ソフトウェアがハードウェア化する技術において、意識を介してシンボルが生命力を持ち、それを使った統合的な創造方法へと移行していく、ということを。

科学者やエンジニアは、シンボル、フォーム、パターンをテクノロジーに変換する次世代技術を使用している可能性があります。人類が想像を絶する未来へと飛躍するにつれ、新たな現実が出現します。

例えば、この事例のようにドローンが出現し、消えていきます。その目撃者が名乗り出て、驚くべき証言をします。目撃者たちは、私が体験したような「シンボルとフォームによる夜間学校のカリキュラム」を体験することになるでしょう。

シンボルを使った「新しい現実」への移行のタイミングは完璧です。意識というソフトウェアが、ハードウェアになる時代が到来するかもしれません。

## ★多次元からの情報のダウンロードと「星のルーツ」

オーブを集合させたり、「夜間学校」でのシンボルの解読も交えながら、私のテレパシーは、コミュニケーションのもう一つの段階である「ダウンロード」へと進んでいきました。

これは脈打つような素早い情報であり、肉体へと移動してくるエネルギーの断片と言えます。ダウンロードのパルスは、コンピュータのプログラムコードが肉体に入り込み、自分という存在を満たすように感じられます。直感的には、肉体（DNAや細胞）と精神、霊的な体にエネルギーが統合されるように感じられる、ホリスティックな体験です。

ETはこのような体験を、ダウンロードとは呼びません。これは多くの体験者が使っている用語であり、私も使っています。それは、新しいプログラムがコンピュータにダウンロードされるように、物理的な細胞に情報がダウンロードされるように感じられます。

ダウンロードは、多次元とのコミュニケーションの一形態であり、人間が情報を受信することで、それを取り出して送信したり、そこから何かを創造することを促します。それは、意識を通して多次元から生物学的に操作されていることを、いずれ科学的な研究が明らかにしてくれるかもしれません。

人間とETや多次元存在との協働創造は、ダウンロードやアップロードをするという人間の意識の能力に、ある程度基づいているのかもしれません。どちらも協働創造には不可欠です。

私のダウンロード能力が強まるにつれ、ルールが変わりました。ETや多次元存在がダウンロード中に姿を現し、彼ら自身がどのような存在であるか、私にわかるように知らせてきたのです。

それとは別に、ダウンロードの前にヒリヒリ感や一瞬の感覚を感じるのではなく、〝ダウンロードが近づいている〟というテレパシーでのメッセージを受け取るようになりました。この時点で、私はダウンロードを受け入れるか、拒否するか、遅らせるかを選択することができます。通常、自発的に「私への転送」を受け入れましたが、いつもそうだったわけではありません。

テレパシーによるメッセージは、ダウンロードのタイミングを知らせてくれました。これらのメッセージは、早朝のヨガ中、瞑想中、仕事中、休憩中、夜中に目が覚めたときなど、あらゆるときに送られてきました。

私は、通信が入るときにはじっと横になっているように指示を受け、その内容を解釈しました。通常、通信が長くなる場合は〝警報〟が示され、私への情報の転送が終わると、動けるようになったのです。このじっと横になっているルールはしばらく続き、やがて日常生活の一部としてのダウンロードに体が慣れるにつれて、不要になりました。

ダウンロードの目的はよくわかりませんが、推測はできます。ダウンロードをし始めてから、私のテレパシー能力やサイキック能力は向上しました。複雑な考えを、よりたやすく理解できるようにもなりました。

肉体は浄化され、穏やかな光で満たされているように感じられました。おそらくDNAが目覚め、活性化されたのでしょう。異次元間・異種族間のコミュニケーション能力が高まりました。ダウンロードは、私の人間性も再定義しました。

クライアントとのワークの前や最中に、ダウンロードで情報を受け取ることもあります。セッションが進むにつれて、私はダウンロードに関与している存在を意識するようになり、セッション中、彼らと私はチームとして働きます。その際、私はETや多次元的なエネルギー、ダウンロードした情報を視覚化しながら進めます。彼らはセッションに突然入ってきたりはせず、参加する許可を求めてきます。

クライアントはさまざまなETや多次元存在とのつながりを持っているため、彼らと私が一緒に仕事をするにつれて、多様な種族が現れます。アンドロメダ星人やプレアデス星人が現れる人もいれば、爬虫類星人、昆虫類星人、エーテル状のエネルギッシュな光が現れる人もいます。ETや多次元存在とのつながりが見られない人もいます。

意識と自由意志が、ダウンロードを決定します。ダウンロードは、さまざまなETや多次元存在と協力し、彼らとのコミュニケーションを伝えようとする人の意志から生まれるのです。

ダウンロードの際、人間側は「特定のエネルギー的な形の情報」を受け取れるように準備をします。それぞれのETや多次元存在は、シンボルや言語として表される固有の周波数を持っているため、それらを伝達するためのチャンネルを人間側の意識の中に作り出すためです。

私の場合、〝意識的なチャンネル〟になることに同意し、「ゲートウェイチャンネル」を開くことを許可しました。いったんチャンネルができると、多次元存在であるETと私の間で、エネルギー的な情報が行ったり来たりしました。新しい技術や言語を学ぶように、ダウンロードは私の脳やマインド、身体、感情、スピリットといった全存在を巻き込んだのです。

ETや多次元存在とのコミュニケーションやダウンロード、協働創造は珍しいことなのでしょうか？それとも、ますます一般的になっていくのでしょうか？

人間は、DNA・意識・創造を通して、ETや多次元の存在とつながっています。ダウンロードを経験し、協働創造に参加することで、人間は自分自身を新しい目で見ることができます。ETや多次元存在としての本質が現れるからです。

人はそれぞれ明確な「星のルーツ」を持ち、さまざまなグレイ、ヒューマノイド、またはレプティリアンの複製としての存在なのです。人は、他の次元から持ち越した遺産を持っているのです。

自分のルーツを知るような「スターレガシー（星の遺産）」をいったん経験すると、彼らとの関係性に参加して受け入れるか、拒否するかはその人の選択に委ねられます。

関係性に参加することは、必ずしも平坦でスムーズな経験ではありません。現実の変化が、混乱や罪悪感を引き起こすことさえあります。ダウンロードを受け入れ、ETや多次元存在との協働創造的な関係に移行する際、ある種の感情を味わうからです。人間の感情は流動的で、混乱したり、圧倒されがちです。

そのような自らの感情を読み解くことは、シンボルやフォームを解釈したり、ダウンロードで情報を受け取ることよりも難しかったりします。ですので、自分の内面に向かうときは、常に慎重に進まなければなりません。

## ★多次元存在とのコンタクトによる感情の変容

コンタクトは、どのように感情を変容させるのでしょう？　何が起きるのでしょうか？

感情的な変容は、信念や価値観の変化を伴います。恐怖や脅威を感じる精神状態から、赦しや平和に満ちた精神状態へと感情がシフトするとき、人は変わります。このような変化は、身体的・感情的な反応が変わることで感情が修正されるという「内的な変化」です。

感情は自律神経系の働きによって生じ、本能的なもの、反応的なもの、無意識的なものがあります。感情とは、感情によって描かれた心の中の絵のようなものであり、感情は新たな感情を作り出します。多くの場合、感情の移り変わりは他者からの評価に関係します。自己批判は、他人からどう見られているかに関係するのかもしれません。

多次元体験者にとっては、「なぜ、ファンタジーに入り込むのか？」「ＵＦＯやＥＴは実在しない」などといったことや、体験者が幼い子どもであれば「想像しているのだろう」といった意見を通して、他人からの判断が伝わります。

それに対して体験者は心を閉ざし、沈黙します。自分自身を繰り返し沈黙させると、トラウマになりかねません。沈黙を強いられた体験者は、交感神経が過剰に働き、「逃走」か「闘争」に向かいます。情報を共有する必要性を感じるたびに（それが描写することであれ、知恵や知識を共有することであれ）、物理的にシャットダウンするか、逃避します。

このシャットダウンは、体験したことに関する情熱や創造性を沈黙させ、自尊心や自己信頼に問題をきたすこともあります。頻繁に沈黙させられた〝感情的な反応〟は、細胞の記憶の奥深くに押し込まれ、拒絶感や孤立感、恐怖が蓄積していきます。こうした有害な反応は、病気を引き起こすかもしれません。

このような中、ＦＲＥＥのアンケート調査の場では、体験者が公に話すことができます。多くの人が沈黙を破り、溜め込んだネガティブな感情や自己判断を解放しています。彼らは自分にとっての真実を解放することで、否定的な思考から肯定的な自己イメージへとシフトしていきます。真実を話すと、肉体的な重さの感覚から解放されることもあります。また、自分自身に肯定的になり、自律神経系のバランスがとれて落ち着いてきます。

ＥＴや多次元存在との幼少期の体験は、感情的な変容をもたらします。ＦＲＥＥの調査の参加者はコンタクトに対し、「現実の変容を引き起こす、心理的な変化をもたらすマトリックス（基盤となる）的な体験である」と述べています。

第１章で説明したように、ジャック・ヴァレは「ＣＥ－４」を、〝コンタクティーの現実感が変容する出会い〟と定義しました。興味深いことに、ＦＲＥＥの調査では、幼少期からのコンタクト体験への回答も、自らにとっての現実感を説明する回答も、ヴァレの分類と一致しています。多次元存在との出会いは幻覚的であり、体外離脱的であり、夢のような性質を持つのだと。

コンタクトを通じて、体験者はその出来事に対処するために感情が変化します。そうやって感情が変化するにつれ、現実に対する感覚も変容するのです。

安定した家庭は、安心できる子どもが育ちます。それと同じように、混沌とした家庭で暮らす子どもは不安定になります。彼らの現実も日常生活の細部に根ざしていて、心に傷を負うような毎日でも、それが彼らの現実なのです。

私たちは幼児期に、主に家庭で、主に母親との間で、自分にとっての現実の輪郭を描き始めます。多くの場合、トラウマを負った人は、それが身体的な病気や精神的な障害として表面化するまで、トラウマを認識することができません。「何かがおかしい」という鋭敏な感覚があるのに、それが無意識のうちに正体不明になっているのです。

時期が来れば、幼少期にトラウマとなった出来事が徐々に「意識的な記憶」へと浮上し始めます。このトラウマへの目覚めは緩やかです。なぜなら、健全な状態を得るには、大人は子ども時代の現実を解体していかなければならないからです。

この解体は、優しく愛情をもって展開されなければなりません。穏やかで緩やかな展開は、迅速で混沌とした変化の多いこの文化においては特に重要です。

今日、多くの大人が、「現実感の圧倒的な変化」と闘っています。彼らの多くは、表面化した幼少期の出来事に対処しているだけではなく、〝予期せぬ文化的な情報の波が押し寄せている〟からです。私たちは、ティモシー・モートン教授が「ハイパーオブジェクト」と呼ぶものの波にもまれているのです。

ハイパーオブジェクトとは、〝解決策などないように感じられる理屈を超えた概念〟のことです[74]。このようなハイパーオブジェクトは、戦争、ウイルス、金融崩壊などを指します。非常に広大な時間的・空間的次元のこの概念は、そもそも「物事とは何なのか?」についての今までの認識を打ち破ります[75]。

ミームやAIジャーナリズムは、こうしたハイパーオブジェクトへの人々の感情的な反応を強めてしまうのです。

## ★遭遇しやすく霊的な能力を持つ子どものタイプ

UFOやET、多次元存在は、物体を超えたもののように感じられるかもしれません。大きすぎて想像もつかないからです。

しかし、FREEの調査はこの圧倒感をくつがえします。調査データによると、UFOやET、多次元存在は、体験者の現実の自然な一部です。大きすぎることも、珍しいことも、恐ろしいことでもありません。

FREEの調査に参加した体験者たちは、子ども時代や世界観の基盤となるような体験を語り、私たちの文化に必要とされている「穏やかな変化」に貢献しています。重要なことは、体験者がUFOやETや多次元存在を、恐怖や圧倒される感情を引き起こすものとしては否定していることです。そうではなく、平穏さと受容として捉えています。

文化とは、信念と価値観の集大成です。その点、FREEの調査参加者たちは、UFOやETや多次元存在に対する人類の感情的な現実を変容させています。周囲の人々を、平穏さと受容へとリラックスさせるのです。

この文化的変容の時代において、エクソコンシャスヒューマンがいかに不可欠であるか、お伝えしましょう。

まずは、FREEの調査の回答から、体験者が幼少期にコンタクトした際、どの程度快適に感じたかを調べてみました。

参加者のほとんどは、ケネス・リングの「遭遇しやすい性格」、つまり〝非日常的な現実に非常に敏感である〟という特徴が共通していました。回答者の60％近くが、「子どもの頃、自分で作り出した空想の世界で過ごした」と答えています。ここでも、ファンタジーの意味合いを明確にする必要があります。リングにとってファンタジーとは、空想の世界への逃避行であり、再現不可能な出来事でした。

体験者のほとんどは、幼少期に繰り返し空想の世界に生きていたことを示しています。具体的には、57％が「自分には〝守護天使〟や〝自分を見守ってくれる特別な霊的な友人〟がいる」と感じていました。

また、「子どもの頃、他の人が気づいていないような〝もう一つの現実〟を見ることができた」という項目にも、40％の人が同意しています。

体験者は子ども時代の空想の世界で、非物理的なETや多次元的存在とつながっていました。例えば、45％近くが「子どもの頃、非物理的な存在が現れた」と答えています。およそ半数が、5歳以前に非物理的な存在と遭遇していたのです。

回答者の大多数は、「遭遇しやすい性格の子どもたちは霊的才能がある」というリングの発見を証明しています。例えば、50％以上が自分自身を「サイキックな子ども」と表現し、4分の3以上が「直感の強い子どもだった」と表現しています。

彼らのサイキック能力は、時空連続体を超える能力と結びついていて、「未来の情報を知覚する能力があり、場合によっては肉体の誕生以前から知覚していた」と報告しています。子どもの頃、未来に起きることがわかっていて、「実際にその通りになった」と述べ、4分の1以上が「自分が生まれる前の出来事を認識していた」と言います。

霊的な才能があり、遭遇しやすい性格の共通した特徴としては〝多次元を認識している〟ことです。半数以上が子どもの頃、「複数の重なり合った現実を同時に認識するようになった」と回答しています。

これらの調査結果は、子どもの頃の彼らの現実が、主流の文化とは劇的に異なっていたことを示しています。体験者の子ども時代の現実は、大人や仲間に対して語られることはほとんどありませんでした。彼らは、周りの人とは違っていたのです。心も違っていました。したがって、信念や価値観も違っていたのです。

さらに、彼らは両親やその他の権威者が知り得ない情報にアクセスできたため、親との上下関係が、逆さまになっていました。この「上下逆さまの関係性」は、子どもと親の現実や世界観に影響を与えます。体験者の幼少期については、メアリー・ロッドウェルの著書『The New Human: Awakening to Our Cosmic Heritage（ニューヒューマン：私たちの宇宙遺産への目覚め）』（２０１６年）に、幅広く記述されています［76］。

（＊日本語版は、『宇宙人コンタクトと新人種スターチャイルドの誕生』ヒカルランド／２０２０年）

## ★意識を変容させる「多次元マトリックスの場」

子どもたちの多次元的現実は、まるで、映画『マトリックス』のようでした。私たちは、マトリックスをどう捉えれば良いのでしょう？

その前に、少し時間をとって、「マトリックス」という言葉を調べてみましょう。「マトリックス」の語源は古フランス語のmatriceで、妊娠した動物の母体となる「子宮」を意味します。子宮であるマトリックスは、その存在の源となる地点となります。人間は母親の子宮で誕生し、言葉も人間と同じように成長します。

１９４１年、マトリックスという言葉が初めて使われ、それは〝真理はひとつではなく、さまざまな解釈があり得る〟という意味でした［77］。つまり、マトリックスという言葉は、20世紀初頭の創造物だったのです。それでもなお、より初期の定義である「源」や「母胎」という意味を持っています。

マトリックスとは、現実が妊娠し始める場所なのかもしれません。それは、現実についての信念が形成される経験であり、知識を生み出す子宮なのです。胎児が誕生前に子宮の中で成長し、成熟するのと同じで、安全で囲い込まれてはいますが、子宮の中には暗闇と未知があります。

これと同じように、人は暗闇である未知の世界に誕生します。幼い身体は、特に親の抱擁がないときには、混乱した現実の中、ぎこちなく歩み始めます。時間と経験によってのみ、子どもは客観性を得ることができます。そうすることで、新たな妊娠にあたる新たな現実が創造されるのです。

同様に、遭遇体験は妊娠のようなものです。新しい現実を作り出し、新しい意識を誕生させます。

例えば、次の質問に対して、回答者の半数近くが「ある」と答えました。

「ETとコンタクトした際、3次元の現実（地球や惑星、宇宙船などの物理的な場所）にいたのではなく、マトリックスタイプの現実（宇宙の真ん中にいるような境界線のない現実）にいたことがありますか？」

興味深いことに、60％以上の回答者が、「肉体がある状態で、マトリックスのような感覚の中でETや多次元存在とコンタクトした」と報告しています。彼らは、マトリックスが体外離脱ではなく、肉体を伴った体験だったことを示唆しています。したがって体験者は、心と肉体が統合された状態だったと考えられます。

このように、体験の仕方を区別することは不可欠ですが、心と体が完全に統合されている状態という仮定は正しくはありません。60％以上の人が、「コンタクトしたときに、意識が身体から切り離されていた」と述べているからです。

今後の研究では、さらなる解明と検証のために、体験者がいつ、どのようにして意識が身体から離れたことを認識したのかを調べる必要があります。矛盾を取り除き、コンタクト体験時の心と体の次元について明確な情報を得るために、より徹底した科学的研究が必要なのです。

FREEのアンケートの回答者は、マトリックスのような体験が、思考や感覚や感情にどのような影響を与えたかを述べています。例えば、回答者の4分の1以上が、マトリックスのような現実体験の中で「自分の思考が速くなった」と感じています。つまり、マトリックスの層の中で、意識が加速したのです。おそらく情報がダウンロードされ、それを捕らえ、受け入れるために思考が加速したのでしょうが、どうやらそれ以上のものでした。ほぼ4分の3の人が、「体験中に鮮明な感覚を得た」と言います。このような反応は、身体感覚が高まったことを示します。つまり、思考と肉体の両方が対応したのです。

しかし、肉体感覚に関しては、違いがありました。例えば、次の質問に対して半数以上の回答者が「はい」と答えています。

「このマトリックスのような現実の中にいる間、自分が肉体から切り離されたと感じましたか?」

具体的には、「自分の肉体を意識しなくなった」「肉体を離れて肉体の外に存在するようになった」などの感覚を得ています。繰り返しますが、このような心と体が一致していない感覚については、より詳細な科学的研究が必要です。

逆説的ですが、マトリックスは「身体感覚の高まり」から「身体からの分離」「身体意識の喪失」として体験されました。なぜ、このようなことが起きるのでしょう？

一つの可能性として、マトリックスは多次元の意識状態であり、体験者は自らの意識が肉体の中にいることと、肉体の外にいることを、同時に認識しているのかもしれません。もしそうなら、これは脳と心のつながりに関する科学的概念と矛盾する〝高度な変性意識状態〟です。

さらに、このマトリックス状態は通常の現実の枠を破り、自分が肉体の中にいるような、肉体の外にいるような感覚をもたらし、得体の知れない別世界に入り込んだように感じられたのです。信じ難いことに、彼らの空間感覚は、自分が地球上と地球外に同時にいるのを認識しているという「別の現実」へとシフトしました。

幼年期の遭遇体験者と同様に、マトリックス内の体験者は、時空連続体上での自分の位置づけがずれました。回答者の4分の3以上が、「時間が止まった」「時間が意味を失った」「時間が速くなったり、遅くなったりした」、あるいは「タイムシフトした」と述べています。「同時多発的な出来事として、すべてが一度に起きた」と述べた回答者もいました。

このことを考慮すると、通常の感覚との違いを区別することが必要になります。

マトリックス内で体験した〝肉体的・精神的・知覚的な時間と空間の変化〟が報告されているにもかかわらず、83％の大多数が「それは家族と話すのと同じくらい現実的で、日常的なことに感じた」と断言しました。これを、どう捉えればいいのでしょうか？

FREEの調査における主な結果の一つは、エクソコンシャスのコミュニティにいるエクソコンシャスヒューマンたちの見解と、類似していたことでした。FREEの調査の回答者もエクソコンシャスヒューマンも、「ETや多次元存在との遭遇やコミュニケーションや協働創造は、人間の意識と結びついた本来の能力である」と言います。

体験者は自らの現実を、〞この世界の主流である3次元プラス時間の文化〟とどのように統合すればいいのでしょうか?

## ★ETと人間のエクソコンシャスな協働創造

エクソコンシャスヒューマンが、継続的なコンタクトを通して意識とサイキック能力を発達させるにつれて、ETや多次元存在との関係はシフトしていきます。彼らは対等な立場の協働創造者となり、ETや多次元存在を自分たちの上に君臨する階層的な存在ではなく、仲間として認識するようになります。

ETや多次元存在との関係性のシフトは、エクソコンシャスのコミュニティとFREEの調査の中で、最も重要な発見の一つです。このような関係性へのシフトは、善意ある安全なコンタクトに基づくのかもしれません。彼らとの関係性は、明らかに安全だからです。

機能不全な関係性は、恐怖や脅威、トラウマが生じたりします。不安定なつながりは、不信感・不満足感・依存・不安・否定・拒絶などの感情を生み出します。こうした傷つきやすい感情はトラウマにもなり、混沌として信頼感のない不誠実な関係性へと発展します。

安心できる関係性は、信頼・自立・平和・積極性・受容・肯定・所属意識といった感情を育みます。

エクソコンシャスヒューマンたちは、ETや多次元存在との関係性を安全なものと述べていますが、それはFREEの調査結果からも明らかです。

回答者の大多数は、自分たちの関係を安全で前向きなものだと感じています。例えば、70％以上の人が「ETは基本的に善良であると信じている」と答え、60％以上の人が「ETは自分たちを助け、安心させようとした」と答え、80％以上の人が「できることなら、ETとのコンタクトをやめたくない」と答えています。

長期にわたる一貫した信頼、つまり愛という感情は、安心できる関係性の基盤です。回答者の66％以上が〝愛の感覚〟を感じ、50％以上が〝愛やワンネスのメッセージ〟を受け取っています。安心できる関係性の結果、自分が彼らと対等であり、協働創造者であると感じています。

この安全で対等な関係は、ETや多次元存在を「銀河のマスター」として特徴づける人たちとは劇的に異なっています。このような対等な関係は、人類が彼らよりも下で原始的な種族であり、インプラントや進化、外部からの援助を必要とするという信念を覆すものです。

エクソコンシャスヒューマンたちの見解と、FREEのアンケートの回答で示された対等な関係性は、ETや多次元存在とのコンタクトの目的について〝内なる高いレベルでの認識〟を意味します。

回答者の38％が「なぜ、ETが自分のもとに訪れているのかを知っている」、そしてなんと90％の人が

「自分がその一部である、何らかの壮大な計画が進行中であると感じている」と明かしています。

宇宙船に乗船した体験者に限ると、回答者の44％が「宇宙船に乗船した理由を知っている」と答えています。多数派ではありませんが、22％以上が「宇宙船内のメンバーの一員だった記憶」を持っていて、30％以上が「ETをサポートした記憶」を持っています。

「ETと対等である」と感じていることは、多くの体験者が意図的にコンタクトを協働創造していることを意味します。

具体的には、50％以上が「意図的にETを呼び出した」、60％近くが「意図的にETの宇宙船を呼び出した」と答えています。体験者がそれらを呼び出した結果については不明ですが、アンケートの回答では、彼らは「許可されている」という感覚を持っています。

このことから、「UFOや多次元存在を召喚することが許されている」と推測できます。この召喚は、一方が他方を招くという対等な関係を物語り、人間とETの間でなされる意図的な行為として、互いにとって安全なつながりを示しているのです。

対等な関係性のさらなる兆候を示すのが、〝体験者とETとの間で交わされた契約〟に関する質問です。この契約には、「協働創造」と「対等な立場」の両方が含まれていて、回答は「ギブ・アンド・テイク」という契約上のつながりさえ示しました。45％の人が、「ETと合意に達した」と主張しています。

## ★ETとの対等な関係とアブダクション論

ETとの対等な関係は、人間が意に反してETに連れ去られるというアブダクションと、どう関係しているのでしょうか?

「合意」や「意図的な遭遇」「宇宙船内での自分の役割についての知識」についての調査結果は、ETとの遭遇を「アブダクション」や「UFO内でのトラウマ的な医療処置」に関連づけることに、疑問を投げかけています。

70%が、「同意は、船内や別の場所に連れて行かれることを含んでいない」と述べました。90%近くが、「この同意は強制されたわけでも、騙されたわけでもない」と主張しています。ほぼ90%が、ETとの合意を後悔していません。これらの回答は、初期の多くのUFO研究家たちのテーマである〝一般的なアブダクション〟に対する完全な否定と拒絶を示しています。

さらに、回答者たちは「同意が、UFO内での痛みを伴うトラウマ的な医療処置に関係している」という仮定を完全に否定しています。具体的には80%以上が、「ETたちは、生殖（繁殖、遺伝物質）プログラムに参加することを要求していない」と答えました。

FREEの調査結果は、体験者とETが何らかの同意をしていたことを示し、その同意に何が含まれていなかったかが、具体的にわかっています。

大多数にとって、その同意は「拉致」「実験」「医療行為」を含んでいません。それは強制的なものでも、策略的なものでもありません。

このようにFREEの調査結果は、古典的なアブダクション調査の多くに疑問を投げかけています。

なぜ、FREEの統計は、アブダクション論とこれほどまでに劇的に異なるのでしょうか？　初期のアブダクション研究者たちは、健全な体験をした人たちを意図的に少なく数えていたのでしょうか？　トラウマや恐怖を抱え、操作を受けた体験者を選び、「彼らのプロジェクト」に引き込んだとしたら？　もしそうなら、誰がETを取り巻く大衆文化に、アブダクションや不安、心理的なトラウマを作りたかったのでしょうか？　諜報機関や軍や政府が、それを作り出したのでしょうか？　大衆の心をとらえて引き付けようとする、ハリウッド映画産業の思惑によるものなのでしょうか？

それとも、政府によって資金提供された大学の学部やシンクタンクによって、〝指示された結論＝ETに対する恐怖のイメージ〟を達成するために作り出されたのでしょうか？

医学・経済学・社会学の研究において、このような現象が見られるのは確かです。これが助成金で行われたなら、これが国民が望んだ結果と言えます。

拉致被害者は、このような操作された疑わしい研究に加担したことになるのでしょうか？　もしそうなら、誰がそのプロジェクトを運営したのでしょう？　誰が資金を提供し、誰が拉致の対象となる人を選んで、調査したのでしょう？　これらのプロジェクトはどこで実施され、その目的は何だったのでしょう？　体験者たちの真実を何世代も欺いた責任は、誰にあるのでしょう？　数十年にわたるUFO研究に影響を与え、人々を惑わせた、トラウマや脅威を生む情報の責任は、誰にあるのでしょう？

これらの疑問は本章の範囲をはるかに超えていて、アブダクション研究とＦＲＥＥの調査の間の劇的な食い違いは、より正確でより詳細な分析を要求します。地球の住民は、これらの疑問に対する答えを得る権利があります。

エクソコンシャスヒューマンは、人類の「文化的な物語」を生み出している策略や欺瞞、操作に気づいています。何世代にもわたって公に情報を分かち合ってきた正当な体験者たちや、ＦＲＥＥの調査データに参加した人たちのおかげで、人類は「より正確で詳細で正直な文化的な物語」を確立しつつあります。

そのような物語が広まるにつれて、恐怖に支配された偽りの物語や操作された研究は脇に置かれ、否定されることになるでしょう。

# 第2節　社会的に設計されたトランスヒューマンの構築

## ★サイバネティックスとは何か？

カーネギーメロン大学ヒューマンコンピュータインタラクション研究所のポール・パンガロ教授によれば、「サイバネティックス」の根源的な意味は、ギリシャ語で〝舵を取る〟ことを意味するKubernanに由来すると言います。

彼は、大海原を航行する船が、波の動きによって絶えず方向転換させられることにたとえています。船長には目指すべきゴールがあり、そのゴールに向かって、海洋環境の絶え間ない変化を迂回して乗り越えるべく、舵を取らなければなりません。パンガロは、〝すべての知的システムには、このように自らを正し、知覚と視覚を通して行動し、ゴールに到達する性質がある〟と主張します。

人は、散歩中に間違った方向に進んでいることに気づけば、行動を正します。ネットで調べ物をしていて、ミュージックビデオを見たくなったら、そうしないように行動を正します。私たちは、脇道にそれないよう、決められたコースを進まなければならないことを感じ取るのです。

このように、サイバネティクスは、人間が行動し、感知し、舵を切って修正するという知的生命体が持つ絶え間ないループについて把握しています。それは、世界を認識する手段です。サイバネティクスのレンズを通して見れば、人はこの世界で望ましい結果を達成するために行動し、比較し、修正する知的システムで構成されている、と言えます。

ある意味、私たちの身体はサイバネティックシステムであり、体温や体液の動き、バランスを維持するために、絶えず無意識のうちに自分自身を調整しているのです［78］。

## ★ハイブリッド化に貢献した「メイシー会議」

サイバネティクスは、1940年代から1950年代にかけて登場しました。その理論は、ナンタケット（米国の島）の捕鯨産業を司る一族が設立した、ニューヨークの「ジョサイア・メイシージュニア財団」が開催した、有名な一連の会議から生まれました。

ナンタケットにおけるメイシー家の富は、鯨油から原油へと移行していきました。やがてメイシー家の財産は、ロックフェラーの石油帝国に加わったのです。

そのうちメイシー家は、細胞生物学の研究を進めるために助成金を寄付するようになりました。彼らは優生学的な分析を推進し、生理学的変化が精神にどのように影響するのか、また、その逆も研究しました。そしてこの研究の一部は、洗脳の研究へと移行していったのです。

メイシー財団は、イギリスの「タヴィストック研究所」とも緩やかなつながりがあり、「人間の性格を変える方法の研究」という名目で、第一次世界大戦時のシェルショック（戦場で受けた強烈なショック）症例を幅広く研究していました[79]。

これらタヴィストックの研究は、意識に変容をもたらす「ショックトラウマ療法」、すなわち心理戦争を再現したものであり、これには「大衆にパニックを引き起こして管理する方法」や、「密かに化学薬品を散布する方法」などが含まれていました。

メイシーとタヴィストックの合併は、より詳細な人格研究につながりました。

1946年、「生物学的および社会的システムにおける循環的因果メカニズムとフィードバックメカニズム」と題された、メイシーによる大規模な会議が開催されました。この会議では、シェルショックを引き起こすと思われる心身への過負荷について検討されました。会議に参加したのは、数学者、医師、社会学者、経済学者たちです[80]。

彼らは、壮大な目標を掲げていました。それは、「環境から情報を受け取り、処理し、フィードバックする閉じたループを作ることで、その環境と人間の心理的傾向を変化させる生理的システムをモデル化する」というものでした。このグループは最終的に、「人間とは直線的で数学的なモデルで決定および予測できる、効率的に組織化された大規模な自動装置にすぎない」と認識しました。

メイシー会議のメンバーであり、社会心理学の創始者であるクルト・レヴィンは、「この研究の結果、心理学に劇的な変化をもたらした」と述べています。レヴィンは、人間の行動を研究する仕事から、行動を工学的に制御することを目的とする仕事へと移りました。そして、「感受性訓練」を考案し、後に「ポリティカルコレクトネス」へと発展するアイデアの種を蒔いたのです。

残念なことに、メイシーとタヴィストックによる研究には、政府の「秘密薬物検査プログラム」という別の集団も加わっていました。メイシー財団はCIAやMI6と手を組み、MK-ULTRAプログラムによるLSDや幻覚剤と心理的拷問を組み合わせた精神実験を行いました。

人類学者のマーガレット・ミードとその夫のグレゴリー・ベイトソン（「ダブルバインド理論」を提唱）は、メイシー財団とMK-ULTRAプログラムに協力していました。ベイトソンは、〝ダブルバインド（二重拘束）とは、人が2つ以上の相反するメッセージを受け取ることであり、一方が他方を否定するようなコミュニケーションにおけるジレンマである〟としました。

これは、勝ち目のない閉ざされたループです。ダブルバインドについての詳細は、後ほど説明します。

その前に、サイバネティクスの始まりは、人間を閉じたループの中で特定の行動に導くことです。言い換えれば、社会的コントロールの手段としてのサイバネティクスであり、社会工学による社会統制です。それは最終的には、人間のように行動する機械を作り出す手段となり、人間は機械のように行動します。

メイシーはトランスヒューマンを実現させるべく、人間を機械化してハイブリッド化する種を蒔いたのです。

## ★エンジニアリングされた人間を作る要素

トランスヒューマンへの人間工学の進歩は、緩やかに人間の自己認識力を条件づけ、変化させるために、文化のあらゆる側面を利用しました。

主に、サイバネティックの原理で操作するトランスヒューマニズムが、心理学と融合したのです。

トランスヒューマニズムの重要な文化的源泉は、心理学と人類学からもたらされました。心理学は、人間が何者であるか、互いにどのように関わり合っているか、人間の環境や文化を理解するうえで頼りになる分野です。

以降で紹介する、トランスヒューマニズムの源流となったさまざまな学派を読み解きながら、それらの専門家とその理論が、ここでの情報を踏まえてもなお、同じ程度に信頼できるかどうかを自問してみてください。

トランスヒューマニズムの源となった理論には、「自己客観化」「解離」「ダブルバインド」「サイキックドライビング」「模倣」「マシンマインド」などがあります。各アプローチは、人間をトランスヒューマンに変えるための〝自己同一性の発達〟に注目し、人間を機械のように振る舞うように仕向けます。

### ■自己客観化

自己客観化とは、外見に基づいて自分を評価することを意味します。自己客観視は、他人が自分をどう見るかによって自己の感覚が決まる「ルッキンググラス（鏡）的自己」に類似しています。自己客観化の主な要因は、その人が他者の視点になり、自分の視点を失うからです。ある意味、「偽りの自分」になります。

自撮りというソーシャルメディア現象は、自己客観化を象徴しています。この現象は、多くのアングルで何枚もの自撮りをし、他人が自分をどう見ているかに基づいて自己イメージを作り上げていきます。ソーシャルメディア上では、1枚のセルフィーが毎日何枚ものセルフィーを生み出します。

この自己客観視は、1／自己のベスト画像をランク付けし、2／その画像を他人の画像と比較し、3／デジタル補正ツールを使い、4／最終的に他者に勝利した自己画像を作り出すことによって強化されます。写真を投稿するたびに、このプロセスが繰り返されます。

このプロセスを通じて、人間の身体・心・精神という真の自己は、一次元のイメージ、つまり物体に切り下げられます。価値を下げることは、トランスヒューマニズムへの第一歩です。

これは、サイボーグに似ています。「サイボーグ」とは、マンフレッド・クラインズとネイサン・クラインが「サイバネティック（Cybernetic）」と「オーガニズム（Organism）」を組み合わせて作った言葉です。人間は宇宙空間で長期間生存することはできません。そのため、クラインズとクラインは、人間の恒常性を維持するための生物学的フィードバック装置を身体に装着すれば、致命的な環境でも生き延びられると考えていました。「サイボーグ」とは、もともとそのような宇宙飛行士を意味していたのです［81］。

ウィリアム・ミッチェルは、自身の著書『The Cyborg Self and the Networked City（サイボーグの自己とネットワーク化された都市）』の中で、今日の携帯機器は人間の身体の延長線であり、付加物であると理論化しています。このようなデバイスの拡張が、電子環境全体との一体感を生み出すのだと。ミッチェルはこれを、「不可避の相互接続性」と呼んでいます〔82〕。

これは大げさに思えるかもしれませんが、理論的には、量子コンピュータとの接続は、ＩｏＴ上のデバイスに自分を物化《もの》した人間を作り出すことです。

例えば、ある都市で、脳をコンピュータに接続した人がアパートから外に出て、クラウドコンピュータに向かって「職場まで送ってほしい」と考えます。すると、自律走行車が到着し、それ以上の指示なしに職場まで運転してくれます。住所を伝える必要はありません。

職場に到着すると、クラウドへのアクセスによる〝仕事の割り当て〟がその日にこなすべきプロジェクトを生成し、生産性を自分で監視しながら仕事を完了させます。

これは、一人ひとりに合わせたサービスと生産性のための「近未来のシームレスなシステム」です。人工的な機能を持つ人間と企業組織をデータ化し、通信を介してクラウドと送受信によるやりとりをします。人間は、ＡＩが決定した目標に支配された「システム上の単なる結び目」となります。人間と、「コンピュータ」「装置」「クラウドストレージ」の境界は溶解します。もはや、「自己」と「他者」という個性は存在しません。あるのは、「接続性」だけです。

そしてその時点で、1枚の完璧な自撮り写真のためにポーズをとるのに費やした時間は、無意味になります。ＩｏＴ上では、その人はただのアニメーションのアバターであり、誰も気にしません。その人は、ＩｏＴにつながっています。つながるにはアバターになる必要があり、そのためには自己客観化によって操縦されなければならないのです。

## ■解離

解離とは、人々が自分の身体的・感覚的な世界、通常の感覚、個人的な歴史から切り離されたと感じる経験です。つまり、自然や視覚、聴覚、嗅覚、触覚、味覚など、日常生活で経験する感覚との親和性を感じなくなることです。

生命との自然なつながりを失うと、他の人々や動物、植物との関係も失い、現実を再定義し始めます。彼らは、自分自身を別人とみなします。そして別人として、個人的な歴史はすぐに捨て去られ、忘れ去られ〝浄化〟されます。〝手放す〟ことにより、自分自身を再定義するのです。

大衆文化は有害な記憶に対し、人々にただ〝手放す〟ことを奨励しています。自分自身を〝浄化〟するのです。多くの場合、これは善意です。しかし、極端な場合、解離するほど分離するプロセスが始まります。

人生には有害な人々や物事の記憶があるかもしれませんが、人生の教訓の一つは、解離したより弱い自己像ではなく、より健全な自己像を作ることによって、それを管理することを学ぶことです。

解離は、精神作用薬の重大な副作用でもあります。副作用は、薬物の投与量やその人の精神的・生物学的システム、過去の薬物体験によって異なります。MK－ULTRAや拷問プログラムでは、解離を効果的に達成するために、幅広い実験が行われました［83］。解離し、混乱した人は、明晰な精神と健全な自己イメージを持つ人よりも、第三者が接近しやすく、簡単に操れるからです。

長年にわたってトラウマ研究は深化・拡大し、人間の行動に関する洞察を提供してきました。第一次世界大戦中、西部戦線にいたケンブリッジの心理学者チャールズ・マイヤーズは、「シェルショック」という言葉を考案しました。１９３０年代後半に処方された治療法には、過酷な電気ショック療法が含まれていました。

第二次世界大戦後、ジョン・ローリングス＝リース卿が率いたタヴィストックのシェルショック研究は、ストレス下の軍隊の「限界点」を調査しました。その分析を通じて、タヴィストックは集団洗脳技術や群衆統制法を開発したのです。

彼らはまた、脅威にさらされた人間がどのように反応するかを研究するために、ルーズベルトとチャーチルによる「民間人大規模爆撃」に関する綿密な記録を保管していました。その目的は、個人の心理的強さが崩壊する様子を分析し、市民が対抗する力を失うようにすることでした〔84〕。

解離は多くの場合、「凍りつきトラウマ反応」の結果です。凍りつきの状態になると、人は「身動きがとれない」と感じ、反撃や逃走といった積極的な行動によって決断を下したり、実行に移すことができません。麻痺し、しばしば無感覚になります。そのため、睡眠・空想・依存症・テレビ・ビデオゲームなどを通じて、日常生活から解離することがあります。

このように解離について簡単に説明すると、解離もまた、トランスヒューマニズムへの容易な一歩であることがわかるでしょう。解離した人は、肉体的・感覚的な世界、通常の自己意識、個人的な歴史から切り離され、人工的な仮想現実と簡単につながってしまうのです。

## ■ダブルバインド

パワーカップルであるマーガレット・ミードと夫のグレゴリー・ベイトソンは、サイバネティクスのメイシー会議に参加しました。メイシー会議の目的は、人間の行動を研究するだけでなく、それを変えることにありました。

ベイトソンは、精神分裂状態の心理的原因を説明するために、「ダブルバインド理論」を提唱しました。彼の時代、ダブルバインドは、例えば相互依存的な家族関係や、共同体といった「システム理論」を発展させるうえで決定的なものでした。

ダブルバインドによるコミュニケーションの例は、あなたも聞いたことがあると思います。

ダブルバインドとは、2つ以上のメッセージ同士に矛盾があり、メッセージを受けた者が常に間違いを犯すことを意味します。例えば、親が子どもに「自発的に行動しなさい」というメッセージを与え、子どもが自発的に行動すると、母親から「ほかの指示に従わなかった」と注意されます。それでは勝ち目はありません。いつもそうであれば、子どもは混乱します。

政治家のような権威ある人物は、ダブルバインドの中でコミュニケーションをとります。例えば、政治家は「経済成長によって平等さを促進する」と主張しますが、その結果、人々は経済的に取り残されたと感じ、不公平感が増大します。

そしてそのような〝相反する報道〟をメディアが放送するため、国民に勝ち目のない混乱をもたらします。

医療当局もまた、ダブルバインドな情報を伝えます。新型コロナウイルス禍の際、ニューヨーク市民は「ウイルスに感染せずに健康な状態を保つように」というメッセージを受け取りました。そして、マスクの着用と隔離が義務付けられた結果、感染の拡大を招いたのです。自然免疫を作るための指導はなく、隔離は精神的・肉体的な健康に影響を与えました。

その後、市民は数週間にわたる抗議行動を見守る中で、病気の蔓延を防ぐために所定の場所に避難することが義務付けられたのです。このような新型コロナウイルスのケースでは、ワクチン・抗体・それに基づく治療法が自然免疫の力に取って代わると、ダブルバインドな状態が解消しました。

この「置き換えによる消滅」は、巧妙なダブルバインドです。その治療法は、ダブルバインドによる緊張や不安や不満を断ち切るために、人々にすぐに採用されるからです。

ベイトソンは、「精神分裂的な状態は、ダブルバインドな継続的なコミュニケーションによる混乱と、トラウマにさいなまれて生じるのだろう」と言いました。ダブルバインドは、勝ち目のない状況で与えられた罰則のようなものです。

ほとんどの人は人生のどこかでダブルバインドを経験しますが、すべての人が精神分裂的な状態に陥るわけではありません。しかし、精神衛生上、ダブルバインドはその人にとって最も不可解な事柄の一つになることに変わりはないのです。

「愛着理論」では、ダブルバインドな精神状態が生じるのは、〝他人を避けたり見捨てられたように孤立した状態から、不安にかられてドラマチックに行動するとき〟だとしています。

彼らは感情的な問題を解決することなく、孤立からドラマへとジャンプします。どちらの行動もダブルバインドを解決せず、その人はより混乱したままになります。そうなると抜け道はありません。

## ■サイキックドライビング——希望のない残忍さの始まり

1950年代から60年代にかけて、「サイキックドライビング」はマインドコントロールの実験に使われた精神医学的な方法でした。

サイキックドライビングの創始者として知られるスコットランド生まれの精神科医、ドナルド・ユーエン・キャメロンは、テクノロジーに触発されました。キャメロンは、人間の行動を変える2段階のプロセスを開発しました。

第一に、彼は1日あたり12回もの治療を行う「容赦ない電気けいれん療法（ECT）」によって、この苦痛に対する患者の記憶と振る舞いを「消滅」させました。

第二に、彼は精神を刺激するように作られた「啓示的な音声メッセージ」を、繰り返し患者に聞かせました。例えば、「ドロレス、あなたは母親があなたを必要としなかったことに気づきました」というような音声メッセージを。多くの場合、患者は治療中に何十万回も繰り返されるこのメッセージにさらされました。

これらのメッセージは何日も、何週間も、何カ月も繰り返され、患者がこの虐待に対して取り得る意識的な防御を崩壊させます。患者が反抗した場合、幻覚誘発物質を使って動けなくしました。MK－ULTRAプログラムは、CIAによって認められたキャメロンのこの研究を採用したのです。

私たちの良識な集合的な記憶を取り除き、同時に卑下させ、裁き、孤立させるよう、メディアからメッセージが繰り返されるのは、なぜでしょう？　私たちは毎日、どれだけメディアからのメッセージに屈しているのでしょうか？　心理的に追い込まれ、ダブルバインドに陥っているのでしょうか？

## ■模倣行動——同意させる条件付けの段階

人間は、自然な模倣者です。模倣し、模倣を通じて自分が守るべきことへの妥当性を確認しようとします。自分では「正しいことをしている」と信じていますが、多くの場合、言われたことを指示通りにこなしているにすぎません。

「模倣行動」は、社会システムを強化します。他の人が拍手すれば、自分も拍手します。他の人があくびをすれば、自分もあくびをします。心理学者たちは、乳幼児が笑顔・身振り・言語・動きを、どのように模倣するかを研究してきました。

また、人間は長い間、模倣を一つの生存方法として利用してきました。誰かの真似をして、仲良くすれば生きていけます。大勢の人たちがやるようなことをすれば、生きていけます。

心理学者たちは、人間の模倣は、自分が報酬を与えられ、励まされていると認識したときに増えることを突き止めました。この報酬が、模倣への衝動を強めるのです。

テクノクラシーの「暗号通貨」は、認められたり、報酬を得たりすると模倣する人間の性質を利用しています。間違いなく、ソーシャルメディアの「いいね！」「シェア」「ハート」は、喜ばせたいという欲求を利用しています。

そして不愉快なことに、テクノクラシーは人間の感情エネルギーを利用して、暗号通貨をマイニング（採掘）するのです。このマイニングには、承認された広告を見たり、製品をレビューすることで報酬を蓄積することも含まれます。例えば、「Ｆｉｔｂｉｔ」の健康部門では、自分のエネルギー状態をモニターする「健康報酬」を提供しています。運動したり、健康的な食事を摂ったり、十分な睡眠をとると、多くのポイントがもらえます。

ちなみに、拡大し続ける「医療データ収集システム」は、人間を資源として確保するためにあります。参考までに、「データ収集」と「追跡」に携わる2つの企業を紹介しましょう。

**ファクトム（Factom）**

ブロックチェーンの医療情報や健康情報を収集するデータベース、およびヘルスケアで使用されるクレデンシャル（認証情報）検証モデル企業。

解散の危機に瀕していますが、米国国土安全保障省（DHS）やその他の政府機関との契約サービスから、ほとんどの収入を得ています。医療サービスでは、世界中のどこからでもスマートフォンで簡単にアクセスできる「医師の記録と個人情報のデータベース」を提供しています。

**スマートラック（Smartrac）**

ワクチンとデジタル証明書を介して、人間をIoTのインターネットに接続する、世界的なRFID（媒体に電波・電磁波を用いたIDシステム）メーカー。

RFIDタグで人間を識別し、医薬品などの医療サービスを提供しています。また、製薬会社に対し、供給網や店舗（病院や診療所）を通過するすべての製品を「アイテムレベル」（人間がアイテム）で可視化します。これらは解析され、表からは見えにくい非効率性と改善策が検討されます。顧客へのロイヤリティ（適切な行為への報酬）も、提供されます[86]。

新型コロナウイルス禍では、携帯電話用の「匿名化した追跡アプリ」が導入されました。それは、「感覚世界シミュレーション（SWS）」上での個人的なアバターのように、個人識別子を取り除いた匿名の名前が表示されます（詳しくは第4章の第2節で解説）。

この接触追跡アプリは、新型コロナウイルスの新たな感染者との接触の可能性を示します。現時点では、オプトイン方式（自らの情報が利用されることを許諾する方式）であり、国境を越えた使用には問題が生じます。一部のスマートフォンには、所有者が知ってか知らずか、アプリがすでにインストールされています［87］。

新型コロナウイルスで騒然としていた当時、オフィスは空港のセキュリティチェックゾーンに似ていたかもしれません。「頻繁な体温チェック」「相手との距離の取り方」「健康状態の監視」などのルールとともに、樹脂製ガラスで囲まれたコーナーやパソコンのモニターが設置されました。

赤外線カメラで体温を測定し、雇用主は従業員の健康状態を分類します。レベル1は他人に感染させるリスクが最も低い人、レベル2は65歳未満でリスクカテゴリーに属する人と同居していない人、レベル3は65歳以上・妊娠中・喫煙者・慢性疾患のある人です［88］。

RFIDチップを埋め込まれて監視されることは、テクノクラートによってマイニングされ、情報を引き出され、操作される資源になるのです。

## ■マシンマインド――役割の達成

スマートコンピュータ技術は、人間の生活を飽和させます。テクノクラートやトランスヒューマニストは、「人間のように考えて行動する機械を作り出す」と断言しています。

しかし、もしその逆が真実だとしたらどうでしょう？　もし人間が、ここに挙げたような心理プログラムによって機械化していき、「マイニング」されていくとしたら？　親のことを真似するように、私たちが次第にコンピュータのように考え、行動し始めているとしたら？

児童心理学者は、人間を機械に変えるための相互作用の公式を知っています。彼らは、子どもに自分がコンピュータであることを納得させるためにかかる時間や、機械と相互作用しやすいタイプを特定しています。

ジョンズ・ホプキンス大学の心理・脳科学科のチャズ・ファイアストーン助教授は、人間がコンピュータのように考えるようになることを確認する実験をしました。その際、彼は１８００人の被験者に対し、コンピュータが誤認しやすい画像を使いました。

これは「騙す画像」と呼ばれ、ハッカーがプログラムを混乱させて侵入するときによく使われます。ファイアストーンが発見したように、コンピュータにリンゴを車と誤って認識させるには、画像の中の１つか２つのピクセルを再構成すればいいだけでした。

彼は、「人間には決して見られない方法で、コンピュータがこれらの画像を誤認識することを発見した」と主張しましたが、結局それは間違いでした。人間もコンピュータ同じように認識したのです。

彼は実験の中で、人々に〝機械のように考える〟ことを求め、コンピュータが騙されてしまう画像を12枚見せました。そして、コンピュータを使ったときと同じ選択肢を与えました。一つはコンピュータが導き出した答えで、もう一つはランダムな答えでした。

その結果、参加者は75％の確率で、コンピュータと同じ答えを選んだのです。

ファイアストーンはさらに踏み込み、次に、コンピュータが一番好きな答えと、2番目に好きな答えを選ぶように指示しました［89］。その結果、91％の人がコンピュータと同じように認識し、考えるということがすぐに証明されたのです。

とはいえ、人間とコンピュータの類似性には、別の要因があるのかもしれません。

「ロボエンヴィ」とは、ロボットになりたいという人の願望を調べる心理学の新しい研究分野です。ロボットになりたいと願う人たちは、ロボットを複雑なことを素早く学ぶことができ、間違いを犯す心配がないと認識しています［90］。

そのため、コンピュータを模倣すべきものとして認識し、子どもと親の関係のように、「模倣すべき権威」とみなすかもしれません。コンピュータは難問に対する正しい答えを持っている、と信じているからです。

このような中、人々の行動を変えるための「心理学的プログラムの実施」に時間がかかるとしたら、何が起きるでしょう？　テクノクラートたちが、別の専門家グループを通じてトランスヒューマニズムを加速させる機会を得たら、どうなるのでしょう？

この答えとして、心理学者やサイバーエンジニアに代わって、「合成生物学者」が登場しました。

前者の手法はあまりにも時間がかかりすぎて、操作やマインドコントロールの罪をはらんでいたため、新世代の生物学者が、その役目を継承したのです。合成生物学は、人々の行動を徐々に変化させるのではなく、コンピュータチップやナノテクノロジーによって、人体の生物学的構造を完全に変化させることを目的としています。

合成生物学によって、心・身体・精神に何が起こるのか、人々は決して知ることはないでしょう。

# 第4章

# エクソコンシャスな協創的自己が望ましい？生物学的に改変された合成的自己が望ましい？

# 第1節　エクソコンシャスな自己を知る

自己を定義するプロセスには、年齢、家族、社会環境というレンズを通して、自分が何者であるかを徐々に認識することが含まれます。さまざまな時期に、自分が何者であるかという視点を進化させていくのです。

## ★「エクソコンシャスな自己」の定義とは？

私のセラピーでは、心理学者のジョン・ボウルビーが提唱した「愛着理論」をよく使います。これまで説明してきたように、彼のアプローチによれば、幼児期（私の定義では出生前から3歳まで）は、主に生存のために母親にくっつきたがるかわいらしい哺乳類です。それは意識的というよりは、反応的です。自立しているというより、柔軟です。抵抗するよりも、刷り込みを受け入れる傾向にあります。

特に母親に抱かれ、大切にされることで、愛情ホルモンであるオキシトシンが刺激されます。このホルモンは、安心感・家族の絆・愛情・親密さといった感情と結びついています。そのため、幼少期に母親から引き離されるとオキシトシンが不足し、不安や抑うつが増加する可能性があるのです［91］。

重要なのは、自分自身というものはホルモンそのものではない、ということです。エクソコンシャスについて学ぶことを通して、自分は安全だと感じられ、それがオキシトシンを刺激します。人がどのように自己を定義するかは人生を通してさまざまですが、自分自身に対する見方は変えることができます。機能不全に陥った悲劇的な幼少期を変え、自分自身と他者をしっかり愛し、尊重し、大切にする人間として、自分を認識できるのです。このような自己定義のプロセスの中で、「エクソコンシャスな自己」が現れる人もいます。

私は大人になってから、エクソコンシャスな自己を認識するようになりました。本やブログで書いてきたように、私は3歳頃にETや多次元存在と初めて遭遇した記憶があります［92］。幼少期の遭遇体験はごく自然です。それらの体験は、たやすくすぐに統合され、ほかの体験者と比較することはありません。その体験は意識的でありながら、どこか無意識的なものでしたが、それが私の知る唯一の世界だったのです。疑問が生じたり拒絶したり、分析するほどの知識はありませんでした。

大人になってからは、意識的にエクソコンシャスな自己を自覚するようになりました。現在進行中の自分のコンタクト体験を、日常生活や個人・妻・親・職業人・社会共同体の一員としてのアイデンティティと、意図的に統合し始めたのです。そうすることで、エクソコンシャスな自己が強まりました。

FREEのアンケートを検討することは、他者や自分自身の「エクソコンシャスな自己」をより詳細に定義し、確かめる貴重な機会となりました。

エクソコンシャスな自己の定義、つまり、エクソコンシャスヒューマンについて、以下の観点から、F

REEのアンケート結果を検証してみましょう。

＊

●遭遇体験を自己の定義に統合すること、つまり、エクソコンシャスヒューマンの人格と自己は、どのように現れるのか？

●サイキック能力を通して、生来備わっている高度な意識を目覚めさせ、それを活用するには？

＊

まずは、ETとの多次元的な経験を「自己の定義」に統合することについて、考察していきます。つまり、エクソコンシャスヒューマンの人格と自己は、どのように現れていくのでしょうか？

FREEの調査データによると、遭遇によって「自己」の定義が根本的に変化しています。例えば、調査対象の80％の人が「思いやりの気持ちや自己価値が高まった」と答え、86％以上が「自分自身への理解が深まった」と回答しています。70％以上が「地球外生命体との遭遇によって、自己受容が高まった」と回答しています。

さらに、体験者は「自己理解が重要性を増した」と述べ、85％近くが「自己理解への関心が高まった」と答えています。この統計は、コンタクトが内なる叡智を高めることを示しています。つまり、コンタクトは主観的な体験なのです。おそらく、「自己」を定義する最も濃密な体験の一つと言えるでしょう。

全体的に体験者は、自分自身を肯定的に捉えています。遭遇によって卑屈になったり、彼らの奴隷になったり、圧倒されたりすることはありません。むしろ、自己の定義を肯定的なものへとシフトさせます。

地球外知的生命体から
与えられた的中率の高い預言

好評発売中!

定価本体 1,700円+税
四六判 296頁
9784864514248

# エノクの預言

## 予告された未来の光景

高島康司【著】

2029年から2032年の間の888日を経て、文明は崩壊する!?
UFOコンタクティー、ビリー・マイヤーがプレヤーレンと呼ばれる地球外知的生命体から与えられた的中率の高い預言、『エノクの預言』について解説!

---

地球を去っていくプレヤーレンが
人類に託すメッセージ!

定価本体 1,700円+税
四六判 300頁
9784864514507

# 人類滅亡の回避と きたる黄金期の世界

## 高次宇宙種族・プレヤーレンによる警告と叡智の教え

高島康司【著】

地球外生命体やUFOの存在を、好奇心をかき立てて楽しませてくれるエンタメとして捉える時代は終わった。
プレヤーレンという種族は、"地球人類が2029年2月3日まで続く大激動の期間にあり、人類がさまざまな問題に対処しないと、将来のいずれかの時点で絶滅の危機に直面することになる"と警告している。

---

お近くの書店、インターネット書店でお求めになれます。 ナチュラルスピリット

今後の研究では、「自己定義」に特化して、コンタクト体験の前後を明らかにすることが不可欠と思われます。

この「自己」の定義は、古代から現在に至るまでの、次のような哲学的な問いかけと、強い相関関係があります。

「私は誰なのか？　なぜ、私はここにいるのか？　私の人生の目的は、何なのか？」

自己意識の向上は、他者や人生の目的に対して、自分がどのように目を向けるかに影響を与えます。また、ＥＴや多次元存在とのコンタクト体験者にも、建設的な影響を与えると言えます。

肯定的な自己イメージを持つエクソコンシャスヒューマンは、自分自身をＥＴや多次元存在と対等な存在とみなす傾向があり、自分が望むタイプの関係を選べるのです。肯定的な自己イメージは力を与えてくれます。

## ★エクソコンシャスな自分への変化の特徴

ＥＴや多次元存在とのコンタクトで得られるものは、基本的に、〝エクソコンシャスで自律的な自分であることの意味〟についてです。

例えば、目撃情報を分析したり、政府や軍独自の情報を探したり、宇宙船を呼び寄せたり、さまざまな地球外生命体の種族についての情報を集めたりするなど、ＵＦＯ好きな人が知りたいような〝肝心なこと〟については、あまり関係がありません。

防衛という点では、個人として、あるいは国家として脅威にさらされることは、ほとんどありません。その代わり、コンタクトを徐々に統合していくことは、自分自身との親密な関係性を発展させることになります。エクソコンシャスヒューマンにとって、コンタクトとは、より深遠な次元を探求することなのです。ETや多次元とつながる人間として生きる人生、というものを――。

個人の肯定的な自己意識は宇宙意識へと拡大し、それに伴って、人生から得られる意味も拡大します。80％以上の人が、「自分の人生には内なる意味があるという感覚が高まった」と答えています。

体験者たちが表現した「人生の内なる意味」とは、何なのでしょう？　それは、エクソコンシャスヒューマンになるために何を教えてくれるのでしょう？

FREEの調査データによれば、80％以上の人がコンタクトを通じて、「人生とは何か？」についての理解を深めています。彼らが「人生とは何か？」をどのように定義しているかは、推測するしかありません。

自己意識が拡大する一方で、「他者に奉仕したい気持ちが高まった」という人もいます。例えば、75％が「他者を助けたいという意欲が高まった」と答え、60％以上が「他者に対する寛容さが増した」と感じ、80％近くが「他者の苦しみに対する感受性が高まった」と答えました。

これらの結果は、自己の内面的な感覚がより前向きで有意義なものになるにつれて、他者に対してより寛容になり、他者に奉仕したいと願いながら世界に参加する、という経験でもあったことを示しています。

このような他者への奉仕の気持ちは、40％近くが「UFO体験に興味を持ったのは、人類に奉仕するようにプログラムされていたのだと思う」と答えていることからも、明らかです。ここでもまた、回答結果は、人間としての経験の意義に向けられています。自分は、人間としてどうであるのか、人間として他者にどう対応するのか、といったことに。

FREEの調査データは、多くの参加者がエクソコンシャスヒューマンであることを強く示しています。彼らは遭遇体験を統合して自己意識を高め、それが人生の意味（他者への奉仕、他者のニーズへの敏感さなど）への洞察をもたらしているのです。これらの回答者は、統合された人格を持つ人たちです。彼らは進化し、自己と他者の価値を認識しています。

少し時間をとって、次のことを心に留めておきましょう。

ETや多次元的なコンタクト、特に継続的なコンタクトの基本的な意味が、自分が何者であるかということと、人生の目的についての認識を深めることだとしたら？　コンタクトの意義が、何よりもまず、人間性に関するものだとしたら？

回答者の70％以上は、「UFO体験の広範囲にわたる発生は、人類の種全体としての意識の進化を促すための大きな計画の一部である」と表現しました。

エクソコンシャスヒューマンは拡大した自己認識と、人類の知識が増大することを可能にします。UFOやETに関するデータが増えるのではなく、自己への知識が増えるのです。しかし、エクソコンシャスヒューマンになるという経験をするには、意識に対する認識を変えなければなりません。

ETや多次元存在と遭遇している人は、意識を「フィールド」として定義しています。興味深いことに、回答者の62%が「宇宙意識の閃光を感じることがある」という記述に同意し、86%が「より高い意識に到達したいという願望の高まり」を自覚しています。

「超意識」と「宇宙意識」への見解は、体験者たちが人間の脳に由来する主流の定義にとらわれず、意識をどのように再定義したかを垣間見せてくれます。彼らにとって、意識は宇宙的なものであり、拡大し、高まっていくのです。

## ★遭遇体験と宗教的な神秘現象との違い

神秘的な伝統は、あらゆる宗教文化に浸透しています。

スーフィズムは、変性状態を紡ぎ出します。仏教徒は、瞑想して涅槃に入ります。ヒンズー教徒は、ヨガを通じて一体感を見いだします。カバラでは、幾何学的で数字的なシンボルが心を鼓舞します。キリスト教の神秘主義者は、神への道として祈りを中心に据えます。

それぞれの宗教には、神とつながる明確な手順があります。それは、別の現実への道です。信仰心は神秘的な実践によって深まり、拡大します。しかし、神秘主義と宗教は根本的に異なります。

サイエントロジー、モルモン教、仏教、ヒンズー教など、UFOやET、多次元的なコンタクト体験に言及している宗教もありますが、UFOやETとの多次元的な遭遇体験は宗教ではありません。これらの宗教にとって、UFOやET、多次元的なものは、彼らの信仰・教義・書物という枠組みの外にある、二次的なものです。つまり、付随する体験なのです。

間違いなく、UFOやET、多次元的な情報や体験は、多くの宗教の神秘主義者に大きな影響を与えています。神秘主義的な精神は意識のフィールドへと移動し、そこから得られる情報を受け取り、それを彼らの宗教的な枠組みの中で解釈します。一例を挙げてみましょう。

ベルギーのイエズス会宣教師、アルベール・ドルヴィルは、チベットを旅した最初のヨーロッパ人の一人でした。1661年11月の日記の中で、ドルヴィルは自身のUFO目撃体験についてこう述べています。

＊　＊　＊

天空で何かが動いているのに気づいた。最初は、この地方に生息する未知の鳥の一種かと思った。それから物体が近づいてきた。

それは〝中国の二重帽子〟のような形をしていて、飛びながら回転しているように見えた。その物体は、まるで賞賛されたがっているかのように、町の上空を翼を広げて飛んで行った。

その物体は2回旋回した後、突然霧に包まれ、目を凝らしても、もはやその姿を見ることはできなかった。

＊　＊　＊

ドルヴィルは近くにいたラマ僧に、彼もその物体を見たのか、それとも幻覚だったのかと尋ねました。

以下のラマ僧の返事は、私がハルトヴィヒ・ハウスドルフの著書『中国のロズウェル』［93］を初めて読んだときと同じように、このイエズス会士を驚かせたことでしょう。

私の息子よ、今あなたが目撃したのは魔法ではない。なぜなら、異世界から来た存在が宇宙の海を渡り、この地球に住む最初の人々に魂を吹き込んだからだ。

＊　＊　＊

彼らはすべての暴力を非難し、人類が互いに愛し合うよう助言する。彼らの教えは種子のようなものだが、その種子が岩場に蒔かれたなら、発芽することはできない。

明るい色の肌をしたこれらの存在は、いつも私たちに友好的に迎えられ、私たちの修道院の近くにしばしばやって来る。彼らは私たちを指導し続け、地球の様相を一変させた何世紀もの激変の中で「失われた真理」を明らかにしてきた[94]。

＊　＊　＊

ファティマのようないくつかの宗教的体験において、研究者は、遭遇時の明らかな霊的操作を指摘しています。フェルナンデスとダルマダは、後にローマ・カトリック教会がマリアと認めたファティマの聖母を目撃したポルトガルの子どもたちの三部作を書きました[95]。残念なことに、第一の目撃者である少女ルシアはスペインの修道院に連れ去られ、そこでは遭遇体験を語ることは許されませんでした。

このことは、子ども時代にETなどの多次元存在と遭遇し、それについて沈黙させられた体験者たちを思い起こさせます。遭遇体験を隠蔽しようとしていることからしても、ETとのコンタクトは宗教の基盤にはありません。

その代わり、コンタクトは「変化した現実」という体験です。それは、心・時間・空間の境界の外側にあり、宗教的な贈り物ではなく超能力として受け取るものです。

FREEの調査では、それまでの自分の体験が「主にネガティブなものだった」と答えた人はわずか5％と少数派でした。なおかつ、コンタクトによって「肯定的な行動へと変化した」と報告した人は回答者の約70％でした。この結果は、遭遇体験を信じることで自分が変化変容したという面から見ると、スピリチュアル的であり、宗教的でもあります。

しかし、宗教とスピリチュアリティには違いがあります。宗教は、メンバーありきのコミュニティ体験であり、それは書物・儀式・教義・伝統によって体系化された信念の証です。対照的に、スピリチュアリティは個人の体験であり、詩・絵画・音楽・運動などの創造的な芸術で表現されることが多々あります。

スピリチュアリティは一つ、宗教は多数存在します。

FREEの調査の回答者は、基本的に宗教的なことを迂回し、個人的なコンタクト体験を通じて、直接神に向かいます。そのため、文化的・宗教的なしがらみから解き放たれます。さらに重要なことは、回答者の60％以上が「コンタクトによって組織化された宗教への関心が減った」と感じていることです。信仰を回避した回答者の60％以上が「すべての宗教の核心は同じである」と感じ、45％近くが「普遍的な宗教を受け入れている」と答えています。これは、世界中の宗教の核心を表す「普遍的なものへの信仰心への飛躍」と言えるでしょう。

つまり、FREEの調査対象者の大部分が、文化的な制限や定義から解き放たれた個人的な体験をしたことを示しています。どういうわけか、文化的なものにとらわれず、神や源に引き寄せられたのです。

## ★地球のスピリチュアル化を促す力

FREEの調査結果は、回答者がコンタクト体験を通じて「霊的に変容」したことを示しています。65％以上の人が「コンタクト体験をする前よりも、スピリチュアルな人間になった」と信じていて、80％以上の人が「スピリチュアルな出来事が増えた」と感じています。

74％の人が「ETや多次元存在とのコンタクトの目的は、自分の霊性を高め、人類全体をより自覚的で霊的に敏感な種に変えることである」と考えています。言い換えれば、コンタクトの目的は、ワンネス・神・源との精神的なつながりを目覚めさせることかもしれません。

体験者たちは、このスピリチュアルな目覚めを〝人間を超えて地球全体を包含する動き〟として捉えています。具体的には、67％以上の人が「地球をスピリチュアル化しようとする強力な宇宙の力が、今日働いている」と考えているのです。

そのことを体験者は、「地球をスピリチュアル化する」と言います。

この言葉には、地球がより高い次元へと開いていく、あるいは進化していくという意味が含まれていま

郵便はがき

料金受取人払郵便

神田局承認

1916

差出有効期間
2025年7月
31日まで
切手を貼らずに
お出しください。

101-8796

509

東京都千代田区神田神保町3-2
高橋ビル2階

株式会社 ナチュラルスピリット

愛読者カード係 行

| フリガナ | | 性別 |
|---|---|---|
| お名前 | | 男・女 |
| 年齢 | 歳 | ご職業 |
| ご住所 | 〒 | |
| 電話 | | |
| FAX | | |
| E-mail | | |
| ご購入先 | □ 書店(書店名: )<br>□ ネット(サイト名: )<br>□ その他( ) | |

ご記入いただいたお名前、ご住所、メールアドレスなどの個人情報は、企画の参考、アンケート依頼、商品情報の案内に使用し、そのほかの目的では使用いたしません。

# ご愛読者カード

ご購読ありがとうございました。このカードは今後の参考にさせていただきたいと思いますので、アンケートにご記入のうえ、お送りくださいますようお願いいたします。

小社では、メールマガジン「ナチュラルスピリット通信」(無料)を発行しています。
ご登録は、小社ホームページよりお願いします。**https://www.naturalspirit.co.jp/**
最新の情報を配信しておりますので、ぜひご利用下さい。

●お買い上げいただいた本のタイトル

●この本をどこでお知りになりましたか。

1. 書店で見て
2. 知人の紹介
3. 新聞・雑誌広告で見て
4. DM
5. その他（　　　　　　　　　　　　　　　　　　）

●ご購読の動機

●この本をお読みになってのご感想をお聞かせください。

●今後どのような本の出版を希望されますか？

## 購入申込書

本と郵便振替用紙をお送りしますので到着しだいお振込みください（送料をご負担いただきます）

| 書　籍　名 | 冊数 |
|---|---|
| | 冊 |
| | 冊 |

●弊社からのDMを送らせていただく場合がありますがよろしいでしょうか？

□はい　　□いいえ

す。それは、目覚めた体験者が神や源と密接に連携することを示しています。

彼らは、コミュニティ全体を悟りや神へと導く、敬虔な宗教的道のりをスキップしました。その代わり、彼らの遭遇体験は、ワンネスへと個人的にアクセスすることになったのです。源へのパスポートです。コンタクトを通じたこのような〝精神的変容と惑星の進化〟についての議論は、NASAの長期研究委員会による、1960年のブルッキングスレポート「人類の平和的宇宙活動の影響に関する研究案」を思い起こさせます[96]。

この文書は、次のようにアドバイスしています。

＊＊＊

**このような非物理的コンタクトに対する個人の反応は、部分的には、その人の文化的・宗教的・社会的背景や、権威や指導者とみなされる人たちの行動に左右されるだろうし、そのようにみなされた人たちの行動もまた、部分的には、その人の文化的・社会的・宗教的環境に左右されるだろう**[97]。

＊＊＊

ブルッキングスレポートは、情報開示の擁護派や地球外外交政策（エクソポリティクス）と同様に、コンタクトを「劇的でなじみのない出来事や社会的圧力に市民が直面すること」という枠組みでとらえました。すなわち、UFOがホワイトハウスの芝生へ着陸するという〝神話的で世界規模の劇場的な出来事〟や、それに付随して、メディアで飽和した地球全体で待望されている〝国連や政府指導者からの発表などというふうに。

これは、ティモシー・モートン教授の言う「ハイパーオブジェクト」（地球上のすべての核物質や海洋中のプラスティックなど、大規模に撒き散らされている特定の物質）の情報開示のように思えないでしょうか？〝考えるには大きすぎる〟のです［98］。

今日に至るまで、このようなことは起きていません。逆のことが起きました。

地球上では、何百万人もの人々が、「コンタクトをした」と報告しています。すべてではないにせよ、ほとんどの人は、トラウマやハリウッド映画のような恐怖を煽られることから解放されています。FREEの調査によると、体験者はコンタクトのことを、何世紀にもわたってさまざまな状況で報告されてきた異文化間の現象と捉えているようです。恐怖の代わりに、平和な感覚やスピリチュアルな深いつながり、ワンネスの感覚、他者への敬意を育むのです。

神への一対一のアクセスや、エクソコンシャスな自己啓発を通して、地球をスピリチュアル化することを論じるとき、道徳観が浮かび上がります。

以降の第6章では、「主権を持ち、道徳的に自律した自己」について考察します。その前に、健康や癒しについて、エクソコンシャスが明らかにしていることを述べていきます。

## ★新しい癒しの形「超次元医学」

現在、「2つの健康モデル」が認識されていますが、エクソコンシャスなヒーラーは「第3のモデル」

を用いています。私たちは、どのモデルに従うかを選択できます。

最初の「細菌説」は、ルイ・パスツールのモデルから生まれたもので、病気になるのは、細菌・カビ・真菌・バクテリアなどが体に侵入するからだと主張しています。パスツールは、長い間定説として流布していた細菌説に、証拠を提供しました。

医療関係者の大多数はこのモデルに従い、侵入者を科学的に追跡し、隔離し、回避し、根絶するための幅広い治療法を開発しています。この考え方は、新型コロナウイルスの公共サービスにおけるアナウンスで、特に広まっています。「手を洗う」「マスクと手袋を着用する」「正式に処方された薬を服用する」「公式なツールを使用する」「ワクチンを接種する」など、何としてもウイルスから身を守らなければなりません。

興味深いことに、同じ時期にフランスの医学界で活躍していた別の科学者が、2つ目の健康モデルである「代替理論」を提唱しています。アントワーヌ・ベシャンは「地形理論」を提唱し、身体全体の内部環境を重視しました。

ベシャンにとって最も重要なのは、細菌を撃退するか、破壊するための身体全体の準備でした。この地形理論は、現在の統合医療や機能性医学の基礎となっています。機能性医学の医師は、遺伝や環境、ライフスタイルを考慮しながら、患者の「地形」を最大限に健康にするために、さまざまなホリスティックな治療法を提供します。

第3の健康モデルは、静かに浸透しつつある新しい癒しの形「超次元医学」です。初期の実践者の一人は、イスラエルを拠点とするコンピュータエンジニアであり、霊媒師兼ヒーラーのエイドリアン・ドヴィアです。

彼は、体内に持ち込んだ高度なETのテクノロジーを使ってETとつながり、自身のクリニックでヒーリングを行っていました。そのクリニックはETとの協働創造を体現していて、異次元が彼の物理的な診療スペースに入り込んでいたのです。

今日、ETとつながる多次元体験者のヒーラーが率いる「超次元クリニック」は、何百とあります。エクソコンシャスヒューマンたちはETと協働創造して人々を癒し、最適な健康状態へと導いているのです。この次元を超えた力で癒すヒーラーは、ブラジル、イスラエル、デンマーク、オーストラリア、アメリカなど、世界中で活躍しています。

## ★エピジェネティックなDNAの変化と人生の明暗

体験者たちのコミュニティではときおり、〝ETや多次元存在とのコンタクトが、人間のDNAを変化させる〟という話を耳にします。この発言は、コンタクトによって人間のDNAの鎖が追加されたり、再構築されることを示唆しています。

コンタクティーは、生命体のいる惑星で生活していたときの記憶を取り戻すことで、追加されたDNA

の鎖に宿されている情報を受け取るかもしれません。それは、コンタクトによって、DNAの中に眠っていた側面が目覚めたことを意味するのでしょう。

あるいは、コンタクトでDNAが変化する理由としては、「DNA自体の機能」と「エピジェネティクス（遺伝暗号であるDNAを超えた要因）」が合わさっているのかもしれません。

コンタクトは遺伝子機能を調節する制御機能に影響を与え、DNAのさまざまな側面を誘発するのでしょうが、私の知る限り、コンタクトに関するそのような側面を扱った科学的研究はありません。ですので、将来、そのような研究がされることを期待しています。

エクソコンシャスヒューマンとして、私はアリゾナ州スコッツデールにあるクリニック「マインド・ボディ・メディスン」の医師、ロン・ピーターズ博士とともにセラピストとして働いています。

ピーターズ医師は高度な遺伝子検査を患者に用いています。私は、意識に重点を置いた生物学的ヒーリングと感情的ヒーリングを組み合わせた当クリニックが、患者に健康をもたらすのを目の当たりにしてきました。これらの患者の多くは、自己免疫疾患、糖尿病、心臓病、癌、ライム病など、長い間苦しみをもたらした慢性疾患に耐えてきました。健康を手に入れるために、しばしば長く厳しいプログラムを真摯にこなし、今では、生まれて初めて健康的で活動的になった人もいるのです。

私は、ピーターズ博士に尋ねたことがあります。

「患者を研究する中で、彼らが健康を手に入れたとき、DNAが変化するかどうかを調べたことがありますか？」と。

彼は言いました。「ＤＮＡは変化しませんが、患者のエピゲノムは異なるＤＮＡに治癒を促すように指令を出します。私たちは皆、意識の状態や食事などに基づいて、ＤＮＡのどの部分を活性化するかを選んでいるエピジェネティックエンジニアなのです」

ＤＮＡとエピジェネティクスに関する説明を、ピーター博士の講義から以下に引用しましょう［99］。

＊＊＊

エピジェネティクスとは、DNAの上に乗っている細胞物質の仕組みのことです。それは、生体エネルギーネットワークを形成しています。DNAはハードウェアに匹敵し、エピゲノムはソフトウェアに匹敵します。

エピゲノムは、何をするのでしょう？それは、あなたの遺伝子にスイッチのオン・オフを指示するのです。大声で話すのか、ささやくのか？活性化するのか、抑制するのか？遺伝子は、感情・ライフスタイル・食生活・微生物・化学物質・カビ・毒素などの環境的影響に刻々と反応し、適切なDNAの活動を活性化させます。それと同じように、DNAを抑制することもできます。

＊＊＊

ほとんどの人にとって、身体の健康状態はＤＮＡがすべてです。ほとんどの人は、１９５３年にフランシス・クリック卿が支持した「遺伝的決定論」を信用しています。ほとんどの人は、健康の鍵はＤＮＡにあると信じています。ＤＮＡは、健康か病気かを決定づけるものだからです。

例えば、自分の母親が乳がんであり、その遺伝子を持っていれば、その運命を自分も引き継ぐのです。

女優のアンジェリーナ・ジョリーは、乳がんや卵巣がんを増加させるBRCA1と呼ばれる遺伝子を持っていたため、2013年に乳房と卵巣を摘出しました。それらが早期死亡の因子と予測されたことを、非常に劇的な形で公表したのです。

それは気の毒なことでしたが、テキサス大学ヒューストンヘルスサイエンスセンターの心理学教授、ブレア・ジャスティスは、〝長寿の35％は遺伝子が占めている〟ことを明らかにしました。同時に、ライフスタイルや食事、感情、そしてサポートシステムも含む環境が、長生きするための主な要因になるのだと〔100〕。

DNAは終身刑ではなく、外科的にそれから抜け出す必要もありません。あなたの心身には、自らがアクセスできる別の力が働いています。その主要なツールが、意識、すなわち「コンシャスネスフィールド」です。

初期のゲノムプロジェクトでは、12万個の遺伝子が見つかると予想されていましたが、2万3688個しか見つかりませんでした。DNAの力を説明するには、十分ではありません。

では、ダイナミックに生きられる人間のシステムを作るための情報は、どこから来るのでしょう？

ピーターズ博士は、人間の生物学的反応の奇跡を挙げています。

＊　＊　＊

体には100兆個の細胞があり、それぞれの細胞では、600億もの生物学的反応が同時に起こっています。この複雑さは、化学的なもの（内分泌系）や電気的なもの（神経系）では説明できません。これらの生物学的反応を説明できるのは「量子医学」にあり、つまり、宇宙や惑星、地球、自然、神といったすべての生命を取りまとめれる場＝知性にあるのです。

＊　＊　＊

私たちは、ＤＮＡで決定される以上の存在です。エピジェネティクスとは、ＤＮＡの配列の違いなしに起こる「遺伝子機能の遺伝的（世代から世代への）変化の研究」です。遺伝子のオン・オフを切り替えるシグナルとして機能し、ＤＮＡは同じままですが、その機能が変化するのです。

ブルース・リプトンは、〝ＤＮＡは細胞の生存には必要ない〟という驚くべき発見をしました。彼は、無核細胞でも、正常な細胞機能が発動することを発見したのです。その場合、細胞の構造と機能をタンパク質が作り出し、リプトンが〝細胞の脳〟と呼ぶ細胞壁の活動を通して機能しています。

リプトンは著書『The Biology of Belief（信念の生物学）』（邦題『思考のすごい力』ＰＨＰ研究所）の中で〔101〕、生物学における人間の意識の役割や心と体をつなぐ経路についてさらに探求し、次のように述べています。

＊　＊　＊

世界が敵対的で、拮抗的で、自分を攻撃していると思ってしまうと、身体はそれを表現すべく、自分を守るために意識が内側に向かいます。そのような恐怖心がエピジェネティックに影響を与え、ＤＮＡの塩基配列を活性化させて、自分を防御しようとするのです。防御反応が続くと、さまざまな病気を引き起します。

これとは対照的に、人生における善きことや祝福に目を向け、人生を楽観し、困難の中に可能性を見いだすなら、成長と健康へと向かいます。

＊＊＊

人は日々、食事・人間関係・仕事・活動、そして特に、自分自身と世界に対する信念を通じて、エピジェネティクスを構築しています。それだけでなく、その人が「意識の場」とどのように関わっているかも、エピジェネティクスに影響することを付け加えたいと思います。

安心感・信頼感・楽観主義、人生が本質的に善なるものであることを感じながら、「意識の場」に飛び出すのでしょうか？　それとも、攻撃や二枚舌を恐れて逃避し、弱音を吐くだけでしょうか？

そのような自らのエクソコンシャスの質が、自らのエピジェネティクスを決定するかもしれないのです。

## ★ＤＮＡのジャンプ現象が招く超常能力の覚醒

人体は、意識を通して地球外とのつながりを持っています。人体と量子的な意識は、一体なのです。

アメリカ政府のゲノムプロジェクトは、遺伝子を理解するための多くの答えを提示すると同時に、科学に対し、新たな疑問を投げかける扉を開きました。

ＤＮＡの発見とそれへの理解により、科学者たちは「ジャンクＤＮＡとファントム（幻影）効果」の問題に取り組まざるを得なくなったのです。ジャンクＤＮＡという現実に直面したとき、「自然は浪費しない」とする科学的声明文は空虚に聞こえ始めました。

つまり、従来の科学者たちが推測したように、〝生物がその環境で機能するために、自然は必要以上のものを提供しない〟とすれば、科学者たちはジャンクDNAの謎をどう解くのでしょうか？　ジャンクDNAは何をもたらしたのでしょうか？

ジャンクDNAの研究者たちは、「人間のDNAの大部分の97％は何もしていない」と主張します。ゲノム上のある場所から別の場所へと移動するDNA配列は、「トランスポゾンエレメント（動く遺伝子）」、あるいは「ジャンピング遺伝子」として知られています。

研究者のケレハーによれば、これらの役に立たない「300万塩基対のジャンクDNA」は、レトロトランスポゾン（トランスポゾンの一種であり、自身をRNAに複写した後、逆転写酵素により転移する）による活性化を待っていて、「ジャンピングDNA現象」を生み出します[102]。

人間のDNAのうち、肉体をコードしているのは「30億塩基対のゲノム」のうちのわずか3％です。残り97％には、トランスポゾンと呼ばれる100万以上の遺伝子構造が含まれていて、それらが染色体の「ある場所」から「別の場所」へとジャンプするのです。

さらに彼女によれば、「レトロトランスポゾンにより、以前は使われていなかったジャンクDNAが活性化するケースが確認された」と言います。このDNAの量子的なジャンプ現象は、ノーベル賞科学者バーバラ・マクリントックの「遺伝暗号やDNAは、世代から世代へと変わることなく受け継がれるような静的な構造ではない」という仮定を裏付けました。

ケレハーは、「特定のDNA配列が、ある場所から別の場所へジャンプする」と主張しています。言い換えれば、遺伝子の設計図はこのジャンプ現象によって変化し、人間はその動きに影響を与えることができると彼女は考えているのです。

DNA配列のジャンプ現象を追跡する実験は、がん研究の際に最も成功しました。ケレハーは、次のように言います。

「強調しなければならないのは、人体においては今のところ、転座（DNA配列のジャンプ現象）が、病気を引き起こす結果しか見つかっていないということです。

……これまでのところ、転座を見つけ出し〝現行犯〟で捕まえるのは困難なことです。なぜなら、染色体の別の場所へと移動するからです」

研究上のハードルがあるにもかかわらず、ケレハーは大胆な主張をしました。この活性化プロセス、すなわち「DNAのジャンピング」を追跡することで、スピリチュアルな、あるいは宗教的な体験によって引き起こされる「劇的な肉体的転換」を説明できる可能性があるとしています。

また、この活性化プロセスは、個人の精神的進化の段階を表している可能性もあると言い、エクソコンシャスヒューマンへの影響は計り知れません。

ケレハーは、年齢逆行・空中浮揚・変容、そしておそらくはアセンションを体験した賢者・神秘主義者・ヨガ行者を、「DNAのジャンプから生じた可能性がある」と述べています。体験者たちはこれらの能力を示し、それについて語りますが、「DNAのジャンピング」は、彼らのDNAが変化した理由についての説明になるかもしれません。

ケレハーは、「人間はDNAの中に眠っている可能性を引き出せば、奇跡的な能力や成果を得られる」

と示唆しています。古今東西のスピリチュアルな道の実践者たちが長年主張してきたように、鍛錬によって自身が強化され、悟りのレベルが高まるにつれてDNAが変化（ジャンプ）するのだと。

エクソコンシャスヒューマンは、クンダリーニの覚醒がコンタクトを引き起こすことにしばしば気づきます。クンダリーニが覚醒するということは、細胞レベルでDNAが変換された可能性を示しています。タントラ密教の実践者たちは、教義におけるクンダリーニ体験の間、体中の細胞がシフトする感覚についてよくコメントします。実践者のリチャード・サウダーが書いているように、彼の身体は〝形而上学的・物理的な電圧の注入〟によって変化しました。

＊＊＊

私の脊柱は、5万ボルトのさざ波のような、パチパチと音を立てる電気でターボチャージされ、その電気が耳をつんざくような轟音とともに背骨を駆け上がり、頭蓋骨のてっぺんから弧を描いて出て行った。……私のハートチャクラは、強力に開かれた。

物理的な障害なく、私は周囲を見渡すことができた。このような状態にあるとき、ハートそのものが非常に鋭敏な状態にあり、物理的な制限なしに物が見えるのだ［103］。

＊＊＊

クンダリーニを覚醒させるための修行によって、DNAが活性化されることは、宇宙意識に向かう道の一つなのでしょうか？

ケレハーの言うDNAの働きとは、「意識という宇宙船（コンシャスクラフト）」を打ち上げ、それを体内に呼び戻すための潜在的な推進システムのようです。「ジャンクDNAと量子ジャンプ現象」は、人体に生まれながらに備わっているエネルギーシステムなのかもしれません。

何世代ものスピリチュアルなマスターやコンタクティーたちは、このテクニックを完成させ、やがてエクソコンシャスヒューマンたちによって主流になる可能性があるのでしょうか？

ヨガスタジオのフロアには人があふれ、道は開かれつつあるようです。

## ★エクソコンシャスな意識レベルの時代へ

第2章で紹介した『The Omega Project（オメガ・プロジェクト）』の著者ケネス・リングは、FREEの調査に多大な影響を与えました。

彼は悟り体験に対し、長期間にわたるもの、自然発生的なもの、瞬間的なものとを比較し、スピリチュアルなマスターが生涯にわたる修行によって得る悟りは、〝臨死体験やUFOとの遭遇で引き起こされる劇的な意識の高まり〟と同じである可能性に気づきました。

個人や文化によって、悟りのプロセスは早かったり遅かったりしますが、体験の質は似ています。

洗練された医療文化の中で、「死んだ患者」が救急室で蘇生されることは一般的になり、臨死体験による悟りを調べるためのデータベースを提供してくれます。それらの研究は、現在の文化においてますます一般的になっている「UFO目撃談」「遭遇報告の研究」「インターネット掲示板」に加え、さらに「別の角度からの悟り」をデータベース化するものです。

ハーバード大学の著名な精神科医ジョン・マックによると、多数の遭遇体験者と面談し、テストして診断した結果、彼らは皆〝同じような段階〟を経ているようでした［104］。

マックは、体験者がアクセスした4つの段階を特定しました。

●第1段階／それぞれが自分の意志に反して連れて行かれ、恐怖を引き起こす侵入的な処置を施された。

●第2段階／体験が終わり日常生活に戻ると、しばしば孤立感と疎外感を経験した。

●第3段階／彼らは「存在論的なショック」を経験し、それまでの信念や価値観が変化せざるを得なかった。彼らは、自分たちが宇宙で孤独ではないことを知った。

●第4段階／そのようなパラダイムシフトの後、多くの人が、「多次元意識」と呼ばれるスピリチュアルな意識の拡大を自覚した。

これは、ほとんどのスピリチュアルな伝統的な教えでおなじみの、〝恐怖から新しい意識レベルへのイニシエーション（通過儀礼）〟に似ています。彼らは、拡大した意識、つまり覚醒と呼ぶべきものを体験するのです[105]。

マックのインタビューや治療を受けた多くの体験者は、拉致の恐怖を乗り越えて、自分という存在の宇宙的な源としての美しさを知りました。彼らはまた、肉体から離れ、再び肉体に戻ることのできる意識状態を体験し始めました。その意識状態では、複数の宇宙を同時に生きることができたのです。

マックの言う〝意識の分離と帰還〟は、「母船」と「意識という宇宙船」の関係性を反映しています。彼の研究は、UFOとの遭遇やコンタクト、臨死体験を通して、人間という種が霊的な目覚めへと背中を押されているのではないか、と考えるきっかけとなります。

人間という種は、経済的な豊かさや情報の収集、移動の速度を加速させ、精神的進化も加速させています。かつては、教義によって世間から隔離され、訓練され、厳しい祈りと自己修養を一生続ける必要がありました。それが今ではほとんど一夜にして、臨死などの多次元体験によって成し遂げられるようになったのです。

エピゲノムやDNAの研究が肉体の可能性を探るにつれ、私たちが持つ恐れや限界は薄れていきます。人はもはや進化を制限したり、阻止する必要はなく、「分子生物学」（本章で後述する合成生物学とは異なる）によって推進される「新たな意識」に飛び込むだけでいいのです。

「DNA」と「意識」という2つの流れが融合しつつあります。しかし、その融合は、混沌とした対立的なものとして認識されがちです。

ＤＮＡに秘められた潜在能力への科学的な解明は、世の中を啓蒙するような現象への理解にも影響を与えるのでしょうか？　それとも、膨れ上がる科学的データベースが、人間の潜在能力を理解する必要性に迫られているのでしょうか？

ロナルド・ピーターズ博士は、こう説明しています。

「私たちを妨げているものの一部は、信念の力です。信念は現実を構造化するため、堅固で信頼できる、予測可能な人生を経験をすることになります。機能不全に陥った信念を手放すことが、癒しにおける核心的な問題かもしれません。涙には、信念を化学的に溶かす作用があります」[106]

エクソコンシャスヒューマンは、人間の身体イメージを生物学的な機械ではなく、潜在的な「量子場」に変換するのが早いようです。人間は意識・脳・心を超えて、体全体がエクソコンシャスと言えるのです。クンダリーニ体験が強調しているように、ハートのエネルギーは「意識による推進力」を作り出すべく、全身の周波数を高めます。

機能性医学に従事する医師たちは、身体のエンジンとなるものを分解し始めています。機械の部品のように臓器ごとにではなく、量子場という見地を持つ医師としてエネルギーごと、周波数ごとに分解するのです。

これに関し、「ＤＮＡファントム効果」（ＤＮＡが物理的な世界に影響を与えること）は、肉体に内在する量子的な働きを研究する、もう一つの重要な側面です。

## ★全身の原型を保持する「DNAファントム効果」

ウラジミール・ポポニンが、キルリアン写真に基づいて研究したのが「DNAファントム効果」です。それは、遺伝的な体質における「量子的な微細エネルギー現象」について、現在に至るまで最高レベルの証拠となっています。

1990年代、ロシアの研究者ポポニンは、DNAと光の関係を発見しました〔107〕。彼は、真空に制御された環境下の光のパターンを研究するために、一連の実験をしました。真空条件下の光は、ランダムな分布になりました。ポポニンは次に、DNAのサンプルを真空空間に入れ、遺伝物質が存在すると光粒子のパターンが変化することを発見しました。ランダムなパターンはDNAの存在によって変化し、新しいパターンが現れ、まるで波が押し寄せたり、引いたりしているようになったのです。

DNAサンプルを取り除くと、光は以前のランダムな分布に戻ると思われましたが、そうではなく、新しいパターンのままでした。DNAの存在は、空間から自らが引き抜かれた後も、光子に影響を与えていたのです。

DNAは、その場からいなくなった後も、その場に長くとどまる力を持っているのでしょうか？　もしそうなら、人間の肉体が物理的世界に存在することにおいて、これは何を物語っているのでしょう？

人間のDNAは、物理世界に影響を与えているようです。その影響力を測定することができれば、それを理解することができます。理解できれば、それを応用することができます。そして、その出発点は人間のハートにあるのです。

カリフォルニアの研究者たちは、キリアン写真とポポニンのDNAファントム効果に注目し、人間の心臓の力に対して新たな発見をしました［108］。クンダリーニ体験と同様に、「ハートマス研究所」では、心臓が体内で最も強力な電場を持っていることを突き止めたのです。

心臓から出るこの強力な場は、体内の他のエネルギー系をその周波数に同調させることもできます。騒ぐ子どもを抱く母親のように、ハートのエネルギーを適切に使うことで、バラバラになっている身体エネルギーシステムを、より高い調和状態へと引き上げることができるのです。

このシステムには、脳も含まれます。電気的な意味で、心臓は頭を支配しているのです。

ハートマスの研究者たちは、ハートのエネルギー場について深く知るために、「量子モデル」の概念を取り入れました。また、人体のすべての細胞にあるDNAが、強力な青写真（ホログラフィックテンプレート）として〝全身の完璧なイメージを保持している〟ことを追求するために、遺伝子研究に目を向けました。キルリアン写真やホログラフィック写真は、葉を切り取った後の植物や傷をつけた葉に残る「ファントム効果」を実証しました。キリアン写真におけるこのファントムリーフ効果は、研究者が中央に穴を開けた葉を撮影したときに発生しました。その写真には、傷をつけた葉の代わりに、完全な葉が写っていたのです。

これにより、あらゆる生物はDNAという遺伝物質が引き抜かれた後も、その生物の構造内には〝原型をとどめる力〟が残っている証拠が示されました。

ETとのコンタクトや多次元的な体験で生じる物理的な変化を調べると、このようなDNAの青写真の働きによる影響と、自然治癒力が浮き彫りになります。その情報を提供しているのが、FREEの調査による回答者たちの深い洞察です。

## ★コンタクト後の肉体の主な3つの変化

コンタクトは、肉体をどのように変化させるのでしょう?

肉体の変容は、自分の肉体の変化をどのように知覚するか、という感覚に基づいています。コンタクトによる肉体的変容には、主に次のようなものがあります。

*

●高度な身体能力を得る
●DNAが変化する
●自然治癒力が高まる

*

これらの変容は、DNAに生物学的な変化が起きた結果かもしれません。

FREEの調査の回答には、意識的な霊的体験が肉体の変化を引き起こしたことが示されています。コンタクトによる多次元体験者は、通常の状態にはない能力として、半数近くが肉体的なバイロケーション(同時に別の場所に存在すること)を経験しています。

「別の場所に連れて行かれ、移動させられたことがありますか？」という質問に対し、23％の人は「何度か別の場所に移動した」と答えています。彼らは共通して肉体的なバイロケーションを体験し、半数近くが「自分が非物質化して物体の中を移動した」と述べています。

彼らのバイロケーションは、肉体を脱・物質化させ、溶解させ、再物質化しました。これは極端な肉体の変容であり、死や臨死体験のようなものです。神秘主義者もまた、非物質化します。例えば、マタイによる福音書17章に登場するキリストは、雲の中から現れて光へと変容しました。ブッダは悟ったときと死のときの2回変容し、光の体になったとされます。

重要なのは、この調査データで体験者は〝変性意識状態によって、肉体から浮かび上がったとは言っていない〟ことです。その代わり、「肉体が非物質化した」と述べています。つまり、その後に肉体が再物質化したのです。

彼らに共通する体験は、人体の能力に関する文化的信念の境界線を押し広げてくれます。今後のFREEの調査では、コンタクト体験中の肉体の非物質化について、さらに詳細に質問するかもしれません。

コンタクトは、体験者のDNAにどのような影響を与えるのでしょう？　FREEへの回答は、「コンタクトによってDNAがアップグレードした可能性がある」というものでした。

回答者の4分の1以上が、「ETは、人間のDNAをアップグレードしている」と答えています。エクソコンシャスの観点からも、ETや多次元存在とのコンタクトによる肉体的変容は、DNAを修正する可能性があります。その結果、体験者の現実感覚を変えるかもしれません。

ＤＮＡは、肉体に情報を保存しています。何かを経験することで肉体的なその情報が変化すると、その人のエネルギーが変化する可能性があります。この変化は、エピゲノムに影響を与えます。

ＦＲＥＥの調査データから言えることは、人が行動や信念を変化させると、ＤＮＡを変化させたり、抑制したり、活性化させる可能性があるということです。人間の肉体は、自己治癒するのです。「ＤＮＡとは一種の死刑宣告である」というこれまでの見方から、「ＤＮＡとは一種の健康保証である」という認識に根本的に変わります。「エピジェネティクス」「量子ジャンプ」「ファントム効果」「ＥＴとの多次元コンタクト」など、多くのプロセスが人間のＤＮＡを変化させるのです。

神経可塑性のプロセスが脳の反応を変えるように、ＤＮＡは可鍛性であり、何かに反応することが研究によって示されています。私たちは、肉体に健康を作り出すための道具と方法を持っているという証拠です。

## ★ＥＴのヒーリングによる急速な癒し

ＦＲＥＥの調査による〝体験者の肉体的変容〟を詳細に分析すると、幼少期のＥＴ体験に関するものがあります。それらは、主に5歳以前に起きたもので、彼らには顕著な肉体的変化がありました。

神経系の変化について尋ねると、43％の人が「神経系が以前とは異なって機能している」と答えました。50％以上が「手のひらにエネルギーを感じることが多くなった」とし、30％が「味覚の増加」、20％以上が「視力の向上」を経験しました。

特に重要なのは、60％近くが「全体的に健康状態が改善した」と回答したことです。これは、病気にかかりやすくなったかどうかの質問に対し、「いいえ」と答えたことから判明しました。

これらの結果は、回答者の多くが〝幼少期のコンタクト体験が劇的な肉体的変化をもたらした〟と捉えていることを浮き彫りにしています。

この分野における今後の研究では、幼少期の肉体的変化が、生涯を通じて続いたかどうかを調べる必要があります。もしそうであれば、この結果は、より高度な健康状態と感覚を持つ人たちを浮き彫りにするでしょう。

さらに、幼少期のETとの多次元的なコンタクトを通して、「肉体を明らかに発達させた人たち」を見つけ出せる可能性もあります。彼らを研究するにあたり、医療での記録や診断が役立つかもしれません。もし検証されれば、人間は自らの肉体との関係性や、限られた信念や境界線を超えた存在としての自己像を再定義するかもしれません。

コンタクト体験による自然治癒力に関する一連の質問は、私たちの肉体に対する信念の境界線を浮き彫りにします。

「ETの介入による結果であると思われる、突然または急速な治癒を経験したことがありますか？」という質問に対して、約35％が「はい」と答えました。さらに、16％が「ETから手術を受けた」と回答し、50％が「ETが、自分または家族を治癒させてくれた」と回答しました。

ある回答者は、次のような劇的な癒しが起きたことを述べています。

＊＊＊

乳房に疑わしいしこりができたのを診断で知りました。瞑想中、〝2人のヘルパー〟が私の心の中に現れました。彼らは、しこりが成長しないよう、取り除くのを助けてくれようとしていました。

それ以降の6カ月間、彼らが私のために働いてくれているのを視覚化することにしました。すると、マンモグラフィ検査の前日の瞑想中に、彼らは荷物をまとめて出て行ったのです。

私はまだ精密検査を受けていなかったので、「行かないで！」と懇願しました。すると、「もう必要ない」と言われたのです。

翌日、マンモグラフィ検査に行くと、看護師が「医師が2度目の撮影を希望しています」と告げに来ました。私は恐怖を感じましたが、彼女は「信じられない。消えたのよ！」と言ったのです。

＊＊＊

この女性のような劇的な癒しをもたらすヒーリングは、体験者の間では珍しいことではありません。それは、ETとの多次元的な相互作用に起因しています。

今後の研究のためのフォローアップの質問として、ETによるヒーリングの方法をダウンロードしたり、実際に教えられたかを尋ねるといいかもしれません。彼らは、ETからのダウンロードや教えから学んだのでしょうか？　それにより、自分や他人を癒せるようになったのでしょうか？

今後の質問には、体験者がヒーラーになったかどうかや、癒し方をどうやって伝えられたかが加わるでしょう。

ＦＲＥＥのアンケートは、地球外生命体とのコンタクトによって、ヒーリング能力が与えられる可能性を示しています。48％という半数近くの人が「はい」と答えたからです。

## ★エクソコンシャスな「量子ヒーリング」

エクソコンシャスヒューマンは、自分たちのヒーリング能力について頻繁に言及します。彼らの多くは、「量子ヒーリング」や「エネルギーヒーリング」と呼ばれるヒーリングを行っています。そのヒーリング法は、意識の情報エネルギーフィールドにアクセスするものであり、ＥＴや多次元と直接つながっています。

例えば、健康のための総合的なヒーリングセンター「スピリットウェイ・ウェルネス」の創設者シーラ・セッピは、コンタクト体験に触発され、古代のヒーリングと量子場の概念を組み合わせています[109]。彼女のヒーリング法は、〝ＥＴと人間が協働創造する意識・情報・エネルギーのフィールド〟に働きかけます。ＦＲＥＥの調査で報告されたＥＴによるヒーリングと同様、シーラのヒーリングは非侵襲的で効果的で、即効性があります。

これまで、この章では、自然や多次元と調和するための情報と研究を紹介してきました。

人類は、細胞微生物学・ＤＮＡ・エピジェネティクス・量子力学を理解し始めたばかりです。それらに加えて、意識やサイキック能力についても——。

しかし突然、「微生物学」の分野はひっくり返り、新しいシステムに取って代わりました。それが「合成生物学」という新分野です。その影響とは、どのようなものでしょう?

エクソコンシャスヒューマンによる量子医学には、「微生物学」「意識」「電磁気学」「エネルギー学」が関係しています。それらの自然なシステムに比べ、合成生物学のシリコンベースの医療には、「コンピュータコード」「ナノテクノロジー」「人工現実」が含まれます。

以降では、このような合成生物学の起源と展望を検証していきます。

## 第2節 トランスヒューマンの合成生物学

### ★ビジネスのために科学を利用した研究者

オハイオ州のライト州立大学に勤務していた1984年の春、私は「ハイテクがもたらす人間のジレンマ」というセミナーを始めました。

1980年代、ハイテクは急速な発展と普及の初期段階にありました。80年代の終わりには、個人向けのコンピュータが普及し、ゲームや接続性、データや情報交換、ウィンドウズの登場、カラー画面、マウス操作など、使いやすいものとなっていったのです。

そのようなコンピュータの進歩による利点を応用し、この大学の有名な教授がコンピュータ回路を利用して、体が麻痺した学生の移動を実現させました。ライトパターソン空軍基地の隣にあるライト州立大学は、バリアフリーを目指して建てられ、キャンパスで過ごす機会も、ましてや大学の隅々まで移動する機会もないような、体に障害を持つ多くの学生を受け入れていたのです。私のプログラムに参加する学生の中には、車椅子や電動ベッドに座っている学生もいました。

大学の研究室では、生物医学エンジニアのジェロルド・ペトロスキー博士が、コンピュータ制御した装置で筋肉を電気刺激することで、半身不随の人の歩行を補助する実験を行っていました。それにより、半身不随の学生たちは大学のプールを何周も泳いだり、コンピュータハーネスをつけてアスレチックゲームをしたり、結婚式のバージンロードを歩いたり、かつては不可能と考えられていた仕事に取り組んでいたのです。この大学の半身不随の学生たちは、ペトロスキーが自分たちの未来を変えてくれると信じていました。

1983年、半身不随の学生ナネット・デイヴィスが卒業証書を手に壇上を歩き、この卒業式を『タイム』誌、『ニューズウィーク』誌、『60ミニッツ』誌が取り上げました。テレビ放映された伝記映画『First Steps（始めの一歩）』は、ペトロスキーの画期的な活動を取り上げた作品です。

ペトロスキーの革新的な努力は、彼の天才性や絶え間ない宣伝活動により、助成金に畏敬の念を抱く学生や同僚の教授陣がいるキャンパスを席巻しました。しかし、ときおり、教授たちの嫉妬によって称賛は弱まりました。

そのような中、学内に「ペトロスキーともう一人の教授が卒業式でナネット・デイヴィスを支えたのは、装置が故障したからだ」という噂が流れ、科学ジャーナリストのジョン・ホーガンは、その噂が広まった舞台裏をつぶさに調べたのです［110］。その結果、キャンパス内外で批判が高まりました。

映画『始めの一歩』をきっかけに、科学的な面での反発も起きました。20数名の大学の研究者が、麻痺した手足を動かすための電気刺激の応用に関して、「映画に登場する誤解を招く記述を正す声明」に署名したのです［111］。

1987年までに、ペトロスキーは批判にさらされながらライト州立大学を去り、カリフォルニア州のロマリンダ大学で教職に就きました。しかし、彼に説明責任を求める人たちからの反発は続きました。最近では、英国の疫学者で数理生物学教授のニール・ファーガソンが用いた「ファーガソンコード」に批判が集中しました［112］。

彼のグローバルモデルは、新型コロナウイルスではなく、インフルエンザのパンデミックを想定した、文書化されていない13年前のコンピュータコードであったことが判明したのです。ファーガソンは、自分の研究結果を他の科学者が検証できるようオリジナルのコードを公開することを拒否しました。

ペトロスキーを調査したジャーナリストのホーガンの一件は、この章で取り上げる「合成生物学の研究背景として不可欠な科学」の誤ちを思い出させてくれます。「証拠に基づく科学」と、成し遂げられなかった約束事に関するペトロスキーとファーガソン流の「さらなる研究のための収入を生み出す宣伝」とを切り離すことは、極めて重要なのです。

スタンフォード大学のジョン・イオアニディス教授は、2年前の『サイエンティフィック・アメリカン』誌で、次のように書いています［113］。

「研究書の内容が第三者に精査されても、科学研究における誤検出や誤探知、誇張された研究結果は、近年蔓延する兆しを見せている。この問題は経済学、社会科学、そして自然科学でも蔓延しているが、特に生物医学では深刻である」［114］。

## ★ゲノムとナノテクノロジーの故郷となる研究所

私は、ライト州立大学での経験から生まれた「科学技術の知識」をしまい込んでいました。それから約30年後、エドガー・ミッチェル博士の組織「クアントレック」で働くためにワシントンD.C.に移り住んだことで、その知識が再び浮上しました。

引っ越した先は、ワシントンD.C.の近郊でしたが、住居の向かい側はゲノム研究の本部だったのです。なんとも皮肉です。

アバロンという名の集合住宅に引っ越した私は、通りを挟んだ向かい側にある、緑色のガラス張りで蛇のように蛇行したデザインの多層建築に興味をそそられました。それは、新しく植えられた木々と芝生に囲まれて建っていました。探索のため、私はその建物の周囲をめぐる塗装されたばかりの小道を歩きましたが、他の人に出会うことはありませんでした。その建物で働いている人たちは、巨大な緑色のガラス張りの外壁で覆われていて誰の姿も見えず、奇妙な感覚を覚えたのです。

やがて、私は「J・クレイグベンター研究所」の周囲を歩いていることがわかりました。この非営利のゲノム研究施設には、ゲノム研究推進センター、ゲノム研究所、代替生物エネルギー研究所がありました。私は、合成生物学のボルテックスの一つから、通りを隔てた向かいに引っ越してきたわけです。

そしてその1年後、また別の重要な合成生物学研究機関（こちらは政府機関）の近くに引っ越すことになるとは、そのときは知る由もありませんでした。

まずはここで、合成生物学の歴史を簡単に理解しておいてください。それにより、ベンター研究所が、いかに科学的に重要な位置を占めているかがわかるでしょう。

## ★極めて短い「合成生物学」の歴史

合成生物学の歴史について、あまりにも短い概略となりますが、説明しておきます。

合成生物学の基礎を理解することは、私たち人間の体に対するテクノクラシーのビジョンを理解するために不可欠です。そして、私たちが住む地球を理解することに対しても。

気候変動論擁護者であり、自然愛好家であるという彼らの主張とは裏腹に、合成生物学者は地球上のあらゆる生命体を、「微生物学的なもの」から「合成生物学的なもの」へ変えようとしています。「信じられない」と息をのむ前に、次の内容を読んでください。

合成生物学は、人体の生物学的システムに組み込むことで、それを変化させるものです。工学の原理とコンピュータプログラムを生物学に応用し、肉体に挿入する人工的な構成要素を設計し、製造し、テストし、それを改良します。例えば、DNA配列を製造したり、自然の要素を使った人工的な生物学的システムを構築したりします。多くの場合、これらは自然生物学と合成生物学のハイブリッド作品です。

このような合成生物学の科学的手法は、「設計」「構築」「テスト」といったエンジニアリング文化ではおなじみです。その手順には、コンピュータモデリングによる「設計」、遺伝子工学による「構築」、機能するかどうかの「テスト」が含まれます。

以降では、これらの合成生物学的成分を、「人体に取り入れるための多層的な送達システム」の面から紹介していきます。

例えば、人々が摂取する化学物質や呼吸する空気中のケムトレイル、ワクチン、遺伝子組み換え食品、衣服に織り込まれたナノテクノロジーなども含まれます。これらの「送達システム」はどれも、合成成分を体内へと運び、電磁波や高周波によって〝特定の成分が体内で活性化〟します。

人体が遠隔操作によって、次のようになることを想像してみてください。

1 私たちの体を変化させたり強化し、
2 脳とコンピュータの接続（brain to computer interface = BCI）を可能にし、
3 マインドコントロールや行動を変化させることを可能にする「小型のサイボーグ」で、体内を飽和状態にさせる。

合成生物学は、どこまで進歩したのでしょうか？

その歴史が示す通り、〝地球上の人間や生命体を変容させる一歩手前〟まできています。今に至る歴史と「送達システム」は次のようになります。

《1990年代》

■光遺伝学

サイバネティクスは、遺伝子レベルで細胞のプロセスをコンピュータ制御するツールを開発しました。コンピュータが光を使って、埋め込まれた遺伝子通信のスイッチを入れたり切ったりすることができるのです。

私たちの脳も、電気的・化学的シグナルの伝達によってコミュニケーションをとっていますが、研究者たちは、光刺激によってもコミュニケーション経路を操作できることを発見しました。

光遺伝学（オプトジェネティクス）の実験では、植物から光感受性タンパク質である「オプシン」を抽出し、哺乳類に注射します。注入されたオプシンは、さまざまな色の波長の光を時間差でパルス状に照射することで、活性化されたり抑制され、身体システムをターゲットにして生物学的効果を生み出します。「光遺伝学」と「遺伝子改変（CRISPR）技術」の組み合わせは、光で活性化する方法でゲノムを編集するのです。

光遺伝学は、ブッシュやオバマの「ブレインイニシアチブ」のような政府プログラムの基礎となっています。

マイクロソフトの共同設立者であるポール・アレンは、「アレンブレインマップ・アトラス」を設立しました。そこで使用されているAI光遺伝学技術は、ニューロンのバーコーディングにより、オンライン上で「脳アトラス（脳全体の細胞地図）」を作成します。

このバーコーディングには、半導体や「量子ドット」で設計された小さなシリコンチップとナノ粒子が含まれます。「脳アトラス」のような大量のモデリングと計測は、AI機械学習の分析による大規模データシステムを可能にし、細胞レベルでの計量化・識別化の初期段階となります。


イェール大学とサンパウロ大学の科学者グループは、光遺伝学を使って、脳のどの部分が特定の運動反応を引き起こすかを研究しています。特に研究しているのは、捕食行動、追跡、飛びかかる、噛みつく、殺すというインパルスを含む複雑な運動動作についてです。

彼らはネズミの頭に感覚装置を取り付け、光に反応するように設計された「ニューロンを活性化させるパルス光」を照射し、殺戮本能を誘発しました[115]。


DARPA（国防高等研究計画局）は、アメリカ国防総省の機関です。新興技術の開発を担当し、神経工学システム設計プログラムを通じて、光遺伝学に多額の投資を行い、脳から機械への高解像度な通信が可能な「埋め込み型神経装置」を開発しました。

それにより、「ルークアーム」のようなマインドコントロールが可能なタッチセンシティブ義肢も生まれました。ルークアームは、肩に電力を供給することで、腕を切断した人が頭上に手を伸ばすのを可能にする市販の義肢です。

軍の光遺伝学実験には、退役軍人のＰＴＳＤ（心的外傷後ストレス障害）を治療するための「記憶操作技術」も含まれています。その他、光遺伝学の応用は、失明や疼痛管理、気分障害、パーキンソン病などを治療できる可能性があります。例えば、ＤＡＲＰＡの「ElectRX（Electrical Prescription）プログラム」は、身体の末梢神経系を刺激することで、その部分の改善具合を調べるものです[116]。

《２０００年代》

## ■ＤＮＡコードの初解読

２００３年、米国立衛生研究所は「デジタル生物学」に関するシンポジウムを開催し、人間と感覚を持つすべての生物の生物学的形態のデータ収集と保存、モデリングをする役割を推し進めました。

２００７年、Ｊ・クレイグ・ヴェンター（ガラスの蛇の男）は、人類で初めてヒトゲノムのＤＮＡコードを解読し、共同功労者として称えられました。

《２０１０年代～》

## ■ＤＮＡコードのコンピュータ化

Ｊ・クレイグ・ヴェンター研究所（ガラスの蛇のチーム）が、牛のバクテリアを模した初の人工生命体を作り出しました。そのＤＮＡコードがコンピュータに書き込まれ、試験管の中で組み立てられた後、別のバクテリアの空洞化させた殻に挿入されました。このくり抜かれた殻には、まったく新しいゲノムを持つ生物が宿っていたのです。

「酵母2.0プロジェクト」は、酵母ゲノムをゼロから再構築する国際的な取り組みでした。このプロジェクトでは、合成マラリア治療薬が作られました（そう、マラリアワクチンは、合成生物学である可能性が高いのです）。

それ以前から、マラリアは治療可能です。マラリア治療薬のヒドロキシクロロキンは、第二次世界大戦中に兵士の治療のために開発されました。しかし、新型コロナウイルス禍の期間中、主要メディアは「ヒドロキシクロロキン」「アジスロマイシン」「亜鉛」を使った治療法に反対しました。

医師たちも、ヒドロキシクロロキンを85年間も処方してきたにもかかわらず、突然「安全ではない」と言い出したのです。マンハッタンにある病院は、患者がこの治療薬を利用することを拒否するまでになりました[117]。合成生物学は、代替療法をいじめています。

## ■藻類燃料

ヴェンターによる「生物エネルギー代替研究」をご存知でしょうか？　この分野の研究は、代替エネルギー源を開発しました。エクソンモービルは、ヴェンターの「シンセティックゲノミックプロジェクト」に資金を提供しました。

石油業界は、藻からバイオ原油＝オイルを得られることを発見しましたが、生育には塩水と太陽光が必要でした。さらに、藻の収穫にはコストがかかります。そのため、コストをかけて収穫するかどうか、二者択一の状況となりました。しかも、藻から採れるオイルの量を増やすにあたり、藻へ供給する窒素量が少なくなると、藻の成長が阻害されてしまいます。

そこでこのプロジェクトでは、より多くのオイルを生産するために「合成藻類遺伝子」を開発したのです。窒素量に関わらず生産できるよう、その遺伝子を微調整した結果、オイルの生産量は20～40％増加しました[118]。

■遺伝子回路

合成生物学者のティモシー・ルーは、細菌の中に〝天才的な遺伝子回路〟を設計し、バイオフィルムという電子回路基板を作りました。

彼は大腸菌の中にある、カーリーファイバーと呼ばれるタンパク質が、自然に他の細菌に付着することを発見しました。そこで、このカーリーファイバーを金属と結合させ、金粒子を拾い上げるように促したのです。細菌は自然に集合して、金がまぶされたバイオフィルムになりました。そのバイオフィルムの中でプログラムがパターン化され、回路基板として動作するファイバーを作ったのです。

バイオフィルムとは、固体や液体の表面に蓄積する「ポリマーで覆われた微生物の集合体」です。彼は、金の原子をバイオフィルムに散布することで、金でできたワイヤーの回路を作ったのです[119]。このナノサイズの半導体は、発光します。

合成生物学は、「新たな金本位制」を生み出しました。生物学は、今や私たちの経済なのです。

〝金本位制の遺伝子回路〟を人間に挿入することで、その人の経済的価値は決定し、その人は自分の資産を管理できるのに、なぜ、ブロックチェーンやデビットカードのためのマイクロチップで悩むのでしょう？

〝人工的な金の回路〟を見せびらかすことができるのに、なぜ、それ以前のテクノロジーで我慢するのでしょう？

例えば、最も収益性の高い経済事業の一つである戦争は、今や合成生物学によって強化されています。ヒューマンバイオロジー（ヒト生物学）は、新たな戦利品と言えるのです。

## ■ゼノボット

ゼノボットは、生きたロボットです。この小さなロボットは、カエルの胚から採取した細胞を使って作られます。それぞれのゼノボットは1ミリにも満たない大きさで、2本のゴツゴツした手足を使って水中を走ることができます。ちなみに、1ミリは小さな赤アリよりも小さいです。

ゼノボットは、臓器を構成する組織を形成させるために、コミュニケーションをとることができます。このように科学者たちは、〝データを送信し、道を踏み外した細胞を追い立てるために方向付けをし、前後に移動し、誘導された場所で物体を拾い、自身というポーチの中に収めてナビゲートされた場所に届けるハイブリッドロボット生物〟を作り出そうとしています[120]。

## ■スーパーソルジャー

2014年、身体的・認知的制限のない兵士を作るために、DARPAに「生物技術局」が設立されました。戦闘中も身体機能が持続し、強化された認知機能で、24時間365日絶え間なく最高の能力を発揮する——。このコンセプトに基づく実験的技術は、ロボット工学から合成生物学、その両方の組み合わせまで多岐にわたります。

スーパーソルジャーは、ダイヤモンドから作られた人工赤血球であるレスピロサイト（ナノマシンの一種）を注入すれば、水中で何時間も過ごせます。長年、人間の弱点として神話化されてきたアキレス腱は、バイオニックブーツで強化でき、兵士は人間離れしたスピードで長距離を走ることができます。

予防接種は、痛みや炎症を抑えます。神経インプラントは、兵士が思考を通じてロボットとつながり、自分自身を制御することを可能にします。繊維製の筋肉でできたロボットスーツとしての外骨格は、疲労を軽減し、筋力を増加させます〔121〕。

## ■合成生物学によるワクチン

遺伝子導入による「免疫予防法（IGT）」では、特定の疾患に対する抗体を生成する遺伝子を単離し、「人工遺伝子」へと作り変えます。その人工遺伝子をウイルスに組み込み、ワクチンとして人体に注入するのです。すると、この新しい遺伝子は、特定の病気に対する抗体を作り始めるよう、細胞に指示します。

2018年の記事で免疫学者、マイケル・ファーザンはこう言います。

「ウイルスは、積載物を伴うDNAとして体内の細胞に侵入し、この合成遺伝子が体内に元々あるDNA

に組み込まれます。すべてがうまくいけば、この新しい人工遺伝子が細胞に強力な抗体を作り始めるよう指示し始めます」[122]。

ワクチンを介した人工遺伝子の注入はＤＮＡを変化させ、人体に永久的な変化をもたらし、それは生涯続きます。ウイルスの一部を注射する代わりに、合成遺伝子を体内に注入して免疫系を刺激するのです。この治療法は、従来のワクチン接種ではなく、遺伝子治療です[123]。

合成生物学によるワクチンは、人体への強力な送達システムです。このシステムを通じて、外部からのデジタル生体認証が人々の個人情報を記録し、追跡や管理に使われるのです。

## ■量子ドット

ライス大学のケヴィン・マクヒュー助教授（生物工学）と、マサチューセッツ工科大学（ＭＩＴ）の研究チームは、ワクチンの一部として注入された後、情報が蛍光を発する「量子ドット（半導体超微粒子）タグ」を開発しました。

ワクチン接種の際には、砂糖をベースにしたマイクロニードルパッチが使用されます。それが体内に溶け込んだ後、皮膚のすぐ下にあるタグが「バーコードタトゥー」を作るのです。そのタトゥーは、ミクロン単位のカプセルに埋め込まれた「銅ベースの量子ドット」で構成されています。蛍光染料は目に見えませんが、スマートフォンではそのパターンを読み取ることができます[124]。

■ＲＦＩＤ識別

再度の説明になりますが、第3章で紹介した「スマートラック」は世界的なＲＦＩＤメーカーで、ワクチンやデジタル証明書を介して、人間とＩｏＴを結びつけます。スマートラックを利用し、「ＲＦＩＤ識別」を持つ人は、医療情報サービスを利用できるようになります。もちろん、費用は不要。そうなると、例えば製薬会社は、供給網や店舗（病院・診療所・医院・薬局）を移動する製品の一つひとつを「アイテムレベル」（人間がアイテム）で可視化することができます。洗練された分析機能を持つこのシステムは、把握しづらい非効率性を発見するとともに、顧客ロイヤルティ（利用する人への対価）を高めるための報酬も提供します。

■免疫パスポート

デジタル証明書が主流になるにつれ、ヴォットゥン（Vottun）のような企業は、ブロックチェーン技術で免疫パスポートを作成します。これは、ＱＲコードのようにスマートフォンで読み取ることができます。同社は、ブロックチェーン上の量子ドット情報を使って安全なシステムを開発すると主張しています［125］。

■接触歴追跡

アップルとグーグルは、ＲＦＩＤ医療パスポートが生物学に入り込み、ＩｏＴプラットフォームに乗り出すことを許可する第一歩を踏み出しました。両社は共同で、「コンタクトトレーシング（接触歴追跡）スマートフォンＡＰＩ」というアプリケーションを発表しました。

アップルでは「Bubble」、グーグルでは「Apollo」というコードネームで呼ばれるこのソフトウェアは、一部の従業員によって1カ月で作られたと言われています（孤独なザッカーバーグが長い週末にフェイスブックを発明したような、天才児的な信じ難いタイムラインです）。

このアプリケーションは、既存の内蔵監視電話のデータを利用しています。プライバシーの侵害は問題ではないのでしょう。

重要なのは、公衆衛生機関がアクセスできるアプリケーションだということです。ブルートゥースで動作し、チャープ音（短い確認音）を発信します。プライバシーは回転コードによって守られ、アプリは近くにある他の携帯電話を監視しながら、ランダムに変化する「暗号キー」をネットワークに参加するすべての機器に同時送信します[126]。

追跡システムの歴史は浅く、多くの問題を抱えています。

シンガポールの「トレース・トゥギャザーシステム」は、最初の接触歴追跡アプリの一つでした。問題の一つは、アプリが常にフォアグラウンド（通知を表示し、バックグラウンドで実行していることを使用者に認識させた状態）で動作しなければならないか、動作が停止してしまうことでした。

そして、携帯電話のロックは解除しておく必要がありました。使用者は、「このアプリが通常の電話通知を妨害する」と不満を漏らしました。必然的に、アップルとグーグルの展開は、彼らの問題を解消することでしょう。

そのうち、「誰かが感染している」というアラートが鳴り響き、パーテーションで区切られた企業のオフィスのスタッフたちが散り散りになる、という楽しい動画を期待したいと思います。

## ■ID2020

グローバルIDである「ID2020」は、ワクチンとデジタル生体認証を組み合わせた、惑星規模の巨大なものです。人々はマイクロチップを装着され、追跡され、グローバルIDによって管理されます。ビル・ゲイツは、すべての人間にデジタルIDを与える「ID2020プロジェクト」の創設パートナーです[127]。

ID2020のウェブサイトによれば、11億人がデジタルIDを持たずに暮らしています。世界の人口は2020年末時点で約78億人なので、67億人がデジタルIDや、オンライン上の個人情報を持っていることになります。

ID2020のパートナー企業「アクセンチュア」のCEOの発言から、このプログラムの進展と将来について垣間見ることができます。2020年9月、ジュリー・スウィート最高経営責任者（CEO）は、こう述べました。

「当社はクラウドを20％利用していますが、80％に移行しようとしています。それは10年以内ではなく、5年以内で実現するでしょう」[128]。

おそらく、合成生物学による治療とワクチンによってパンデミック問題を進展させるため、スウィートCEOはデジタル化へと変容する展開、つまり〝リセット〟を2030年から2025年へと、より短い期間に修正したのでしょう。

## ■スマートダスト

ワシントンD.C.で過ごしていた日々、私は朝からトランスヒューマニズムについて読み、昼にはヨガのクラスに参加していました。常連もいれば、たまに新しい人もいました。

ある日の午後、クラスが終わると、私は隣のマットの若い男性に自己紹介しました。ヨガ毛布を預けるために教室の棚まで歩きながら、私は彼に「近くで働いているの?」と尋ねました。すると彼は、「この先の国立標準技術研究所で働いています」と答えたのです。どの部門かと尋ねると、「ポリマー」と答えました。

私はたまたま「スマートダスト」と「スマートファイバー」について調べていて、国立標準技術研究所の幅広い研究プロジェクトを知ったばかりでした。その研究所は米国商務省の傘下にある政府機関で、技術革新と産業競争力を強化することを推し進めています(その使命が、911による世界貿易センタービルの崩壊を調査することと、どう関連するのかはよくわかりませんが)。

ずらりと並んだヨガマットや毛布の横に立ちながら、私は彼の専門分野であるポリマーのナノ繊維の一種、「スマートファイバー」への疑問を熱意とともに伝えました。「私は、衣服に織り込まれたナノ粒子が皮膚に入り込み、全身に行き渡る可能性があるという内容を読んだことがあるの」と話したのです。

しばらく会話を続けた後、彼は去り行く私を呼び止めました。そして、「二度とヨガをすることはない」と毅然と言い放ち、姿を消したのです。その若者の怒りに満ちた反応が、グローバリズムの現実を私が初めて認識するきっかけとなりました。

アメリカの衣料品の製造がすべて海外化し始めたのは、クリントン政権下の1994年でした。アメリカの繊維産業の雇用は、主に中国に切り替わったのです。

なぜ、海外化したのでしょうか？　単に、人件費の問題だったのでしょうか？　それとも、合成生物学と監視という、より踏み込んだプログラムと関係していたのでしょうか？

スマートファイバーは、衣服や手術用マスク、化粧品の他に、多くの医療機器にも使われています。これらの繊維は、通常5～50マイクロメートルです。ちなみに、人間の髪の毛の太さは75ミクロン、血液細胞の直径は5ミクロンです。

これらの繊維は電気の力を使い、ポリマー溶液で帯電した糸を目的の細さまで引き伸ばす「エレクトロスピニング法」によって製造されます。このポリマー技術と統合したのが、「スマートダスト」です。

スマートダストとは、1997年にＤＡＲＰＡの研究者クリストファー・ピスターによって作られた造語で、光・温度・振動・磁気・化学物質を検出できる極小の無線「マイクロエレクトロメカニカル・センサー」のことです。コンピュータネットワークであるＩｏＴで動作し、通常は、無線周波数識別によって感知します（スマートラックのワクチン向けテクノロジーと同様）。

スマートダストは、コンピュータネットワークとワイヤレスで通信します。カリフォルニア大学バークレー校の研究者たちは、〝人間の脳に振りかけたスマートダストの機能性への評価や改善点を提案する論文〟を発表しました[129]。

著者であり研究者でもあるエレナ・フリーランドは、こう述べています。

トランスヒューマニスト化に尽力する神経科学者、遺伝学者、国防総省の先見者にとっての大きなハードルは、「ハイブマインド」（個人的な思考力を失い、多くの人が同じように考えること）化させる大規模なブレインマシンインターフェース（ＢＭＩ）を、どのように搭載するかということでした。

その答えとなったのが、スマートダストをまくことです[130]。

＊＊＊

それを実施するにあたり、「ハイブマインド」を作る第一段階として始まったのが、監視でした。

＊＊＊

## ★テクノクラートによる監視と支配の強まり

３つの要素が融合したテクノクラートによる監視は、「ＡＩを使った広範囲な監視」を生み出します。

1　データマイニングと分析
2　バイオエンジニアリング（生物工学）
3　コンピュータ化されたカルチュアルエンジニアリング（文化工学）

テロやウイルス、戦争は、監視に火をつける火種です。監視（surveillance）という綴りには、sur=over（越える）＋veillance=watchful（注意深く見張る）という意味があります。

この言葉は、1793年に容疑者の行動を監視するために「監視委員会」が結成された、フランスのテロール男爵の治世に由来します。この治世は、恐怖に満ちた不穏なスパイ活動や捜索の時代となり、捕えられた人は、しばしば投獄や死に至りました［131］。

研究者のアニー・ジェイコブセンは、2015年の著書『The Pentagon's Brain（ペンタゴンの頭脳）』（副題：アメリカ最高機密軍事研究機関DARPAの検閲されない歴史）で、アメリカの監視国家の起源について語っています。

ジェイコブセンによれば、レーガン政権の政府高官で、イランに対する5つの重罪で起訴され、その後釈放されたジョン・ポインデクスターが、初期の監視国家で主要な役割を果たしたと言います。

1995年、ポインデクスターは、国家安全保障のために大量のデータとメタデータを分析するDARPA内の「ジェノバプロジェクト」を推進しました。このプロジェクトは1年足らずで終わりましたが、8年後、再浮上しました。ジェノバ監視プロジェクト復活の根底には、テロの脅威があったからです。

ジェイコブセンは、9月11日（911）の翌朝、ポインデクスターがDARPAの元同僚、ブライアン・シャーキーに連絡し、「ジェノバプロジェクトを復活させ、加速させるべきだ」と主張したと語ります。テロと戦うためには、新しい監視ツールが必要だったのです。このとき、シャーキーはDARPAを離れ、「サイエンスアプリケーションズ・インターナショナル（SAIC）」にいました。

シャーキーは、報道されたテロ攻撃の後、ポインデクスターが忠告した「高度な監視の必要性」を感じました。そこで、ＤＡＲＰＡのトップのトニー・テザーに連絡を取り、彼らの懸念を伝えることにしたのです。

10月、シャーキーとテザーはバージニア州アーリントンのレストラン、ガフニーズオイスター・アンド・エールハウスで会い、ポインデクスターの要求（ジェノバプロジェクトの復活）と忠告（高度な監視）について話し合いました。その結果、シャーキーの会社ＳＡＩＣは自身が出資し、従業員が所有していることから、シャーキーがＳＡＩＣに残り、「ジェノバⅡプロジェクト」の元請けとなることで話し合いは合意しました。

アーリントンのレストランで交わされたこの契約は、ポインデクスターのヨットでのセーリングクルーズで結ばれました。ポインデクスターは、「ジェノバⅡプロジェクト」を実施するＤＡＲＰＡの総合情報認識プログラムのディレクターを務めることになったのです。

「ジェノバⅠプロジェクト」と「ジェノバⅡプロジェクト」は、軍事監視によるデータ収集の機会を提供しました。ポインデクスターは監視データの収集と解析の最前線に立ち続け、その監視網は人間の脳にまで到達したのです。

ファーマコビジランス監視システムである「ジェノバⅡプロジェクト」は、潜在的なテロリストの情報を収集し、追跡するための「２００２年総合情報認識プログラム（ＴＩＡ）」の種となりました［132］。

ポインデクスターはこれを「テロ対策のためのマンハッタン計画」と呼び、すべての市民に関する総合的な情報を提供しました。ＴＩＡは、医療記録・指紋・歩行・顔と虹彩の生体認証・薬物・処方箋・ＤＮＡ・金融データ・旅行・メディアの使用傾向など、広範囲な市民のデータ情報に侵入したのです。

ＴＩＡの監視戦術は、２０２１年1月までに3億人のアメリカ人にワクチンを接種するという、新型コロナウイルス対策の「オペレーションワープスピードプログラム（ＯＷＳ）」で、再び表面化しました。ＯＷＳの製薬責任者である「ワクチン皇帝」ことモンセフ・スラウイは、患者が同じワクチンを2回接種し、健康への悪影響がないかを監視するための精密なワクチン追跡システムを「医薬品の安全性に対する非常に活発な監視システム」と呼びました[133]。

法律や規制に関する連邦政府の監視は、ほとんど日の目を見ることなく、彼らの密接なつながりの中に埋もれたままです。

## ★ＤＡＲＰＡの実験とイーロン・マスクの「ニューラリンク」

ＤＡＲＰＡの心理学者ジョージ・ローレンスは、「サンフォード研究所（ＳＲＩ）」で心霊テストを研究していました。彼は魔女や超能力者に会い、それらの証言に基づいていて有用かどうかを見極めようとしました。

結局、ローレンスはこの研究分野を放棄し、超能力の代わりにセンサーを使い、コンピュータを通じて人間の脳と直接コミュニケーションをとるというアイデアに行き着いたのです。彼は、センサーが神経信号を読み取り、コンピュータや機械を制御したり人間の意志決定を制御する、現在「ブレインコンピュータ・インターフェース」として知られる分野の基礎を築きました[134]。

DARPAによる2014年の「アクティブメモリーの復元プロジェクト」は、人間の記憶を操作するCIAの初期のマインドコントロールプログラムと直接結びついています。

DARPAのこの記憶プロジェクトでは、薬物や催眠ではなく、コンピュータとセンサーが使われました。彼らは電気部品やセンサーを脳組織に埋め込んで記憶を変化させる「ニューロプロテーゼ実験」を考案しました。

このプロジェクトは、肉体的・認知的な制限のない軍隊を作るという、軍のスーパーソルジャー計画の一部でした。目標は、1週間眠らずにいられる24時間365日のスーパーソルジャーを作ることだったのです。基本的には、人間とロボットのハイブリッドです。

機械と人間のハイブリッド化は軍用・諜報用から脱却し、現在では広く商業広告に利用されています。

イーロン・マスクによる「ニューラリンク」は、2020年、レーザーで人間の頭蓋骨に穴を開け、電極の糸を一瞬にして脳に送り込みました。その電極へとつながるチップを埋め込むと、脳波がスマートフォンのアプリやコンピュータに接続されます。

マスクがこのようなことをした理由は、「AIが人間に取って代わるのを避けるために、ニューラリンクが必要だ」というものです。彼は、「人間とAIを融合させた超人的なサイボーグを開発している」と主張しています（ペトロスキーの主張と、実際に起きたことを思い出してください）。

マスクはプレゼンテーションの中で、脳を使ってコンピュータをコントロールする猿を公開しました。彼の目標は、人間の脳とコンピュータとの間でワイヤレス通信を強化することです。

ニューラリンクでは、脳センサーを４つ埋め込みます。３つは脳の運動野に、１つは体性感覚野に。これらのセンサーは、ワイヤレスで耳の後ろのバッテリー装置に接続され、スマートフォンのアプリで制御されます。

神経インプラントを開発している他の企業には、読み書きする脳機能研究に関与しているカーネル社などがあります。

## ★進行する人間のロボット化計画

これらの科学プログラムは、人間の行動や認知機能を制御するためのスムーズな移行を仮定しています。ですが、科学的な現実は、ＭＫ－ＵＬＴＲＡプロジェクトの薬物実験がめちゃくちゃになったように、神経生物工学には依然として課題があります。

センサーや電極を介して人間の脳に異物を入れることは、血液が漏れることから最終的には失敗します。脳と肉体は侵入を拒絶するからです。センサーを繰り返し注入すると、その都度、傷ができます。その傷の治癒を繰り返すたびに、細胞の活力は低下します。

とはいえ、人体がバイオエンジニアリングにどう反応するかは、問題ではないかもしれません。アニー・ジェイコブセンは、「おそらくDARPAの主な目標は、人間ではないロボットへと前進させること」と言います。彼女の発言は、ロボットを人間のようにするのではなく、人間をロボットのようにするという計画を再び明らかにしています。

人類がエゴを膨らませてトランスヒューマニズムに踏み込むことは、人類にとって不利益をもたらします。「研究開発の目的は人間のロボット化」、そう思わないと危険です。

ニューラリンクによって、人々の未来は人質に取られるかもしれませんが、そのテクノロジーには欠けているものがあります。それ以外にも、コンピュータに接続されたペトロスキーの生徒たちのように、人間をハイブリッド化するには時間がかかることでしょう。

しかし、舞台裏では他のプログラムが、「自然な人間」から「人間をハイブリッド化したロボット」への移行を準備しています。

## ■全人類を監視する「感覚世界シミュレーション」

ベールの向こうで活動している主な組織は、「感覚世界シミュレーション（SWS）」です。

アロク・チャトゥルヴェディ博士（インディアナ大学・パデュー大学クラナート経営大学院所属）は、「現実世界を鏡のように反映した世界」を構築するために、SWSを設計しました。彼は、重要な出来事・世論調査・人口統計・トレンドの変化など、現在の現実世界の情報を継続的に反映する、コンピュータシステムを開発したのです[135]。

極めつけは、「その現実のイメージの世界」にあなたも関わっている（役割を持っている）ということです。ＳＷＳは、現実世界を反映した仮想世界の中に、あなたのアバターを持っています。その目的は、あなたや家族・隣人・友人・地域社会まで把握し、将来の行動や行動の方向性を予測することです。

このシミュレーションには、地球上のほぼすべての人を把握した何十億ものノード（拠点）があります。２００７年、ＳＷＳは地球上の全１９５カ国のうち、62カ国の人々のノードを持っていました。おそらく現在では、地球上のすべての人のノードを所有していることになります。

パデュー大学の研究チームは、「似顔絵ではなく、非個人化された似顔絵を作る」と主張しています。それが何を意味するかは別として、彼らは「非個人化されたアバターの似顔絵はすぐには識別できず、複製もできない」と主張しています。しかし、間違いなく、あなたをイメージした似顔絵は、企業や政府などの最高入札者に売られるのです。

ＳＷＳはそのサービスを、国防総省と司法省、リリー（企業）、ロッキード・マーチン（航空機・宇宙船の開発製造会社）に販売しました。

ＳＷＳのシミュレーションは、次の事柄に使用されています。銀行や金融機関、公共事業（例えば、カリフォルニアの大火災や大規模な暴動の際に）、メディア（将来を見据えたハリウッド映画の脚本用）、小売業（その年の流行色の予測用）、企業の製品発売など。新型コロナウイルス流行の際は、飛行機内での咳がウイルスを撒き散らす様子をシミュレートしました。

## ■個人情報を収集する顔認識アプリ「クリアビュー」

ベトナム系オーストラリア人のホーン・トン・サットは、2007年にオーストラリアを離れ、サンフランシスコに移り住み、ユーザーの連絡先をスパムするフィッシングとハッキングのためのアプリケーション（コンピュータ・ワーム）「Happy Appy」と「Viddy Ho」を作りました。ViddyHoのウェブサイトは、ユーザーを騙してGmailアカウントを共有させました。警察は彼を追跡しましたが、逮捕に関する詳細は大雑把でした。ハッカーとは、〝捕まえられるものなら捕まえてみろ〟という意味です。

軍のコンピュータセキュリティに詳しい友人が言うように、腕の良いハッカーは珍重され、侵入しやすそうなシステムにおびき寄せられ、捕まってその知識を利用されることさえあります。この運命はトン・サットにも当てはまりそうです。彼は非常に役に立つことがわかったのでしょう。

今日、トン・サットはFBI、DHS、および600の法執行機関で使用されているAI顔認識アプリ「クリアビュー」を所有しています。

クリアビューは現在一般公開されていませんが、当時のユーザーたちは、目的とする人物を撮影すると、〝その人物の個人情報に関連するリンク画像〟を受け取ることができました。関連画像は、ネット上にある30億枚の画像、フェイスブック、ユーチューブ、ヴェンモ、リンクトイン、その他のサイトからピックアップされていました。「拡張現実メガネ（グーグルグラス）」と組み合わせれば、クリアビューのユーザーは、見た人すべての素性を識別できる可能性があったのです。

法執行機関は、顔認識アプリを注視しています。このオンラインソーシャルシステムは、私たちが生まれてから亡くなるまでの写真に無制限にアクセスできるからです。

テレビのインタビューで、トン・サットは、こう語りました。

「クリアビューのＡＩによるプライバシー侵害は、公に利用可能なデータを使って、法執行機関が犯罪を解決するのを助ける公平なゲームである」[136]。

彼の長年のオンラインＩＤ窃盗と警察との衝突から見ても、彼は法執行機関のニーズを熟知しています。

## ★ナイキとマイクロソフトの「人体連動型の暗号通貨」

ここで、「第４次産業革命」についての考察を思い出してください。

物理的・デジタル的・生物学的な領域を包括する「テクノロジーの融合」によって、微生物・人体・消費する製品・居住する建物・飛行する航空機の間に共生が生まれます。人間はテクノロジーを使うのではなく、デジタルと合成生物学的世界を統合し、それを自分へと融合させるのです。したがって、生物学的にも神経学的にも、トランスヒューマンは機械です。

人々が４回目の革命となる「テクノクラート」「合成生物学」「監視システム」にどのように参加するのかを、簡単に説明しましょう。それは、〝忍び寄る靴〟の話です。しかし、普通の靴ではありません。

ナイキハイパーアダプトのスニーカーは、あなたの体の延長線上にあるように感じられ、自分用にカスタマイズできるフィット感を提供します。スマートフォンだけで、ナイキアダプトシューズを瞬時に調整したり、この靴に内蔵されたバッテリーの残量をチェックできるのです。

スマートフォンとスニーカーがデジタルでつながり、カスタマイズ可能な5つの音声コマンドは、ＳｉｒｉによるショートカットやＡｎｄｒｏｉｄ使用者のためのグーグルボイスと連動します。健康管理アプリ「Ｆｉｔｂｉｔ」とも連携します。

言い換えれば、〝あなたのあらゆる動きを追跡し、監視できるスニーカーを履いている〟ということです。さらに、直接的なテクノクラシーの側面も持ちます。

**あなたのあらゆる行動＝お金なのです。**

このスニーカーを購入すると、将来、ナイキの新しい暗号通貨「クリプトキックス」を受け取ることになります。この通貨は価値が変動することもありますが、あなたが本物のナイキのスニーカーを購入したことを証明します。ナイキのこの通貨は、スニーカー購入者用の「非公開のコミュニティ」へアクセスを提供します。そこは、豪華な報酬やコンテストがあり、あなたの運動能力を24時間３６５日監視する場所です。あなたの人生の一挙手一投足が監視され、収益化されるのです。

マイクロソフトの特許２０２００６０６０６は、人体の動きと脳波を使って暗号通貨をマイニングする計画を詳しく説明しています。

「身体活動データを利用した暗号通貨システム」と題されたこの出願は、スマートフォンから与えられたタスク（多くの場合、広告の形で提供）を使用者が実行する際に、使用者が発する脳波や体温で自分自身の動きをマイニングし、暗号通貨を得る方法が説明されています［137］。

使用者がタスクを実行する際に反応するセンサーは衣服に付いているか、医療的に体内に挿入され、スマホなどのデバイスと連携します。そしてデバイスは、使用者が広告のアクションを実行して〝満足したかどうか〟を通信し、その結果、暗号通貨の報酬が得られるか、場合によっては罰則が与えられます。

ナイキハイパーアダプトの例に戻ると、使用者のデバイスには、発売されたばかりのナイキジャケットを購入するよう求めるメッセージが表示されます。そのジャケットを使用者が購入したかどうかを靴のセンサーが監視し、購入した場合、クリプトキックスの報酬が与えられます。

時間が経つにつれて、使用者はナイキのメッセージに反応し、彼らが望む行動をすることに慣れていきます。

マイクロソフトの特許は、「脳波」と「体温」を利用していますが、それ以外で追跡することにも言及しています。「体液の流れ」と「臓器の活動」を利用して、ソーシャルメディア・検索エンジン・電子メール・ウェブサイト検索・チャットボット、場合によってはグーグルミートやズームのようなオンライン会議などを追跡するのです。あなたという生態は、監視のための重要な役割を果たしています。

マイクロソフトはこの特許で、目の動きや脳波を含むあなたの生体情報を追跡します。あなたのデバイスに広告が表示されると、マイクロソフトはその広告を見てあなたが購入したかどうかを追跡し、この貴重な情報を自分たちのクライアントに販売します。

あなたの行動データは「作業証明」を生成していきます。この証明は、ブロックチェーンシステム上で取引や完了した事柄を検証し、それをもとに暗号通貨を生成するのです。


このように考えてみてください。あなたは今、新しい会社の店舗で働いています。出勤し、与えられた仕事をこなし、会社の通貨で給料を受け取ります。

この通貨は、家賃や医療費控除後に、店舗に必要な商品を購入することができます。ただし、月末になると、稼いだ金額よりも〝会社の店舗に支払う金額〟の方が多くなりがちです。あなたには、権利も財産も逃げ道もありません。さらに、人工的に改変された自然環境は、あなたの身の上に現在進行系で解決不可能な健康問題を引き起こしています（詳しくは次の章で解説します）。

そんなあなたは会社にとって消耗品であり、この店舗に魂を捧げる必要はありません。仮想通貨マイニング会社は、あなたの遺伝子を再生産し、それを収益化できるからです。あなたの遺伝子は、彼らに与え続けられるのです。

## ★暗号通貨企業による人々の遺伝子の収益化

ブロックチェーン技術の進歩に伴い、人間のＤＮＡは収益化されるようになるでしょう。クラウド上で収集され、アクセスされ、配布され、編集される可能性のあるすべての生物学的情報、特に「遺伝情報」が。

そうなったとき、テクノクラシーの消費者としてのあなたの遺伝子を、暗号通貨企業が所有することになります。例えば、2014年のビットコインマガジンによると、「Genecoin（ジェネコイン）」はあなたのDNAをサンプリングしてデータに変換し、世界で最も強力なスーパーコンピュータであるビットコインネットワークに保存します。

「ジェネコイン」は暗号通貨やカウンターパーティ（外国為替取引などにおける、相手先の金融機関）資産ではありません。それは、アメリカの北東海岸の非公開の場所を拠点とする、匿名のビットコイナーのグループによって運営されている新興企業の名前です。

「ジェネコイン」のメンバーは、ビットコインの世界にシンプルな提案を行っています。それは、顧客のDNAをビットコインのブロックチェーンに実装する、というものです[138]。「ジェネコイン」があれば、子孫繁栄や出産について心配する必要はありません。なぜなら、あなたのビットコインが実り増えると同時に、テクノクラートシステムが補強されていくからです。

人間は現在、自然な子孫繁栄によって世代を超えて遺伝子を受け継いでいます。しかし、トランスヒューマンとテクノクラートは、出産を信頼性の低いバックアップの方法とみなしています。

その代わり、「ジェネコイン」はあなたのDNAを最も不滅で非常に望ましい文化の形、つまりお金そのものに刻み込みます。あなたの遺伝子は、今や通貨の一種なのです。「ジェネコイン」は自己価値に新たな意味をもたらします。

「ジェネコイン」のような企業が考える未来は、人権に関する倫理的な問題を引き起こします。倫理学者や弁護士は、企業が個人のDNAを優遇・編集・廃棄する権利を検証するでしょう。これらの差し迫った倫理的な議論や訴訟は、予測される「気候変動による人口抑制」に新たな皺寄せをもたらしています。誇張された気候変動の物語は、遺伝・人種・性・人格を淘汰する便利な方法として、「クラウド上で選択したDNAを削除する最初のステップ」となる可能性があります。

根底にあるもう一つの倫理的問題は、企業によるDNAの編集が許容されるかどうかということです。もしそれが許されたとしたら、本人が知らないうちにDNAが改変され、好みのDNAプロファイルが作られる可能性があります。最終的には、編集によって人間の遺伝子の均質化が進むかもしれません。

このことは、DNA編集によって、本来サイキックインテリジェンスが持つ潜在的な能力の抑制や除去について考慮するうえで重要です。特に、ETのDNAを持つ場合には潜在的な問題が発生します。ETのテクノロジーに基づくDNA編集の場合、DNAの抑制や除去のほかに、特定のETの特徴を促すことができます。

これらのシナリオにより、暗号通貨・監視・合成生物学・エデュブロックス・スマート雇用契約・建物・都市・交通機関など、あなたの生活のあらゆる面がますます厳しさを増していくでしょう。強化される連鎖の中、企業や個人など、誰かがあなたの一部を所有していることは間違いありません。あなたは、IoT上の通貨、正式にはテクノクラシーのブロックチェーン上のアイテムとして、新しい人生の洗礼を受けることになります。あなたの人間性はコインに等しいのです。

## ★合成生物学の環境下で起こりうる有害な影響

ＩｏＴとは、ネットワークと通信する身の周りの多くのインターネットデバイス（一部は体内）を指します。２０２０年、インターネットに接続されたデバイスの数は、どのくらいあったのでしょう？クラウド接続プロバイダーの vXchnge によると、２０２７年までに「４１０億台」のＩｏＴデバイスが存在するとみなしています。また、２０３０年には「１２５０億台」のデバイスが存在すると予測している情報もあります。

私たちは「10億」という言葉を安易に受けとめ、そこにある重要性を無視しています。１００万と10億の違いを、時間に置き換えて見てみましょう。

＊

●１００万秒は、およそ11・5日
●10億秒は、およそ31・75年

＊

数百万台のＩｏＴデバイスと数十億台のＩｏＴデバイスの差は、あまりにも驚異的です[139]。

以降の第3節の「共通基盤」に移る前に、〝起こり得る複雑な問題〟に対処する必要があります。

合成生物学と結びついた「5Gや6Gの宇宙ベースの制御されたクラウド環境（IoT）」に地球の住民を慣れさせるために〝人体に影響を及ぼすいくつもの有害な事柄を、何者かに管理されることが含まれる〟としたら？

それによる有害な影響には、動悸・肺の炎症による呼吸困難・感覚機能の喪失を含む神経障害・遺伝的な損傷・がん・免疫システムの低下などが含まれるかもしれません。

しかし、このような有害な影響を研究し、解決しようという世論の要求が高まる前に、「先ほどの症状と同じ状態を引き起こすウイルス」「合成生物学的な治療法」「ワクチンによる治療法」が、次々と登場することになります。

これらの治療法や治療薬は新たな苦悩となり、序章で紹介した私が足を踏み入れた「トランスヒューマニズムの迷宮」のように、人々を病気の迷宮へと引きずり込むのでしょうか？

宇宙と地球の環境整備に関する次の章では、サイキックインテリジェンスを持つ私たちを取り巻く、トランスヒューマン化の現状について考察していきます。

合成生物学のウイルスや治療法から身を守り、健康を維持するために、エクソコンシャスヒューマンはどのような選択肢があるのでしょう？　その答えとして、代替医療、特に量子医学の治療法を、ここで紹介しておきます。

## 第3節　エクソコンシャスヒューマンとトランスヒューマンの共通基盤

### ★バイオフィールドを修復する治療法

エクソコンシャスなヒーラーや体の機能を調整するトレーナー、エネルギーワーカーは、健康増進のための機器や治療法の発明と応用を通じて、テクノロジーとの共通点を見いだしています。

バイオフィールドとは、あなたの身体を取り囲むエネルギーと情報の場のことです。この精妙な相互作用の場は、素粒子・原子・分子・細胞・対人レベル・宇宙レベルといった複数のレベルで、生物学的につながり合っています。

バイオフィールドの枠組みは、還元主義的な科学中心の視点とは異なり、生物学的な側面から得られる情報を重視しています。バイオフィールドは、非熱的で微弱な電磁場のような低エネルギー状態か、微細な手段を介して人体と相互作用します。これらの場は、意識と量子の非局所性に関係しています[140]。

バイオフィールドにアクセスする「バイオフィィードバック機器」の多くは、電磁気を利用し、全身の経絡のストレスを軽減します。また、鍼を通して皮膚の電気伝導度を調べ、全身のエネルギーの流れや健康状態に関する情報を提供することもできます。

その他には、次のようなものがあります。

◆**エレクトロダーマル・スクリーニング**(**皮膚電気検出**)

人間のバイオフィールドから放出されている、バイオフォトン=光のエネルギーを測定します。

◆**パルス磁気療法**

身体の回復プロセスと連動しながら、細胞の機能を効率的に回復させて痛みを和らげます。人体は、脳に信号を送るために電気を必要とするため、細胞の電位を効果的に再調整するのにも役立ちます。身体の電流の乱れは病気の原因になりますが、この療法は、損傷した組織や病気の組織、腱や骨折した骨の修復にも役立ちます。

◆**デジタル赤外線サーモグラフィ**

従来の検診よりも10年も早くがんや早期疾患を発見するための、放射線を使用しない、圧迫感のない身体スキャン法です。

赤外線スキャン装置は、皮膚表面から放射される赤外線を電気インパルスに変換し、モニター上でカラー表示します。それは体温をグラフ化した「サーモグラム」と呼ばれ、色のスペクトルは、体表面から放出される赤外線の量を示します。

**◆イオンクレンズフットバス**

細胞の解毒を促します。足浴用の水の中にプラスとマイナスのイオンの流れを発生させ、細胞内の有害な粒子を引き寄せて、イオンに付着させます。

**◆赤外線サウナ**

環境から取り入れてしまった毒素や残留化学物質、重金属を体外に排出する、安全で効果的なデトックス法です。

**◆フォトンクス**

光エネルギーで構成された、この「フォトバイオモジュレーション（ＰＢＭ）装置」は、治療用の特定の波長の光を、体内の効果的なアクセスポイントや経路に照射します。フォトンクスは、紫外線から赤外線までの特定の波長を使用し、体内の特定のターゲットのエネルギーを最適化することで、慢性疾患や感染症、健康に関する全般的な症状を治療します。

# 第5章

## エクソコンシャスな宇宙とのつながりが望ましい？
## 管理された宇宙と地球の環境整備が望ましい？

## 第1節　宇宙的なエクソコンシャスヒューマン

### ★地上で進行する「地球帝国化」

ディズニーランドのパティオで、静かな昼食をとっていたときのことです。頭からつま先まで白い甲羅に包まれた背の高いロボットのような人物が、囲いの向こうから、私たちがいるレストランの前のオープンエリアに歩いて来ました。観客の間に興奮が広がる中、彼は静かに立っていました。スター・ウォーズのストームトルーパーがやって来たのです。

突然、ランチは放棄され、子どもたちとその親たちはストームトルーパーに話しかけに走り寄りました。退屈なコンピュータとの会話でしたが、子どもたちはうれしさのあまり、悲鳴を上げました。銀河帝国のショック・トルーパーは実在したのです。彼は会話をしたのです。

ジョージ・ルーカスはディズニーにいる子どもたちを通して、宇宙帝国や植民地主義、終わらない戦争を、私たちの意識に封じ込めました。

ミッション完了。それとも、それは……？

あなたは、エクソコンシャスという宇宙意識による外交が、宇宙植民地主義と兵器化に取って代わる時代を想像できますか？　エクソコンシャスがＥＴ種族との境界線と彼らの文化を尊重し、協力的で平和な関係を促すことを想像できますか？

この外交は、人類と似ている者もいれば、似ていない者もいる多くの種族と関係を結ぶ能力を持つことを前提としています〔141〕。この時点で、エクソコンシャスヒューマンが、宇宙の中で自分たちをどのように定義しているのかを問うことが不可欠です。

人類は、宇宙へ進出することを決意しています。一部の人々は、最終的には地球が「銀河評議会」の正式メンバーになることを想定しています。そして、多くの多次元体験者が、「この評議会に参加している」と報告しています。

これらの人々の情報から、銀河評議会の人類のメンバーは、インプラントや進化や大使としての専門家、すなわち、人類を優れたＥＴの基準に引き上げるメンバーとしての資格を満たす必要があるかもしれません。興味深いことに、この銀河評議会の視点を持つ一部の人々は、人類を「外部からの援助を必要とする、下等で原始的な種族」と認識しています。人類は幼稚園児に等しいのです。

この種の分類は、宗教的・政治的・社会的であれ、ほとんどの「救済モデル」に暗黙のうちに含まれています。人類が自分たちを「下層階級」と認識することで、より強力で進化した救世主を受け入れる道が開かれるのです。

これとは対照的に、別の世界観は、「最終的には地球が銀河系文明のリーダーになる」というものです。

この視点では、人類は宇宙全域を植民地化します。そのためには、「エイリアンの侵略」という継続的な脅威によって永続する軍事技術で、人類をスター・ウォーズの世界の水準まで引き上げる必要があります。人類は優れたテクノロジーによって指揮され、アップグレードされ、宇宙における「地球帝国」の建設を遂行するのです。

帝国の建設者は、遺伝学・ロボット工学・コンピュータ・神経移植・兵器を通して、人間を工学的に改良する必要があります。これは、惑星外への宇宙旅行や植民地化と連動して調整される「惑星内プログラム」を表します。

この帝国では、惑星外のプログラムが惑星内のプログラムとシームレスに結合することを想定しています。どちらのシステムも、管理された住民を含みます。地球上のすべての人間が、技術に支配された世界のもとにあるのです。その結果、現在多くの大学や研究所・企業・政府グループが、この地球帝国モデルに参加しています。文明のあらゆる分野（貨幣・教育・法律・医療・テクノロジー・宗教・娯楽・政府など）を「秩序ある一つの世界」に集約する必要があるからです。

地球帝国モデルが顕著になるにつれて、ＵＦＯや地球外生命体に対する政府の態度に矛盾が見られるようになりました。

１９４０年代後半以降、ＵＦＯや地球外生命体について社会的に情報操作されてきた結果、人々はＵＦＯや地球外生命体への不信感が募りました。そして、徐々に〝操作された信仰〟へと移行していったのです。

＊

●１９８５年／アメリカ宇宙司令部の設立

●２０１０年／国防総省の「宇宙・空・陸・海の全領域制覇」宣言

※ＵＦＯと宇宙生命体に対する不信感は、徐々に〝人工的な信仰〟へと変化していった。

●２０１９年／「米宇宙軍」の設立

●２０１７年／主にＣＩＡがスタッフを務める「To the Stars Academy of Arts and Sciences」設立

＊

政府の宇宙開発プログラムは、国民のために「新たな信念の物語」を作る必要があるのです。

資金と政治的な優先順位は、「地球帝国モデル」になります。このモデルでは、地球は銀河系文明の新たな中心地であり、人類はトランスヒューマン政府による改良と保護を必要とする「劣等種」です。個人の権利は、国家（この場合は惑星政府）にとって二の次です。

地球帝国は、人間の意識について独自の視点を持ち、「テクノロジーによって強化された脳機能」と定義しています。おなじみの「従属」（人間は進化していない）と、「抑圧」（人間は24時間３６５日追跡されている）という世界観です。

言い換えれば、人間は幼稚か、取るに足らない存在です。地球帝国の目標を達成するには、進化のために介入が必要な下等生物なのです。人々の意識の従属と抑圧が、まさに水辺を覆い尽くしています。テクノクラートに買い占められずに残っている不動産など、そう多くはないでしょう[142]。

しかし、別の方法、つまり人類と地球にとって重要な前進の道があります。

本章の理論的なコンセプトは、〝覚醒し、統合したエクソコンシャスヒューマンは、他の存在や種族と提携していく宇宙市民として進化する〟というものです。

宇宙は主権を持った異なる文明で構成されていて、私たちのような文明もあれば、そうでない文明もあります。エクソコンシャスヒューマンの視点は、人類や地球、自らが住む宇宙へ意識的に参入するための、正気で健全な前進の道にあります。そのプロセスは、人類の独立性と神聖さを維持させるための現実的な手段を提供するかもしれません。

それが人類を地球に結びつけると同時に、宇宙に敬意を払いながら徐々に前進させ、ETや多次元存在と関わるための本来の能力を開花させるでしょう。

## ★蘇った「宇宙船の中での記憶」とETとのつながり

長年にわたるさまざまな多次元存在とのコンタクトの後、私はエクソコンシャスにおける極めて重要なシフトを経験しました。それまではかすかにしか見えなかったものが、道が開かれて明確になったのです。私はそれを、「まだ見ぬ記憶」と呼んでいます。

私はある教室にいるグループの一員だった、という記憶の断片があります。規律ある学校組織、周りにいる生徒たち、顧問の先生、学校の管理者たち——。そのような学校がある宇宙船の中に、脈打つような感覚で頻繁に移動していたという、おぼろげな記憶があるのです。

私の意識はしばしばその脈打つようなパルスを作り出し、肉体の方は、宇宙船の中で下りたり上がったりしている動きを感じたりしました。

そんな中、ある日曜日の午後、私は催眠療法士に誘導されながら、取り立てて計画も願望もないまま、自らの記憶を開くことになりました。その結果、突然記憶の断片が定位置に収まり、パズルのピースがはまったのです。

---

彼女は催眠療法のテクニックを使って、私を〝自分好みの部屋〟に導きました。私はすぐに、壁が生きているかのように呼吸しながら動いている明るい部屋に入りました。

私は3歳の子どもになっていて、自然に壁と戯れ、壁は色や形を変えて反応してくれます。〝見慣れたアドバイザー〟が、私と一緒に部屋にいました。男性で、身長は10～12フィート（約3～3.6メートル）ほどの光の存在でした。指が4本ある大きな手をしています。

再会を果たしたことで、彼と過ごした子ども時代を思い出し、歓喜に包まれました。私は部屋の中でくつろぎながら彼と接しつつも、活発で好奇心旺盛でした。じっとしているのが難しかったのです。

彼は、「あなたがそこにいるのは、この世に生を受ける前に交わした契約のためだ」と言いました。私はこの宇宙船内の学校の教育に協力するということを、地球と約束していたのです。お

---

そらく生まれたときに失った「宇宙の星の叡智」を再び呼び起こすために、この学校に参加することに同意したのでしょう。

彼は私を、各生徒が席と課題を持っている典型的な教室に案内しました。たぶん、24人ほどいる小さな教室です。私は、まるで彼らの魂の青写真を読むように、一人ひとりの課題を感じました。彼らがそれぞれ、政治家・音楽家・科学者・医師・教育者・発明家・作家・コミュニケーターへと成長していくのがわかりました。

私は自分の席で、自らの任務を感じていました。その教室では、「銀河系言語」を教えていて、カリキュラムにはマインドワークやエネルギーワーク、ヒーリングも含まれていました。この宇宙船内の学校のクラスを指導していたのは、タウ・セチ、アンドロメダ、プレアデス、アルクトゥルス、ゼータ、オリオン、シリウス、リラの種族からなるグループです。

私は自分自身のことを、背が高くてほっそりした光の存在、つまり、細長いホタルのようだと思いました。ハイブリッドでありながら、アンドロメダ人やアルクトゥルス人であるようにも感じていました。ですが、簡単に言えば、私は種族を超えた存在でした。そして現在の人生では、人間としての体にETの種が蒔かれていたのです。

アドバイザーとともに教室を出ると小さな会議室があり、この学校の管理者である校長と、船外からの訪問者2人が迎えてくれました。彼らに名前はありませんでしたが、彼らの波動でどのような存在かがわかりました。それぞれバイブレーションが特徴的だったのです。

なぜ、私が乗船しているのか、自分の任務について彼らと話し合っていると、地球上の軍や政府の役人がときおり室内に入って来て、私たちの話し合いを聞いていることに気づきました。そのことに圧倒されることはなく、彼らはたいてい静かでした。教室の中にいるときも、控えめに後ろの方に立ち、様子を見守っていたのです。

地球外からの訪問者の女性が、生徒たちに「政府の代表者には敬意をもって接するように」と念を押していたのを覚えています。この宇宙船の学校では、地球の役人たちを丁重に迎えていました。やんちゃな種が蒔かれた子どもたちと、慣れない新しいカリキュラムを理解するように命じられた大人の政府役人との間に隔たりがあるのを認識し、彼らに礼儀正しく接していたのです。私にとってこの宇宙船での体験は、仕事というよりも楽しいものでしたが、役人たちは新しい言語を学び、私たち子どもが簡単に覚えられるプログラムに参加しなければなりませんでした。

直感的に、私はこの宇宙船学校の正式名を思い出しました。それは、若者向けのプロジェクトだったことも。銀河系の役人たちが学校を組織し、指導し、他の存在たちの訪問を快く許可していたのです。そのような外交的な取り決めや関係性について、私は何も知らされていませんでした。

あるとき、3人の管理者との会話の中で、「なぜ、私の人生は奇妙な紆余曲折を経てきたのですか?」と尋ねてみました。彼らはすぐに、「それは、あなたが〝自分を偽らない人間〟という自らの要求に応えてきたからです」と答えました。

それを聞いて、「私は自分を偽らない人間……」という言葉を心の中で繰り返しました。地球での人生は、近道でもウォークインの役割でもなく、人間としての現実に浸る必要があったのです。

彼らといた部屋から出た後、私は宇宙船の中で一番好きな場所「キューポラ」（半球形の屋根）に駆け上がりました。その場所で、私はこの宇宙船を操縦する特権を得ていたのです。操縦装置の前に立つと、心がリラックスし、自分の小さな手は宇宙船と一体化して空へと滑り出しました。私は意識でアクセスできる星図を使いながら、宇宙空間を航行しました。星々の間を直感的に進むことができ、船を離着陸させる方法も知っていました。私の意識は宇宙船を包み込み、一体となっていたからです。

地球の時空に戻って、この記憶を分析すると、私と宇宙人たちとのコンタクトは、アイゼンハワーの「エイリアンとの条約締結」と同時期に始まったことがわかりました。

それが起きた1950年代、UFO研究家たちは、宇宙船内で宇宙人と平和的で温かな交流をしたコンタクティーを特定しました。そのような友好的な宇宙人を、研究者たちは「宇宙兄弟」と呼びました。

その後、1960年代になって、UFO研究者たちはコンタクト体験をアブダクション（誘拐）とみなし、悲惨な誘拐やそれにまつわるトラウマについて詳述するようになりました。

それに対し、調査に専心するスティーブン・グリア博士のような研究者は、「トラウマになるような拉致情報は、大衆の意識にエイリアンに対する恐怖を作り出すために意図的に計画された政府の闇作戦である」としています。彼は、こう主張しています。

「秘密政府部門は、世間が信じる誘拐を演出するために、UFOや遺伝子設計されたエイリアンそっくりなクローンや電子兵器を所有している」

多次元存在とのコンタクトを意識的な光の中の体験にしたいと熱望する人々が私のところにやってくるとき、私は思いやりをもって、さまざまな経験を尊重します。

それぞれの経験は異なります。人それぞれ、この地上の生活でその人にしかできない仕事へと花開く種が宿っているのです。人それぞれ教室に席があり、それぞれに課題があります。コンタクティーたちが仕事をするにつれ、彼らの間に同盟が生まれるかもしれません。あなたの意識が舵を取っていて、あなたの道を知っているのです。

## ★ヒプノセラピーが可能にする時空を超えた旅

エクソコンシャスは、いくつもの世界の間をさまよいます。

現実とは、異なるフレームに収められた一連の写真のようなものです。時間と空間が、地球で体験する現実の主なフレームを作り出します。しかし、他の視点、他の世界、他の次元も存在しているのです。

「時空の連続体」とは何なのでしょう？　それはどこにあるのでしょう？　時間と空間は存在するのでしょうか？　それとも、私たちの現実を織りなす幻想なのでしょうか？　私たちは、時間と空間の内と外を同時に生きているのでしょうか？

ヒプノセラピストとして、私は「退行テクニック」を実践しています。催眠を通して、クライアントは「過去世」、あるいは私の好きな言い方では「別の人生」にアクセスするのです。時空連続体の外側では、自分の人生に対し、拡大した視点が得られます。

退行状態から見た人生とは、「周辺の視野が開けた壮大なパノラマ」です。退行下では、日常生活の「今、ここ」に固定されたままでありながら、他の人生の知識が吹き込まれるのです。紙にしわが寄ることで隠されていたような、かつての人生が展開します。退行状態は次元のひだを開き、複雑な細部が浮かび上がるのです。

解けなかった人生の謎に対する〝完璧な答え〟をクライアントに提供する退行セッションを、私は何度も目にしました。退行状態でもたらされる情報は時空連続体の外にあり、決しておとぎ話ではありません。意識は道を知っていて、その道の先には情報があるのです。

時空を超えた旅は、地球外生命体から受け継いだ習《なら》わしです。人は地球で暮らしながら、地球という枠組みをジャンプして超えるために生まれてきたのです。

このようなエクソコンシャスな能力は、厄介なものなのでしょうか？　もちろんです。他の能力と同じように。

初めて自転車やホバーボードに乗ったりすると、しばらくの間、やめられなくなります。あまりにも楽しいからです。それと同じで、催眠と退行状態が楽しすぎる状態になることがあります。

私たちは過去世や他の人生への理解を得るために、そこに飛び込みます。その結果、「他の人生」というレンズを通して、現在の地球での経験をフィルターにかけることになり、異なる次元で生きる危険性、つまり「他の人生」と「現在の人生」が横並びになることがあるのです。ですので、他の時代の謎を解き明かした後は、地球の生活に戻ってグラウンディングすることが不可欠です。

催眠セッション中、私はすぐに過去世に入りました。何度も退行を繰り返していたので、難なくできたのです。セラピストたちは、「自分の過去世に精通している人は、しばしば過去にとらわれ、現在の生活に悪影響を及ぼす」と言及しています。もっともな見解です。

このようなエクソコンシャスな意識に関するワークには、バランスの取れた意識状態が必要です。地球での人生は、私たちの港のようなものだからです。

## ★いくつもの超能力を発現させる「アストラルトラベル」

退行催眠と並んで、「アストラルトラベル」と「テレポーテーション」は、時空連続体を超えた魅力的な出会いを与えてくれます。

私はアストラルトラベルを繰り返し、練習を重ねることで技術を磨いてきました。子どもの頃は、楽に体外離脱をしました。私の意識は肉体の外へと、スーッと抜け出ることができたのです。しかし、大人になり、子どもを育て、仕事を任され、家庭を守るために意識の扉を閉じました。

やがて、心の中に何かがかすかに現れました。それは、意識的にアストラルの領域に出入りしていた頃の「彼方への旅の記憶」でした。それにより、私は子どもの頃に自然に身に着けていたものを学び直し始めたのです。

著書『Out of Body Experiences：A Handbook（体外離脱体験）』で、ジャネット・リー・ミッチェルは体外離脱体験（ＯＢＥ）をする方法を解説しています。その中には睡眠中の夢が含まれ、無意識に体外離脱した際の、特に落下や飛行のビジョンが含まれます。

明晰夢は、睡眠中の夢に意識的にアクセスすることで、夢の内容を別のレベルへと引き上げます。明晰夢を見ている間、夢を見ている本人は自分が夢の中にいることに気づきますが、目覚めることはありません。そのまま夢を見続けている間に自分の行動や反応を選び、夢の中での経験をコントロールし始めるのです。

極度の疲労状態もまた、肉体の意識を消失させ、ＯＢＥへの移行を容易にします。アストラル体は宇宙エネルギーを充電するために、疲れ切った肉体を離れるかもしれないのです。シャーマニックな儀式では、しばしば極度の疲労を呼び起こし、ＯＢＥへの移行を緩和します。その際に使用される幻覚作用のある薬物は、意識の拡大への入り口となるかもしれませんが、アストラルトラベルを直接発生させるものではないようです。

体外離脱しやすいと宣伝されてはいるものの、OBE体験をしたLSD使用者247人を対象にしたテストでは、薬物の影響下で体外離脱していた人はわずか3〜4%でした。他のテストでは、LSDとメスカリンが体温を上昇させ、それがOBEをもたらす可能性が示されています。

視野を覆った特殊な「ガンツフェルド状態」や瞑想や催眠による極度の感覚遮断は、身体の運動能力の出力を低下させ、意識を変容状態にします。トラウマや心理的ストレスも、意識の変容の引き金となります。


OBEを達成する方法が何であれ、アストラルトラベルにおける心の弾力性は、量子理論と密接に関係しています。量子理論によれば、粒子や波動は観察されると形を変え、時間を進めたり戻したりしながら、同時に2つの場所を占めます。

肉体的な自己は、意識的な旅の推進力であると同時に、錨であることに変わりはありません。心と肉体をつなぐ伝説の「銀の紐」は、OBE状態を継続するためには健全な肉体のエネルギーが必要なことを示しています。しかし、死と同時に意識は肉体を離れ、「意識という宇宙船」を呼び戻すための推進剤は肉体には残らないのです。

アストラルの領域では、意識は時間と空間の制限を超えた量子的な現実に素早く適応し、そこでは個人の意志が「意識の宇宙船」を動かします。OBEの体験者は、意識を向けるだけで、目的地へ簡単に移動できることを報告しています。さらに、別の目的地に思考を投影するだけで、なじみがなかったり、恐ろしさを感じるアストラルの次元が現れたりもします。

ＯＢＥの体験中、肉体という母船は自分の身に起きている出来事を監視している状態のままです。トラウマを抱えた体外離脱者は、いつでも肉体という安息地に戻ることができます。

１９９９年、「インターナショナルアカデミー・オブ・コンシャスネス（ＩＡＣ）」は、詳細なオンライン調査を実施し、ＯＢＥにおける98の側面を分析しました。

７０００人以上が回答した国際的な研究により、年齢・性別・国籍・民族・文化的背景・宗教・学歴に関係なく、ＯＢＥ体験者には多くの共通点が示されたのです。

ＩＡＣは、〝個人がＯＢＥやリモートビューイング（遠隔透視）を通じて情報を捉えるプロセス〟を解明するための調査を改善しながら研究を続けています。その主な目的は、体験者による情報を収集することと、脳へ伝達する仕組みを調べることです。

ＯＢＥ中には、人間の意識の力が増大したことを示す、いくつかの明確な現象が見られました。それらは以下の通りです。

●**自己変位**／同時に２つの場所にいることを認識する（例えば、自分の肉体が見える）。

●**自己透過性**／意識を投影している間、物理的な物体を通り抜けることができる。

●**内的自己透視**／自分の身体を内観し、骨や臓器を見て病気やアンバランスを発見する。

●**宇宙意識**／意識が拡大した状態で、宇宙の秩序・バランス・論理を知覚すると同時に、自分が宇宙の一部であることを感じ、それを祝福する。

●**予知能力**／肉体から完全に意識を切り離して投影した状態で、まだ起きていない出来事に関する情報を得る。

●**逆認知**／肉体から完全に意識を切り離して投影した状態で、現世や過去世ですでに起きた出来事に関する情報を得る。

●**テレパシー**／「肉体の状態」か「意識を投影した状態」、または「非物質の状態」で、思念の伝達によってコミュニケーションをする。

OBEは、肉体と意識体との間にある「アストラル体の領域」で起こります。夢を見ている状態が引き金になることもありますが、夢ではありません。

OBEの報告では、意識の投影に積極的に参加し、決断を下したり、精神的な力を使ったり、この体外離脱中での行く先を決めたりしています。そこは別次元ですが、はっきりとした現実味があります。投影者の意識は肉体から切り離されてはいますが、自分の肉体を観察し、肉体からの離脱と肉体への帰還を自覚できるのです。

量子理論が文化に根付くにつれて、人々はOBE体験を容易に受け入れるようになるでしょう。増え続ける体験のデータベースは、私たちの意識と肉体に関する科学的な知識を増やします。車を運転するには自動車のエンジンについての知識が必要ですが、人は「量子意識」というものを完全に理解するのを待たずに、自らの意識をテストしていくのです。

## ★意識を飛躍させる「テレポーテーション」

宇宙物理学者のエリック・デイビスは、「テレポーテーションは実現可能な技術であり、正当な科学である」と主張しました。彼の研究の目的は、物質のテレポーテーションの情報を収集し、物理学的にテレポーテーションを説明し、その理論と実験の状況、実用法を提供することでした[143]。

デイビスは、「実現可能なテレポーテーションの未来像」を以下のように5つにまとめました。

1　量子テレポーテーション
　※これは、遠く離れた素粒子の位置は変わらず、特性だけが変わる。

2　ワームホール
　※これは、ブラックホール付近の強烈な重力場がその先への入り口を作り出すという、極めて理論的な可能性である。

3　並行次元で行う宇宙旅行

4　SFベースのスタートレックの転送ビーム

※しかし、デイビスはこれを却下している。

5　サイキックテレポーテーション

※これが、最も合理的で可能性が高い。

中国の研究者は、被験者が心の思いだけで、ミバエやバッタをテレポートさせたことを実証しています。中傷された有名な超能力者ユリ・ゲラーは、「封印されていた水晶化合物をテレポートさせた」と報告しています。物理学者のダン・ルウェリンは、研究室で2つのコンピュータチップ間で、光子が単一の量子状態を共有する高レベルの「量子もつれ」の実証に成功しました。

デイビスの研究のポイントは、テレポーテーションに関する既存の研究をすべて集め、他の研究者がそれを踏み台にできるようにすることでした。中国が成功を誇ったかと思えば、アメリカ空軍やスタンフォードやプリンストンなどのアメリカの研究機関も、秘密裏に意識の研究を進めています。

しかし、「人間自体のテレポーテーション」には大きな危険性があります。ジャーナリストのジョージ・ナップは、こう言います。

「元の自分は破壊され、別の場所に新しい自分が現れるだろう。最初にそれを試すには勇気がいる。あなたの本質が保たれるかどうか、誰にもわからない」

人間はテレポーテーションで破壊され、そして再創造されるのでしょうか？　もしそうなら、テレポーテーションによる破壊のプロセスを通じて、物質的な構成要素はどのように再現されるのでしょう？

言い換えれば、テレポーテーションはオリジナルのあなたではなく、あなたの複製を作り出すかもしれないのです。


一つの可能性として言えることは、人間は永遠であり、普遍意識と絡み合っているため、〝テレポーテーションで人間を破壊することはできない〟ということです。

それは、意識や魂、死後の世界について肯定することと言えるでしょう。テレポーテーションしても、人間の本質、つまり人間としての意識は残っているのだと。テレポーテーションの研究は、肉体の破壊という死への信念体系を「絶え間ない創造」という信念体系へと変えるでしょう。

テレポーテーションに関する科学的研究は、軍事資金によるものであれ、大学での実験によるものであれ、個人のスピリチュアルな体験によるものであれ、自分自身と現実についての考え方を飛躍させてくれます。それは意識的な飛躍であり、肉体を〝感覚を持った知的な永遠のエネルギーシステム〟として経験することへと飛躍させるのです。

飛躍し、テレポートするためには、肉体の中にある「発射台」を特定する必要があります。私は、クンダリーニエネルギーという揺りかごが、肉体のテレポートのための発射台だと信じています。このクンダリーニのエネルギーは、ゼロポイントという「反重力の推進剤」に相当し、意識を旅立たせ、学びへと導くのです。

エクソコンシャスの重要な能力とは、人間の意識を揺りかごから揺り動かし、旅をし、テレポートし、戻ることを学ぶことです。

## ★トランスヒューマン化のための宇宙規模のインフラ

テレポーテーションやOBEは、私たちが生まれながらに持っている意識の力を使い、緩やかに波及していきます。

それは、以降で説明する、宇宙と地球が相互に接続した「トランスヒューマンのコマンド・コントロール・コミュニケーション」の基盤とは根本的に異なります。この基盤は、巨大で圧倒的な惑星レベルのスケールです。軍・企業・大学からなるシステムとは別の場所に位置する少数の研究者が、そのかすかな輪郭を知覚し始めています。

幼少期の無意識の知覚と信念体系のように、私たちは「政府による宇宙と地球とのつながり」について、切り離された断片しか知覚していません。実際は、神秘と畏怖のイメージで構築した巨大な基盤を作り上げるために、多くのプロジェクトが編み込まれています。

マインドボディ・セラピストとしての自分の仕事と同じように、私は以降のセクションで「トランスヒューマン化のために作られた、宇宙と地球をつなぐインフラの層」を次から次へとそっと暴いていきます。各層の構造をエクソコンシャスヒューマンの視点として見ることで、あなたの人生において、それらの層をどのように管理し、方向づけるかを決めることができるでしょう。

エラナ・フリーランドは、現在地球を取り囲み、地球とその住民をイオン化した大気で満たしている「スペースフェンス（地上レーダー施設）」に関する政府・科学・軍事文書の膨大な記録を調べ上げました［144］。彼女の研究は、次のセクションのベースとなっています。

以降で登場する「各層」を読み進める際は、すべての層が相互につながるネットワークとして機能していることを気にとめてください。機械のようにすべての層が影響し合って動いているのです。

# 第2節　宇宙と地球に張り巡らされたトランスヒューマン化計画

## ★5Gから6Gになると何が起きる？

私たちの電話やコンピュータをつなぐ、社会的にネットワーク整備された5Gはおなじみです。新型コロナウイルス感染症が流行した際、5Gの責任が社会的な話題になりました。ニューヨークや武漢のように5Gが飽和状態にある人口の多い都市は、市民をより病気のリスクにさらすのでしょうか？人体は、増大する高周波電磁波による曝露に耐えられるのでしょうか？

しばらくの間、科学者やエンジニアは、5Gを包括的な「モノのインターネット（IoT）」に移行するために必要なものとみなしていました。

しかし、それはくつがえりました。スウェーデンの腫瘍学者が、36カ国180人の科学者や医師からなるグループを率いて、人体の健康や環境に対する潜在的な危険性について調査したからです。彼らが、普及を一時停止するよう勧告したことで、5Gの勢いは弱まりました[145]。

このセクションを読みながら、合成生物学に関するこれまでの情報を、あなたの中で統合してください。5Gのおそらく1000倍の速度を持つ次世代の高周波電磁波「6G」が、人間と環境にどのような影響を与えるかを考えてみてしてほしいのです。

コロナウイルスに付随して、6Gに関する公開討論が行われました。ジャーナリストたちは、人間と人工知能のより深い統合を可能にする、6Gの研究を公開したのです[146]。

5Gが「IoT」であるのに対し、6Gは、蓄積されたナノ粒子・人工生物学・RFIDによる人間の識別をネットワークに接続する「合成生物学のインターネット」かもしれません。ひょっとすると、人間の意識がAIの意識と完全に融合することで、6Gは「心のインターネット」とも呼ばれるかもしれません。6Gと合成生物学の目的は、人間が機械になるような影響を与えることであり、その逆ではないのです。

しかも、大規模で多面的な、地球と宇宙をつなぐ地上レーダー施設「スペースフェンス」による環境整備が、人間の意識を完全に捕らえようとしています。

## ★張り巡らされる「監視衛星とスペースフェンス」の仕組み

以降の検証は、宇宙から始まり、地球へと移動していきます。

## 第1層

## 衛星からの地上の監視

63年前、宇宙からのビープ音が世界中に響き渡りました。バスケットボールほどの大きさの衛星から、98分ごとにビープ音が鳴り響いたのです。

この反響する無線装置のビープ音が、宇宙時代をスタートさせました。「スプートニク」（ロシア語で、旅の仲間）を打ち上げたソビエト連邦は、初の人工宇宙衛星によって、メディアを通して歴史的な注目を集めたのです。63年前、地球全体に響き渡った人工衛星のビープ音は、この惑星の市民に宇宙時代への参加を呼びかけました。

現在に至るまで、私たちは宇宙ゴミであふれかえった宇宙時代を過ごしています。現在、ロシアとアメリカを中心に、軌道上には約20万個の宇宙ゴミと[147]、5774個の活動中の衛星が存在します[148]。宇宙事業の計画が成功すれば、1957年のスプートニク以来打ち上げられた人工衛星よりも多くの人工衛星が、今後10年間で地球の軌道に投入され、周回することになります。

イーロン・マスクによるスペースX（スターリンク）、ワンウェブ、ジェフ・ベゾスによるプロジェクト・カイパー、カナダのテレサット社は、今後数年間で4万6100基もの衛星を打ち上げる計画を発表しました[149]。ときおりメディアで耳にするイーロン・マスクのスターリンクの報道を除けば、ほとんどの衛星がらみの活動は静かながらも強力な存在です。

2020年夏の終わりに、アマゾンのウェブサービスは、インターネットの弱点がなくなるよう、プロジェクト・カイパーと呼ばれる低軌道（LEO）衛星の一群を打ち上げるために100億ドルを投資すると発表しました。多数の小型衛星を連携させて運用するこのプロジェクトは、特にアメリカで、提案された3236基の衛星群が配備されました。

衛星は、次のようなことを提供します。探査・通信・機器や乗客の運搬・防衛・兵器・インターネット・メディア放送・情報・軌道上の宇宙船の宇宙での組み立て・エネルギー・天気予報・データバンク・GPS。しかし、1970年代半ばに「国家偵察局（NRO）」がキーホール衛星を打ち上げて以来、監視と諜報が主な任務であることに変わりありません。

キーホール衛星は30年間、軍事監視のために地球を周回しています。地球の上空約200マイル（322キロメートル）の軌道上で「巡回デジタルカメラ」として機能し、目的のエリアで複数の画像を収集するのです[150]。この衛星の基盤には「合成開口レーダー」が取り付けられ、マイクロ波の照射とともに作動することで、嵐や暗闇でも高解像度の画像を生成できます。

人工衛星は車のナンバープレートを読み取ったり、人々のオンライン生活を監視できるという話を、耳にしたことがないでしょうか？　衛星は私たちの行動を追跡できるうえに、さらにはより重要なことがあります。

もし、監視と諜報が主な目的なら、衛星はその技術によって人間の心を読むことができるのでしょうか？

## 監視衛星が人々の心を読み取る

研究者のエレナ・フリーランドによれば、〝1970年代から人工衛星は人間の心を読むことができた〟と言います。技術者は50年にわたり、心を読む技術に磨きをかけてきたわけです。

それは、どのような仕組みなのでしょう?

人間の思考は、超低周波（ELF）帯で伝達されます。多くの人が知っているシューマン共振は、大気の電気的な活動に関係し、雷を伴う雨や嵐による放電などで生じる共振振動と考えられています。シューマン共振の周波数は7.8Hzであり、それは地球の電磁波領域、つまり地球と電離層の間に自然に存在する「準スカラー波」です。この波動を、人間の脳波と同じように、「地球の脳波」とみなすことができます。この波動は、人間と自然を調和させます。

脳の神経細胞は、エネルギーをある形から別の形に変換する「変換器」のような働きをします。そしてあらゆる知覚は、脳の特定の領域に電気信号を送ります。神経細胞には軸索があり、それが電荷をミリ秒単位で強めたり弱めたりしながら伝播しているのです。この作用は交流電流の波形のようなもので、電波のような弱い電磁波を発生させます。

脳から発生したこれらの信号は空間へと放出され、検出することができます [151]。しかし、問題はその信号をどのように理解するかです。

誰の脳の信号が検出されるのでしょうか？　衛星技術は個人を識別し、その人の脳の信号を感知できるのでしょうか？

その可能性は高いと言えます。この識別技術は大衆監視のようなもので、ノイズや画像の乱れを排除し、一人の人間に焦点を絞る方法です。衛星技術を使えば、脳の信号を受信したタイミングによって、その人がいる場所と個々人の脳のニューロン構造の情報が得られます。個人の脳のニューロンの発火は、その周波数と振幅によって識別可能であり、脳の神経波形は指紋のようなものです。

神経波形に加えて、洗練された生体認証が、衛星にさらなる識別技術を提供します。

生体認証の際、指紋・手のひらの静脈・顔認識・ＤＮＡ・掌紋・手の形状・虹彩・網膜・嗅覚の分析が含まれます。行動特性で分析する場合、歩行や声、タイピングのリズムなどがあり、それ以外の行動パターンも含まれます。このような生体認証の技術は、自分自身に対する認識を何年も超えたものなのです。

## 第3層
## 電離層のイオン化によるデータマイニング

商業ロケットは活気ある分野として、さらに熱くなっています。ロケットは衛星を打ち放ち、探査し、宇宙システムへと接続します。

金融企業のゴールドマン・サックスとメリルリンチによると、今後20年間でロケット打ち上げの市場規模は、1兆から3兆の間に成長する可能性があります〔152〕。この数字は、アプリのような携帯電話技術も、世界的なブロックチェーン市場も凌駕します。過去には、スペースXが市場を破壊し、小さな新興企業が増え始めるまで、2つか3つの打ち上げシステムがあるだけでした。

なぜ、成長したのでしょう？　答えの一つは、採掘場所が異なることを除けば、電離層はゴールドラッシュ時のカリフォルニアに似ているからです。

カリフォルニアで鉱夫たちは、通貨としての金を探し掘りました。今日、ロケットは地上のシステムの支援を受けて、電離層の大気をイオン化し、そこから情報とデータを採掘しています。電離層の大気をイオン化することで、そこでの通信が可能になり、情報という金が得られるようになるのです。

なぜ、人為的に電離層をイオン化すると、通信が可能になるのでしょう？

電離層は、変動する太陽放射のエネルギーによって、自然にイオン化します。ただし、「太陽極小期と極大期」「太陽フレア」「太陽風」は、地球と宇宙との通信に悪影響を及ぼす可能性があり、その通信に使う主な場所が電離層です。そのため、安定した通信が行えるよう、人為的に電離層をイオン化させる必要があるのです。

エラナ・フリーランドは、ロケットやジェットエンジン、それらの補助システムが、「下層の大気」と「電離層」の密度を密かに高めてしまうことを詳しく述べています。

1972年、NOAAのヘス局長は、「人工オーロラを発生させ、ヴァンアレン放射線帯を変化させ、地上から電離層を人為的に変化させられるようになった」と発表しました[153]。

# 第4層

## HAARP／ケムトレイル／GEMS／量子コンピューティング／CERN

### ■HAARP

1990年、アメリカ空軍地球物理学研究所のための「HAARP（高周波活性オーロラ研究プログラム）」の役割が発表されました。要約すると、〝ロケットやシャトル、衛星に搭載された粒子ビームや、加速器による宇宙レベルの取り組みのための化学物質の放出の必要性〟を強調したものでした[154]。

当初はアラスカで、現在はアラスカ大学が監督する空軍のHAARPは、一連の「電離層加熱プログラム」を成功させました。HAARPは電離層の一部を加熱するために放射電力を集中的に浴びせ、その電力を電離層が跳ね返したのです。

HAARPから発生するELF波は、特定の地域の天候やそこにいる人の脳波を変化させることができます。人々の意識をコントロールする可能性を示す、さらなる証拠です。

世界中に少なくとも13のHAARP施設があり、地球の電離層を変化させています。これらの施設は、アメリカのアラスカ、ロングアイランド、エリア51、プエルトリコ、ペルー、ブラジル、イギリス、ノルウェー、ロシア、中国、インド、日本、オーストラリアにあります。

## ■ケムトレイル

HAARPと同時期、アメリカ空軍の「プロジェクト・クローバーリーフ」からケムトレイル計画が始まりました。公的な根拠は、地球温暖化を遅らせることでしたが、主な目的はHAARPに適した大気を作り出すことでした。

巡航高度でジェット燃料タンクから放出された導電性の高い酸化アルミニウムは、「反射性の大気」を作り出しました[155]。1996年までには、国防総省の論文『戦力増加要因としての天候』が発表されました。〝2025年までに天候を支配する〟という国防総省のこの論文では、ケムトレイルによる大気の白濁化を「シーラスシールディング（すじ雲遮蔽）」と呼んでいます。

また、国防総省宇宙軍司令部の「2020年ビジョン」は、宇宙・空・陸・海の全領域の支配を宣言しています[156]。

ケムトレイルによる霞は主に、太陽放射管理用のアルミニウムとバリウム、潤滑用のステアリン酸バリウムからなり、それはレーダーには映らない「RF（無線周波数）マイクロ波ビーム兵器」の働きを促すものと言えます。ケムトレイルに関する証拠は次第に増え始め、1998年にはカナダのオンタリオ州環境省が、雨水から安全基準値の7倍ものアルミニウムを検出しました。

ちなみに、「プロジェクト・クローバーリーフ」は、米国とカナダ軍の共同作戦でした。このプロジェクトは、10年にわたる機密の末、2000年になってようやく公表されました。

無防備な市民に化学カクテルを散布するプロジェクト・クローバーリーフは、どのような化学兵器を使用したのでしょうか？

ある研究者によれば、散布されたのは、軍事プロジェクトに使用する「帯電した導電性プラズマ」です[157]。アスベスト大の合成繊維・バリウム塩・アルミニウム、そして伝えられたところでは放射性トリウムを含む有毒金属で構成されています。これらの物質は電解質として機能し、軍事用レーダーや電波の伝導性を高めます。

2009年、カリフォルニアの研究者による、海軍研究所の「チャージド・エアロゾルリリース実験（CARE）」が、世間から注目を集めました。これらの塵雲は、上空55マイル（約88キロメートル）で放出され、徐々に高度を下げていきました。

HAARPによる20年間の気象改変に続き、2010年、アメリカ下院は「地球工学に関する初の議会報告書」を発表しました。すでに地球工学のインフラが整備されていることが明らかになりましたが、国民はそのことに気づいていませんでした。

## ■地球環境マイクロセンサー

ミクロサイズの探査衛星「地球環境マイクロセンサー（GEMS）」は、地球の全領域を高解像度で監視します。

この探査衛星は大気中に数時間から数日間浮遊し、特定の場所を測定します。その目的は、気候や市民の観測、情報収集、軍事的把握などです。

各GEMは電源によって自己制御され、検知・ナビゲーション・データ中継のための通信能力を提供します[158]。例えるなら、〝採掘用のつるはし〟のようなもので、情報という鉱脈を露出させるのです。最終的には、あらゆる対象物を測定するために作り出された、さまざまなデザインやサイズのGEMSからなる「網、あるいは保護のベール」が、地球を覆い尽くすでしょう。

GEMSという探査衛星は、その用途によって、一つか複数のサイズで50~100ミクロン程度になりそうです。GEMSの専門家は、「このサイズが人や物に接触しても危険のない軽さである」と主張しています。ちなみに、コーヒーフィルターの孔は約20ミクロンです。

## ■量子コンピューティング

1998年、DWaveコンピュータが商業用に導入されたことで、「量子コンピューティング」が進歩しました。グーグル、IBM、マイクロソフト、その他の企業も、量子コンピュータの技術革新を進め、モニターした結果と分析データを生成する実験装置を開発しました。

量子コンピュータのサービスには、「複雑な生物システムのシミュレーション（合成生物学）」「ブロックチェーンの暗号技術と暗号解読」「グローバルな金融分析」「未来予測のシナリオの実行」「企業のサプライチェーン管理」などが含まれます。

## ■CERN

2008年、CERNの「大型ハドロン衝突型加速器（LHC）」が稼働しました。この装置は、2本の高エネルギー粒子ビームが衝突する前に、光速に近い速度で反対方向に進むというものです[159]。

地球の磁気圏が地球上の生命にとって不可欠なのは、太陽の放射線の影響から守ってくれるからです。黒点や太陽フレア、コロナ質量放出など、変動する太陽活動は地球の磁気圏に歪みを引き起こします。

それとは別に、研究者たちは〝CERNによる粒子ビームの発射と磁気圏の変化には相関関係がある〟ことを発見しています[160]。彼らは〝CERNの活動は粒子や磁気共鳴にとどまらず、超次元やねじれに焦点を当てた「パラレルワールドを証明する実験」につながっているのではないか〟と推測しています。

CERNの物理学者ミール・ファイザルは、その可能性をこう語っています。

* * *

重力が超次元に漏れる可能性があり、そうなれば、LHCでミニチュアブラックホールが生成されると予測している。

通常、多元宇宙を考えるとき、量子物理学の多世界解釈を考えるが、これは検証できないので、哲学であって科学ではない。パラレルワールドというのは、そういう意味ではないことが多い。

私たちが意味するのは、余剰次元にある現実の宇宙である。私たちの宇宙から追加次元へと重力が噴出する可能性があるため、LHCによってミニブラックホールが誕生したことが検出されれば、余剰次元のモデルが検証されるかもしれない[161]。

* * *

見落とされがちですが、ＣＥＲＮの重要な側面は〝データの収集〟です。ＣＥＲＮは1日あたり毎秒数百万ビットのデータを生成していて、これは〝ＮＳＡの惑星スパイ計画を除けば、他のあらゆるデータベース管理を凌駕する〟とされます〔162〕〔163〕。

イギリスの科学者ティム・バーナーズ＝リーは、ＣＥＲＮに在籍中にワールド・ワイド・ウェブを発明しました。量子コンピュータとＡＩの導入は、ＣＥＲＮの実験とデータ収集を後押しし、ＣＥＲＮとＩＢＭはデータ収集において協力しています。

## 第5層
## 惑星規模のスペースフェンスの完成

エレナ・フリーランドによれば、地上のレーダー施設「スペースフェンス」は第2世代の宇宙の監視システムです。

２００９年に起きたアメリカとロシアの通信衛星の衝突事故により、レーダーシステムのアップグレードが求められました。この防衛面での需要が、太平洋マーシャル諸島のクェゼリン環礁に、７０００平方フィート（約650平方メートル）におよぶスペースフェンス「米空軍衛星レーダー・アレイ施設」を建設することにつながったのです。

このレーダー施設は、地球から何百マイルも上空にある小さな物体でさえも位置を特定し、識別し、追跡します。報告によると、スペースフェンスは予算削減と再設計の必要性から2013年に閉鎖されましたが、宇宙からの監視は強化されています。

2019年、「プラネットラボ」は300基の小型衛星を宇宙に打ち上げました。それらを組み合わせると、地球の全領土を毎日撮影できるのです。サンフランシスコのダウンタウンで設計された小型衛星は「鳩」と呼ばれ、群れで打ち上げられ、小型衛星という巣に格納されるように作られています。

同年の2019年、当時大統領だったトランプは、2020年の国防授権法で「宇宙軍」を軍隊の第6部門として編成することを発表しました。

1996年の国防総省の論文『戦力増強剤としての天候』を覚えているでしょうか？　宇宙軍によって、トランプは宇宙・空・陸・海の全領域の制覇を宣言したのです。

マーク・ミリー統合参謀本部議長は、「軍事作戦において、宇宙は単に他の領域での戦闘作戦を支援する場所ではなく、それ自体が戦争遂行領域なのだ」と大統領を肯定しました。宇宙を所有すれば、地球も所有することになります。テクノロジーが私たちをそこに連れて行くのです。

その1年後の2020年、米宇宙軍はクェゼリン環礁のレーダーシステム施設（スペースフェンス）を改良し、「宇宙空間に存在する、わずか10センチの物体でも追跡できるようにした」と発表しました。NASAは、直径1~10センチの物体が、時速約3万5400キロメートルで地球を周回していると推定しています。つまり、これらの小さな物体でさえ、宇宙船や人工衛星と衝突すると壊滅的なリスクとなるのです。

2021年、国防総省は、西オーストラリアに2つ目のレーダー施設を建設する予定です[164]。

エレナ・フリーランドによれば、スペースフェンスは、気象や地球の近くの宇宙空間をコントロールし、地球にいる生命体を包み込むための壮大なシステムであると言います。それが人間の意識を完全にコントロールすることも、付け加えておきましょう。

## 第3節　エクソコンシャスヒューマンとトランスヒューマンの共通基盤

### ★スペースフェンス下でどう生きる？

あなたは、次のことに気づかなければなりません。

科学的に整備されたスペースフェンスによる環境と、エクソコンシャスヒューマンが持つ宇宙意識や、OBEやテレポーテーションのような能力を比較したとき、明らかな違いがあるということを――。

政府・軍・企業・大学が組織化され、協力し合い、協調体制を築いたのに対し、エクソコンシャスヒューマンは、無秩序で非構造的なままです。エクソコンシャスヒューマンとしての私たちの未来は、権利を奪われ、無視され、他者にコントロールされた環境に反応し続けることになるのでしょうか？

UFO研究は何十年にもわたって政府の内部告発者情報を探し求め、彼らの証言による「非公開文書」の開示をFOIA（米国の情報公開法）から要請されて以来、内部告発をサポートしてきました。この取り組みは、国民が要求すべき情報の秘密のベールをはがすために、勤勉で英雄的な少数の人たちが全員の利益を追求するためには不可欠でした。

残念なことに、こうした真摯な活動のほとんどは、人間がいかに使い捨てされ、権利を剥奪された存在であるかを認識させるものでもありました。このような扱いを受けていることを自覚している人は、社会体制に対して反抗的な反応を示します。しかし、別の選択肢もあるのです。

## ★エクソコンシャスな解毒剤は「トラウマ」の克服

エクソコンシャスな「解毒剤」として、次のことを考えてみてください。

＊

**トランスヒューマン化やスペースフェンスという巨大な存在に直面したとき、圧倒されたり、怒ったり、敗北したような反応をするしかないのだろうか？**

＊

いったん反応的になると、人は「トラウマ反応」へと移行し、クリティカルシンキング（批判的思考）能力を制限してしまいます。そうなると、ほとんどの場合、交感神経系が自動的に自らを生存へと向かわせ、それによる決断と反応を支配するのです。その結果、「トランスヒューマニズムやスペースフェンスが自分の生命を脅かしている、攻撃されている」と捉えます。

悲惨な状況下で生き延びるためには、トラウマ反応が必要かもしれません。しかし、それが正当化されないような状況でも、恐怖心はコントロールする必要があります。

トラウマ反応は幼児期に、ほとんど無意識のうちに発達するため、それが吟味されることはありません。興味深いことに、トラウマ反応は〝慣れ親しんだもの〟であるため、それを経験すると気分が良くなります。初期に何かを刷り込まれた神経系は、子ども時代のトラウマ反応を再現するのが大好きです。私たちは反応して、刷り込まれた記憶に火をつけるのが好きなのです。

そうやって古い感情を感じ続けることで、人間関係が崩れたり、健康が損なわれたり、人生が間違った方向に進むなどして、何かがうまくいかなくなります。そして、解決策を探します。

成熟し、バランスが取れて地に足の着いたエクソコンシャスヒューマンとしての人生を創るには、自らのトラウマ反応を正直に検証し、自分自身に責任を負うことが必要です。もはや、神経系を満足させるために〝状況を再現する必要はない〟ことを認めましょう。自分の反応に意識を向け、〝健全な反応〟を選ぶ責任を負うのです。

トラウマ反応に対する、次の解毒剤は効果的です。私たちはトラウマ反応を変えることも、それによって神経系を再配線することもできるのです。

トランスヒューマニズムとスペースフェンスという、圧倒されるような存在に対処するための選択肢を、いくつか紹介しましょう。

あなたのトラウマ反応と、その解毒剤はどれでしょう？

◆逃避反応

逃避的なトラウマ反応では、スペースフェンスを無視し、「存在しない」と思い込みます。現実が展開する間、意識は分離して別次元に住み、安全に暮らします。この現実逃避は、薬物や不安、または終わりのない瞑想によって行われることもあります。

これらの行動は、逃避反応です。このような反応を示す人は、「切り離された別の現実」に生きていると安心します。しかし、極端な逃避反応は解離につながり、一般的には、精神が分離することを意味します。

**◎逃避に対する解毒剤**／事実と現実に根ざし、自分自身と他人の中にある可能性に心を配りましょう。

◆凍りつき反応

圧倒された際のトラウマ反応であるフリーズ（凍りつき）反応は、無力感に対する降伏です。この行動は、あらゆることに凍りつきます。典型的なフリーズの表現は、「行き詰まった感じがする」。多くの場合、それは胎児のような姿勢でしゃがみ込み、周りの世界から自分を守るのと似ています。

この反応はまた、自分に対し「孤立している」「透明人間だ」「被害者だ」という感情を引き起こします。

凍りつき反応を示す人は、自分が犠牲者であり、周りから分離していることに安心感を覚えます。複雑な要因がからむこともありますが、凍りつき反応には次の方法が役立つでしょう。

**◎凍りつきに対する解毒剤**／本や記事を読んだり、他人と会話をしたり、自分の感情を誰かに語るなどして、行動を起こしてください。自分の強さと対処できる力を認識し、それを高めるのです。

## ◆闘争反応

闘争的なトラウマ反応は、憤りや怒りのレベルが高まって獰猛になり、トランスヒューマニズムの侵略と闘います。この反応は攻撃的で、ときに暴力的な闘争を引き起こします。闘争反応を示す人は、自分が置かれた環境を一連の脅威として認識し、自分に対する攻撃とひそかに闘うことになります。

ファイターとは、自分が攻撃的ないじめっ子であることに安心感を覚える人のことです。彼らは、自分の人生を縛りつけるような絶え間ない脅威に対する唯一の解決策が、闘いであると考えています。

**◎闘争に対する解毒剤**／事実を見いだす機会を得て、自分を落ち着かせることで、平和を見つけましょう。心の支えとなるような平和的な人生の状況に集中するのです。自分のすべての反応が、穏やかな反応になるように心がけましょう。

◆小鹿反応

小鹿的なトラウマ反応とは、高い道徳的立場をとり、スペースフェンスを作ってトランスヒューマニズムを展開するという、悪である他者を裁きます。一方で、自分は他者にとって必要不可欠なヘルパー＝救世主であるとみなします。これが子鹿の反応です。ヘルパーとしての自分が文化的に受け入れられているため、トラウマ反応として最も認知されていません。

この子鹿反応は、自分を犠牲にしてまで他人の世話をすることで安心感を得る人々に現れます。「私は人のためにそれをする」というように。

◎**小鹿に対する解毒剤**／まず自分自身に集中することです。自分の力を集め、自分の中に成果を見いだしましょう。他者から自分へと、意識をシフトさせるのです。

以上の解毒剤を使い、無意識のトラウマ反応から抜け出すための〝意識的な決断〟をするようにしましょう。そうすることで、次章で説明する個人レベルでの道徳的な自律が始まっていくのです。

# 第6章

# エクソコンシャスな道徳的自律が望ましい？トランスヒューマンの形態的自由が望ましい？

## 第1節　道徳的自律と自由を求めて

### ★自由とモラルを求めたキング牧師の物語

1954年11月、「デクスターアヴェニューバプティスト教会」の牧師に就任したばかりの25歳のキング牧師は、医師や弁護士、教師、経営者たちからなる会衆の前に立ちました。

マーティン・ルーサー・キング・ジュニア牧師は、〝変容した非適合者〟になるよう、地域社会に呼びかける激しい演説を行ったのです。キング牧師は人々に対し、世間に無頓着に順応するのではなく、自分の心、つまりモラルという道徳的良心や、内なる神の力に従って世界を変革するよう促しました。

私たちは、社会に適合するのではなく、信念と道徳的な気高さを持ち、社会的に尊敬される人間であるよう求められています。より高い忠誠心に従って生きるようにと命じられているのです。

70年もの間、教壇を前にして、傷がついた木製の椅子に腰を下ろしていた忠実な教区民たちは、わずか1年の間に、キング牧師の演説という出来事が激動のうねりへと変わり、変容の深みへ進むことになるとは知る由もありませんでした。彼らは、不確かな未知の世界へと歩き出したのです。

キング牧師が就任してから1年以内に、黒人のローザ・パークスは、白人の乗客にバスの座席を空けることを拒否し、逮捕されました。そのことに憤慨した黒人女性たちが集まり、キング牧師のリーダーシップのもと何千枚ものビラをガリ版刷りし、市バスの1日ボイコットをしたのです。

これがきっかけとなり、地域の宗教指導者たちは「モンゴメリ改善協会」を結成し、若いキング牧師が指導者として選ばれました。彼はボストン大学で博士論文を書き終えたばかりで、〝一人ひとりの心、自律心、道徳心によって、神は私たちの心の奥底にある切望に応えてくださる生きた力である〟という神学的信念を固めたところでした。

キング牧師は、このように語っています。

「〝変容した不適合者〟は、自分自身の内なる他者、すなわち霊的自己である生ける神との出会いによって創られます。彼らの内なる変容は、隣人への善意と愛の行為を通して、社会の変革につながるでしょう」

彼は、ラルフ・ワルド・エマーソンやヘンリー・ワズワース・ロングフェロー（「個人主義」と「道徳的自律」の支持者）の言葉を引用しながら、自らのコミュニティの人々にアメリカ哲学を取り入れるようにと促しました。愛に根ざした非暴力の共同体であることを求めたのです。

妻と子どもが家にいる間に投げ込まれた焼夷弾の残り火がまだ燃え続ける自宅のポーチの階段に立ったとき、彼は「非暴力と愛」という挑戦を掲げました。破壊的な焼夷弾は、キングが〝道徳的自律〟をもって立ち向かった外部の力、ヘテロノミー（他律）を象徴していました。

ブラジルの学者、ロドルフォ・デ・オリヴェイラ［165］は、「ヘテロノミーとは個人の外側の力によって影響される行動である」と定義しています。哲学者のジャン＝ジャック・ルソーは、「ヘテロノミーとは支配され、統治され、あるいは他者の支配下にある状態である」と述べています。

それは、情報に基づき、強制されることなく決断を下す能力である自律の対極であり、反対語なのです。

デ・オリヴェイラの著作では、道徳的自律を〝精神的覚醒と個性化に基づくもの〟とし、次のように定義しています。

「自律的な個人は、心の中にある自然な道徳の法則と調和していて、それは私たちの道徳的生活の根源である神聖な愛の輝きと表現することができる」

道徳的自律とは、私たちの本性との深いつながりを確立することであり（これが一般的に「目覚め」とも呼ばれる理由です）、それは、社会システムに対する自らの知性の在り方を表現する手段となります。

私たちは、自分が社会システムの一部であることを認識していますが、それは通常、贖罪的主権（何らかの罪をあがなうこと）のような意識状態です。ホログラフィックの仕組みのように、全体のどの部分にも全体としての情報が含まれています。人類があるレベルの意識状態になり、それが臨界点に達すれば、地球が別の惑星になることは明らかです。

キング牧師は〝変容した不適合者〟を定義する際、神や神聖なるものを〝他者〟と呼びました。デ・オリヴェイラとエクソコンシャスな観点では、「意識の場」「神の源」「スピリチュアリティ」「ＥＴ」「多次元」など、いくつかの用語で〝他者〟に言及しています。デ・オリヴェイラによれば、人類が道徳的自律を得ることは、エクソコンシャスの到来への切符だと言います。それは、より幅広くより複雑な自律の在り方として、宇宙全体に存在する他の知的生命体と協働創造することなのだと。

キング牧師のモラルの羅針盤は、神との関係を目指し、人種差別や社会的・経済的不平等からの自由を土台とし、愛に根ざした非暴力な行為によって達成されました。

彼の時代のような高い道徳性の達成が、今日も呼びかけられています。それゆえ、私たちのエクソコンシャスコミュニティでは、このトランスヒューマンな時代における「自由に関する倫理的課題」に取り組んでいるのです。

## ★3つのコミットメントとAI化への懸念

〝意識の自由をすべての人に〟と掲げたキング牧師の遺産と同様、人間としての自由はエクソコンシャスの道徳的な柱です。

キング牧師もエクソコンシャスも、次のことへの精神的コミットメントを含んでいます。

＊

1／道徳的自律　2／自由　3／非暴力

＊

彼が人種差別と憎悪に挑んだのと同様に、今日、エクスコンシャスヒューマンたちは、新たな形の奴隷化に直面しています。
それは、トランスヒューマン化によって、心と意識を奪われることです。

キング牧師は、人々が他者によって引き起こされた苦しみとの関わり方について、内なる変革を求めました。エクスコンシャスヒューマンは、トランスヒューマニズムとテクノクラシーによって引き起こされる、苦しみへの関わり方への変革を求めます。道徳的な自律を確立することは、侵略的なAIによる機械文化との遭遇において不可欠だからです。

玄関ポーチを爆発させる爆弾や、庭で燃やされた十字架の代わりに、侵略的な機械の知性は、「ワイヤレスプラットフォーム」「隠されたコンピュータアルゴリズム」「個人情報のデータ」「心」「感情」「人間の意識を捕らえる秘密のコード」を通して、静かに近づいてきます。

21世紀には、人間がますます機械やAI空間の奴隷となり、奴隷制度は新たな意味を持ちます。悲劇的なことに、主流派の宗教的・道徳的指導者たちは、この新たな奴隷制度に直面したとき、盲目か無教養のどちらかになってしまうようです。

人種差別によるもののほか、児童や性や労働者の人身売買という形で、奴隷制度は地球全体に広がり続けています。この奴隷化は、決して縮小するものではなく、伝染病のように依然として流行しています。この伝染病の中で、宗教的な声はビジョンも計画も熱意も欠けています。地球上から人間の奴隷制をなくすための進展は、矛盾する統計と陰謀や諜報、解決策から目をそらすための訴訟など、つぎはぎだらけです。

ワインスタインやエプスタイン、武漢の科学者たちに関するスキャンダルなどに、世界的なエリートたちのネットワークや関連組織が巻き込まれる中、主流メディアは彼らの背中を軽く叩いて励ますかのような肯定的な記事を人々に提供しています。彼らが関与する「恐怖のストーリー」に対しては簡潔に取り上げて、真実を水面下に沈めるのです。

奴隷制の幅広さに圧倒される中、宗教や道徳の教えが、トランスヒューマン化による人間の意識の奴隷化を否定したり、最小限に抑えるのは当然のことです。今日に至るまで、「AIや合成生物学による人間の奴隷化」という課題に関する歴史的・精神的なテキストや、論理的・神学的・科学的な議論は存在しません。

しかし、奴隷制に取り組む際の指針となる「歴史的テキスト」は豊富にあります。哲学的なものではルソーやカント、精神的・宗教的なものではモーセ、イエス、ブッダ、ムハンマド、古代の国王たちなどの文書が存在します。これらは、奴隷制の問題に寄り添っています。

モラルある人々は、人間の遺伝子の青写真に「奴隷制度の廃止」と繰り返し書き込んできました。私たちは奴隷制度が間違いであり、非倫理的であることを知っています。

しかし残念なことに、「AIによる人間の奴隷化」という証拠を特定し、廃止するための道徳的な青写真はありません。〝機械による人間の束縛〟という新たな現実は、不透明な検閲をされています。私たちには、参考にすべきテキストも、指導者も、モラルを司る遺伝子コードもなく、文化には羅針盤としての価値がありません。

トランスヒューマンという機械ベースで人間の意識を捉えることに対する指針を、どこに求めればよいのでしょう？

## ★エクソコンシャスの指針は自由と個人主義

自由と個人主義というエクソコンシャスの指針は、その根幹において、人間は思考・創造性・意志・道徳的自律の自由という権利を主張しなければならないとしています。

エクソコンシャスヒューマンは、「意識の場」に、自由に無制限にアクセスする権利を主張する先駆者です。人間は次元を移動します。夢の中でこの領域を探索し、日常生活の中で意識的・無意識的にこの領域を探求しています。

エクソコンシャスは、人間の意識に根ざしています。人間にとって主要なリソースは意識であり、石油でも金でも機械でもありません。それは地球外のマインドなどの多次元的な表現ではなく、人間の心にあるのです。私たちエクソコンシャスヒューマンの焦点は常に、「人間の心と思考の自由」という基本的権利に立ち返ります。

エクソコンシャスは、個人の経験に根ざしています。地球外生命体や多次元存在とのコンタクト、それらとの協働創造は、主に個人的な体験です。グループでの経験として発展することもありますが、ETのような存在とともに、自らの心と体の多次元性に目覚める強烈な旅は、何よりもまず個人的な体験となります。

ですので、エクソコンシャスを発達させるには、「自由」と「個人主義」の文化的背景が必要なのです。

国際的なコミュニティである「エクソコンシャス研究所」は、世界中の文化の道徳的自律について検証しています。〝その国の人々が、自由と個人主義をどのように統合しているのか〟ということを。

私たちのこのコミュニティでは、世界中の文化が異なる歴史的視点や価値観、自由と個性を持っていることを尊重しています。また、エクソコンシャスヒューマンたちがＥＴや多次元存在と自由に協働創造するにあたり、道徳的自律を探求することを支援しています。

エクソコンシャスなヒーラー・発明家・科学者・教育者・芸術家からなるこのコミュニティは、「エクソコンシャス文明」の建築家であり、建設者です。この革新を達成するために、エクソコンシャスヒューマンには自由が必要です。多次元の「意識の場」を追求し、利用可能な情報やエネルギーを得るための精神的な自由が――。

## ★アメリカで花開いた自由と個人主義への流れ

３００年以上前、イギリス、フランス、ドイツ、そして最終的には西ヨーロッパ全域で、「自由」と「個人主義」という文化的思想が発展しました。

それは、後にアメリカへの入植者たちの間で花開くことになりました。啓蒙の時代だった当時、自由は大きな課題であり、自由を求める声は、アメリカ独立革命の成功という新しい国の創設につながったのです。しかし、「自由」という概念はアメリカ独自のものではなかったため、指導者たちはフランス、イギリス、ドイツの理想を研究しました。

それらの国々とは異なり、地理的な距離という理由から、アメリカ市民は君主制やエリート組織に対する怒りをあまり持ちませんでした。ヨーロッパから何千マイルも離れていた彼らは、選挙で選ばれたわけでもない人たちで作られた政府によって、自分たちが奴隷化されていることにほとんど苦痛を示さなかったのです。

そのうち、アメリカ人は自由を求めました。革命をルーツとするアメリカの自由の概念は、個人主義と道徳的自律を要求したのです。教会や聖職者の権威に依存する祖国に反旗をひるがえしたプロテスタントは、個人の良心・魂・心・神との直接的な関係を重んじました。自由が、新しい国の精神的血管を貫いていたのです。

政府や君主制、ヒエラルキー、企業、教皇、司祭は、道徳心を持つ人々に対し、絶えずバランスを保たなければなりませんでした。こうして、アメリカは精神的エネルギーのエンジンがかかりましたが、集団レベルではなかったのです。

アメリカという国は、家族や祖国、教会、王室へ反抗する個人からなる政治的・社会的実験場でした。彼らの道徳的な良心が、〝自分自身とその進化を自由に判断する権利を与えてくれる場所〟に住居を構えさせたのです。個人が基準でした。

パトリック・カイガーによれば、西欧の哲学が入植者たちに影響を与えた一方で、「アメリカ民主主義の誕生を促したイロコイ族を評価すべきだ」と主張する歴史家もいました。これらの歴史家たちは、合衆国憲法とイロコイ大法に基づく自治制度を提案したのです[166]。

その自治制度を治めたネイティブアメリカンの指導者カナステゴは、植民者たちが互いにケンカをすることに不満を表明しています。

「われわれは、同胞である諸君の連合に、良好な関係性への合意を心から勧める」と植民者たちに諭しました。

彼は、イロコイ族を見習うよう勧めました。イロコイ族は、「平和の大法則」として成文化し、組織化された「自治システム」を確立していたからです。それは、中央評議会と個人の自由を守る「チェック・アンド・バランス」の両方を備えていました。

言及しているように、エクソコンシャスのコミュニティは国際規模です。自由と個人主義の精神は、歴史も文化も異なる他国では、どのように表現されるのでしょう?

「ホフステード・インサイツ」というコンサルティング研修グループは、世界の文化圏で収集した統計をもとに、個人主義の度合いをオンライン上で公開しています[167]。さまざまな国を調査し、国によって個人主義がどう異なるのかを明らかにしているのです。

多くの場合、集団主義という文化的背景が、個性を定義しています。例えば、「自由と個人主義」という啓蒙主義の理想は、ロシアでは「集団主義」「国家の重要性」という、より広範囲な政府文化を重視することで抑制されています。

中国も同様に、個人主義よりも集団主義を重視していますが、その文化には「自己」や「個人」という明確な定義があります。中国における「自己」は、精神と肉体、または自然との分離によって妨げられることはありません。そのため、「自己」はより有機的で、人は環境と関わりながら発展していきます。二元論的な西洋の伝統に比べ、中国人は自己と個人主義を統合した概念を持っているのです[168]。

## ★アフリカとインドの個人主義度の違い

アフリカ大陸には54の国があり、集団主義と個人主義が存在しています。

ナイジェリア、エチオピア、エジプト、南アフリカの人口が最も多く、ホフステード・インサイツによると、南アフリカの数値は65点で、個人主義社会です。この数値は、個人が自分と身近な家族だけの面倒を見ることを希望する、緩やかな結びつきの社会的な枠組みを好む傾向を示しています。

集団主義的な国には、30点のナイジェリア、20点のエチオピア、25点のエジプトなどがあります。この数値は、家族、親族、または幅広い人間関係といった「集団」に長期的に密接に関わることで現れます。

しかし、イブラヒム・アノバによれば、アフリカ文化は強固な個人主義の伝統を存続させています。アフリカの個人主義は生命そのものと同じくらい重要であり、個人の尊厳を重んじることが美徳なのです。アフリカ以外の国との唯一の違いは、アフリカの場合、個人主義が各コミュニティにとっての幸福の中に組み込まれることで、〝個人の繁栄がより現実的なものになる〟と考えられていることです[169]。

ヒンドゥー教が支配的なインドは、〝人間はアートマンという自己を持ち、身体と一体化している〟とみなす文化です。中国と同様、彼らの自己の定義は、より有機的です。

しかし、仏教国には「自己を否定する教え」があります。それによれば、〝人間は魂と呼べるような永続的で根本的な物質を持たず、その代わり、絶えず変化する5つの要素で構成される〟としています。

ステファン・パコフスキーによれば、ヒンドゥー教と仏教の根本的な違いは、生きとし生けるものの自己（あるいは魂）に関することだと言います。

その生きとし生けるものとは、ヒンドゥー教では自己＝アートマンを持っていることであり、アートマンは肉体ではありません。それとは対照的に、仏教は自己を否定する教えを厳格に守っています[170]。

オランダの研究者であるゲルト・ホフステードによれば、インドに対する評価はまちまちで、個人主義という点では、アメリカやカナダ、オーストラリアといった旧英国植民地の大半よりも低い傾向にあります。しかし、隣接する多くのアジア諸国よりも、個人主義の傾向が高いのです。

以下は、ホフステードの分析です。

全体的な数値の平均が48点のインドは、集団主義と個人主義の両方の特徴を持つ社会である。集団主義的な側面とは、より広い社会的な枠組みに属することを好む傾向が強いことを意味し、そこでの個人は、自分が定義した集団内のより大きな善に従って行動する。

このような状況下では、家族や親戚、隣人、職場、その他の社会的ネットワークの意見など、さまざまな概念が個人に影響を与える。

集団主義者にとって、仲間から拒絶されたり、直属の集団から低く評価されると、その人は無軌道になり、強烈な空虚感に襲われる[171]。

＊　＊　＊

注目すべきは、インドの個人的自由の概念は〝人間の堕落と美徳は当然である〟という明確な知識に基づいていることです。個人の自由とは、美徳や知性、想像力に対してだけではなく、脆弱性や堕落の傾向も含めたうえでの自由なのです。完璧ではなく、バランスこそがインドの現実と言えます。

モハメッド・ボルハンドデン・ムーサは、イスラム教が〝個人主義（責任）と集団主義（革新）を基本的な概念としている〟ことを挙げています。

イスラム文化で個人主義は、人間の活動における責任に対しての原則となる「基本的要素」です。一方で、集団主義は、個人主義の原則から花開いた社会活動を定める「創造的要素」なのです[172]。

## ★宇宙レベルのエクソコンシャスヒューマンとして

自由と個人主義に関する哲学や宗教、文化的見解が、地球上で多様であることは事実です。しかし、人間の尊厳を尊重するというエクソコンシャスのコミュニティの考え方が変わることはありません。人間が一つの種族であるという、エクソコンシャスヒューマンの視点は、人類と地球、そして私たちが「意識的で宇宙的な存在」になるための健全な道筋なのです。人間が「意識的な宇宙的存在」に加わることを強調するのは、人間の独立性と神聖さを維持する手段となるからです。

人々は地球に根付くと同時に、敬意をもって徐々に宇宙へと移動するにつれて、宇宙全域のETや多次元存在と関わるための生まれ持った能力を開くことになります。

エクソコンシャスヒューマンは、独立した主権を持つ地球の住民として、自分たちが銀河の未来を決めることを自覚しています。人類の種となったETや多次元とのつながりを認識することは、自らのアイデンティティを強化します。その結果、エクソコンシャスヒューマンは、自らを独立した存在でありながら、より大きな宇宙の存在と関係していると捉えます。

意識は最も貴重な価値あるものであり、人間の想像を超えるものです。意識とは、さまざまな存在と共有する「宇宙のフィールド」です。人間は、この多次元的なフィールドに存在する多くの種族の中の、一参加者にすぎません。

人類の意識は、数々のサイキック能力の発達を通して進歩していきます。人類は行動する種族であり、何かを創造し、工夫し、自分の心と身体と精神を使って、現在の状態を超えて高度な能力を発達させます。それゆえ人は、人間とサイボーグのハイブリッドになって、テクノロジーに従属してはいけません。人間は機械でもなければ、トランスヒューマンの歯車でもないのです。テクノロジーが支配すれば、人間の意識は制限を受け、その能力は知識や信念や技能といった狭い範囲に用いられることになります。ＡＩの支配によって、〝人間の捕獲〟は完了するのです。

とはいえ、私たちはどこかもろく、思いもしないほど複雑で傷つきやすい人間として「意識の領域」に参加している、という事実は変わりません。身体全体と神経系が、「意識の領域」に参加しています。肉体は意識の道具として働きます。コンピュータのように、データによる決定論的なものではありません。「意識の領域」への参加はまだまだ未開拓分野であり、私たちの知識と探究心の欠如によってのみ制限されています。人類が宇宙へと突き進むとき、推進剤となる力と燃料の役割を、意識が果たすかもしれません。ＥＴとの多次元的なコンタクトを通じて宇宙意識に目覚め、それを活用するエクソコンシャスヒューマンになることは、地球と宇宙のベンチャー企業の責任者にとって、優先事項になるはずです。

しかし、地球上での「宇宙経済」と「宇宙探査」の現実は、相変わらず秘密主義で覆われています。政府の機密活動や文化には、モラルある自律した人間らしさは存在しません。この隠された「宇宙システム」とそれに関連する「惑星監視」は、トランスヒューマン化におけるモラルの一例を示しています。

## 第2節　作られたシステムの中での自由

### ★完璧なシステムの中で誘導される消費者

元商用パイロットで企業パイロットだった私の夫は、輸送車での楽しい運転をよく想像しています。「家族全員を乗せられるバンを買いたい」と言います。彼の希望は、映画を上映できるテレビスクリーンがついたバンを買うことです。家族は彼のアイデアに反対しました。「ＤＶＤの映画を見たいんじゃない！　タブレットを使って好きな番組を見られるよう、充電用のコンセントが付いた個室が欲しい」と。

この言葉を聞いて、私はあらゆる年齢層が自分好みに選んだ作品の視聴を望んでいるという〝ネット文化が持つ包括性〟に注目しました。

幼児から高齢者までが、自分だけのお気に入りの情報を収集することを好みます。情報を皆と共有するテレビモニターは過去のものなのです。「お気に入り」や「配信」のリストを自分好みにすることで、自分に対して自律的で、個性的だと感じられます。携帯のスクリーンを使うことで、自分好みの仕様にしている「独立した個人」になるのです。

人々の習慣・嗜好・行動・個性は、自分だけのデータを作り、登録し、自分にとって頼りになる「識別アルゴリズム」となります。この〝自動化された自己完結型の配信システム〟は、その人の感情を管理する方法さえ知っています。

それなのに人々は、誰かが自分のことを管理し、監視し、測定するための刺激を作り出しているとは思っていません。自分はパブロフの犬であるはずがない、と信じているのです。

しかし、実際は違います。ディズニーやエクスペディアを利用したり、アマゾンで買い物をしたり、お気に入りのネットフリックスやハリウッド映画で見た商品を購入したりします。週末には、俳優と同じものを食べるために、ワクワクしながら出かけて時間を捧げます。

私たちは、完璧に設計されたシステムの中の消費者なのです。

自分は、欲しいものを消費していると信じています。機関や政府、エンターテインメント、億万長者企業が私たちに見せたいもの、消費させたいものを見るように誘導していることなど、ほとんど考えません。グーグルで見つけたということは、〝その情報は見つかるべくして見つかった〟ということです。それがテクノクラートのやり方であり、〝それを見ること〟を意図されているのです。オンラインでは、シンクロニシティ的なものは何もありません。[173]

オンライン上には有機的なものはありませんが、すべてが魔法で作られたかのように思えます。自分が食べたい物、旅行したい場所、今買うべき商品を、どうしてフィード（広告等の配信先）が知っているのか、不思議に思うのです。「魔法のようだ！」と。

人々が行うクリックは、人々にとっての怪物を養うことになります。

その理由はこうです。自分好みにカスタマイズしたネット上のデータが増えるにつれ、それ以外での選択肢は減っていきます。ネット以外の商品やサービスに対する欲求が生じても、即座に縄で縛られ、安全で均質化されたネット上の選択肢へと導かれるからです。

あなたは黙ってクリックし、最も莫大なマーケティング予算を持つ企業に、自分自身を売ることになります。意に反して、最高入札者に売る奴隷商人のもと、後ろに回した手を縄で縛られて立っているのではありません。私たちは共犯者であり、奴隷なのです。熱心にそれに加担しているからです。

画面に突然現れた表示をクリックし、その画面の内容に従順に従って自分を売り、さらに多くのものを買うための魔法のポイントが付与されると考え、その特権を得るために代金をクレジットカードで支払います。

これが、自律なのでしょうか？　これは、自由なのでしょうか？　私たちの道徳的選択は、私たちを奴隷にするのでしょうか？　それとも自由にするのでしょうか？

人類の発展における新たな段階として、トランスヒューマニズムは彼らの道徳と自由を表す「新たな言語」を開発しました。

以降でそれを検証することで、自分自身とカスタマイズされた現実に対する理解が深まることでしょう。

## ★見た目を改造する風潮の加速

「形態学的自由」とは、自分の信条に従って自分の身体を維持したり、改造する権利のことです。それは、強力な魅力を持っています。

私は1970年代に書店に行き、『Our Bodies Ourselves（私たちの体、私たち自身）』という本を買って家に帰り、隅から隅まで読んだときの興奮を思い出します。それは、女性の健康に関する刺激的な情報の数々で、心を満たしてくれました。

『Our Bodies Ourselves』の歴史は、1969年、ノートルダムの修道院のシスターたちによって、ニューイングランド初のカトリック系女子大学として設立されたエマニュエルカレッジから始まりました。ボストンにあるこの小さな大学で、12人の女性がプライベートで集まり、医師たちと情報を共有し、健康について話し合ったのです。1年後、手でタイピングした最初の教科書が、75セントで売れました。今日改訂されたこの本は何百万部も売れ、数々の栄誉に輝いています。

私たちは自分の身体についての情報を切望しています。身体は「自律した自己」を象徴しているからです。

アリゾナの太陽と、一年中ノースリーブのファッションのせいかもしれませんが、２０１６年にワシントンD.C.からフェニックスに引っ越した私は、多くの人が精巧なタトゥーを入れていることに興味をそそられました。

タトゥーは10代から20代の若者に人気があると思い込んでいましたが、30代から50代の人々に最も人気があったのです。腕、首、背中、顔のタトゥーが、この年齢層の多くの人を飾っていました。

「スカリフィケーション」とは、皮膚をひっかいたり、焼き印を押したり、デザインを刻むなどの傷跡をボディアートにすることです。これは部族の儀式に見られるもので、皮膚への切り込みが主流になったことを象徴しています。タトゥーよりもリスクが高く、永久的なものであるため、普通の人は二の足を踏むでしょう。耳たぶの整形、複数のピアス、身体や顔への整形手術は、スカリフィケーションへとエスカレートさせます。

とはいえ、私たちは自分の体を飾ることに憧れます。装飾は私たちの自律性を高めるからです。

## ★人工インプラントと自由の喪失

２０１８年、ウィスコンシン州にある「スリースクエア・マーケット社」の従業員80人が、米粒大のチップを手に注入しました。

従業員たちは、このチップをセキュリティやコンピュータへのアクセス、さらには自動販売機でドクターペッパーを購入するために使用しました。親指と人差し指の間に挿入されたRFIDチップにより、手をかざすだけでドアが開いたり、デビットカードが使えるようになったのです。

スウェーデンは、旅行や銀行業務だけでなく、身分証明のために「国民にRFIDを埋め込むプログラム」を開始しました。ドイツやインド、その他多くの国々がこれに続きました。

私たちは、ワンタッチIDの手軽さを求めています。「量子ドットRFID」という、手間のかからない許可証を求めています。

情報、装飾、手軽さ……。それらすべては身体に関係していて、トランスヒューマニズムにおける「形態学的自由」のテーマです。

トランスヒューマニズムが主流に移行できるかどうかは、人間が複数のテクノロジー装置を使って、自分の身体を変える〝形態学的自由を主張するかどうか〟にかかっています[174]。「形態学的自由」とは、トランスヒューマニストのマックス・ムーアが1993年の論文[175]で述べた造語であり、身体に対する権利を拡大させることを意味します。それは自己所有権だけではなく、欲求に従って身体を改変する権利も含まれます。

哲学的な議論では、自分の身体を変化させる権利は、その人の生存の可能性に関係し、さらにはその人の幸福に対する権利に関係すると主張します。形態学的自由は、「持続可能性（サステナビリティ）」という意味に等しいのです。

アンダース・サンドバーグは、自分の身体を所有し、変更する権利がなければ、人間は種族として滅び、人生の目的は枯れ、人間としての可能性は弱まると主張しています[176]。

形態学的自由は、もちろん、自分の身体に対する権利の一つとみなすことができます。しかしそれは、単に身体をありのまま受動的に維持し、そのままでの可能性を利用するという考えを超えています。

それどころか、さまざまな手段を通じて自分の可能性を広げたり、変化させることを肯定しているのです。それは、自己所有感や自己主導性と強く結びついています。

ダーウィニズムを前提にすれば、トランスヒューマンについての議論は、〝人間工学的なインプラントを受け入れなければ人類は衰退する運命にある〟ことを暗示しています。この選択肢は、成功のための署名か、失敗による終了を意味します。

彼らの主張は、人間の可能性を開くためのサイキックインテリジェンスや、スピリチュアルな超越性といった、未開発の生まれながらの能力を無視しています。それどころか、インプラントこそが、人類の存続のための解決策なのです。多くの場合、彼らの予言は的中します。インプラントを拒否する従業員は無視されたり、インプラントされた者が受ける特権とは逆に、待遇を軽んじられるかもしれません。

インドのようにキャッシュレス社会に移行している国では（おそらく未課税の闇市場を閉鎖するため）、マイクロチップの埋め込みが義務付けられています。

この場合、銀行はあなたがお金にアクセスするのを遮断する権利を持っています。キャッシュレス社会では、すべての取引はデジタル化されます。衛星のように、プライバシーが保護されているかどうかがわからないクラウド上に保存されるのです。このような金融取引は、あなたが画面上のボタンをクリックするだけで監視され、管理されます［177］。

トランスヒューマニストは、「本人の身体を変えることを他人が強制することはできない」と主張しますが、社会的・経済的な圧力が勝り、人々から選択の自由を奪うことでしょう。

人間工学に基づいた人体用装置が普及するにつれて、それに従わない者は社会的・経済的に損をするだけではなく、機能面での変化の機会を失うことになります。

医療および製薬企業は、「革新的な知能」「性的・遺伝的な変化」「DNAの修復」「ワクチン接種」によって、人間の機能の仕組みを変えようとしています。新型コロナウイルスワクチンのRFID・量子ドット技術・パスポートや身分登録のデジタル証明書は、形態学的自由を象徴しています。

以上のすべてにおいて、形態学的自由というのは誤った呼び方です。これらに自由などありません。これらのシステムには、本人の同意が組み込まれています。同意してしまうと、トランスヒューマンになりたいかどうかにかかわらず、トランスヒューマンとして生きることになります。体に使う装置が急増するにつれ、自由は減少していくのです。

# 第3節 エクソコンシャスヒューマンとトランスヒューマンの共通基盤

## ★子ども時代の脳への刺激がモラルを育む

神経科学は、人間の脳の生物学的メカニズム（病気や機能障害、活動や能力）を探求しています。この科学は、人間の道徳性を論じるうえで、エクソコンシャスヒューマンとトランスヒューマンの両方に役立ちます。

『Conscience：The Origins of Moral Intuition（意識：倫理の起源）』の著者であるカナダの哲学者パトリシア・チャーチランドは、〝人間の道徳性の根幹は、哲学的・宗教的思想にあるのではなく、生物学的能力が発達した種族の生存本能にある〟と言います。

道徳性とは、本能によって発達していった脳の働きなのです。例えば、利他主義という他人の幸福への配慮は、親と乳幼児の間で食物を分かち合うことで進化しました。さらに、利他主義は、種の存続を促すためでした。メスは保護されたほうが、子孫を残しやすいからです。このような生存に向けた本能が、道徳的ネットワークを作り出したのです。

脳内では、オキシトシンというホルモンが、身の回りの環境への愛着を強めます。愛情ホルモンと呼ばれるオキシトシンは、母親が乳児を抱きかかえ、その目を愛おしそうに見つめると増加します。それにより乳幼児は、母親と父親をはじめとした家族に対して、親密な愛着を育みます。この愛着が、〝自分はこの世界の中で安全で、守られている〟という感覚を生み出すのです。人間から人間への愛情ホルモンの伝達は、子どもの健全な発育につながります。

チャーチランドによれば、ドーパミンとセロトニンの化学的放出は、道徳を教える働きをすると言います。例えば、親子関係では、自分の行動が認められるとドーパミンが分泌され、認めてもらえない場合はセロトニンが分泌されます。脳内化学物質の放出は、子どもが善悪の道徳的なルールを学ぶときに起こるのです。

トランスヒューマンは、脳の働きに基づく道徳性と意識を持つことを原理とするため、脳の生物学的機能がいかに重要であるかを証明しています。

エクソコンシャスヒューマンは、意識と人間関係に注目し、脳と脳内物質（ホルモン）に基づく母と子の関係の重要性に言及しています。それは機械と人間の間では不可能です。

## ★AIが持つ理性と判断基準とは？

道徳哲学や神学において、「理性」は重要な位置を占めています。情報と論理を用いて、何が正しくて何が間違っているかを理性で判断するからです。

西洋の伝統における倫理学は、古代ギリシャ哲学（ソクラテス、プラトン、アリストテレス）から始まり、哲学、特にカント倫理学を経て現在に至っています。西洋倫理の初期の創始者は「ユダヤ教」であり、それを採用したのは、新約聖書やキリスト教共同体にいた作家たちです。それは〝倫理的な行動〟に関する、口頭と書面による律法でした。

理性に基づく倫理の必要性は、あらゆる技術革新、特にＡＩにおいて不可欠です。

国防総省の研究部門であるＤＡＲＰＡは、ＡＩやディープラーニングの開発において重要な役割を果たしています。ＤＡＲＰＡは２０１６年に「説明可能な人工知能（ＸＡＩ）」のプロジェクトを立ち上げました。それは、ＡＩやディープラーニング、ニューラルネットワークが出す結論や判断の背後にある〝理性〟を説明する試みでした。

ＸＡＩのプログラムマネージャーであるデビッド・ガニングはこのプロジェクトを監督し、「機械がどのように推論するか」を説明する広報担当者です。ガニングの研究は、人間の意識の未来について考える際、道徳的理性の課題に直面するトランスヒューマンとエクソコンシャスヒューマンに共通するものです。

ガニングが言うように、ディープラーニングの問題点は「ブラックボックス」にあります。つまり、ディープラーニングが下す判断の背後にある理性を調べるのは、難しいということです。彼はこれを、「特にミスが深刻な影響を及ぼす可能性があるのは、ＡＩアルゴリズムの不透明性に起因する」としています。

XAIの研究分野の一つに、自律システム（自動運転車・航空機・船舶・潜水艦）があります。事故が起きた場合、被害者や保険会社や弁護士などの専門家は、AIがどのように判断を下したかを知りたがるでしょう。

それについてガニングは、「AIが任務を遂行する際、どのように判断しているのか、その理論を私たちは説明しようとしている」と言います[178]。

XAIは、11のチームから構成され、説明可能なAIモデルを作っています。彼らはAIの学習プロセスを改善し、より説明しやすいAIモデルを作り、その説明に使う情報を引き出します。

次に、彼らはクライアントや一般的な使用者に焦点を当て、それらの人々に理解しやすいものにします。具体的には、人間とコンピュータをつなぐ接続用装置の説明や、AIの学習プロセスを認知心理学を使って説明することも含まれます。

さらにガニングは、ニューヨーク大学教授で認知科学者のゲイリー・マーカスの考え方を引き合いに出し、ディープラーニングとニューラルネットワークの限界を、次のように強調しています。

＊＊＊

AIにとっての難しい課題を考慮し、短期的で漸進的な進歩に満足しないことが必要だと思います。ディープラーニングを忘れろと言っているのではありません。それどころか、私はディープラーニングを発展させたいと考えています。

しかし、推論や因果関係の学習や、情報取得のために世界中をリサーチするには、ディープラーニングを拡張できるようにする必要があります[179]。

ガニングの仕事と並行して、マーカスとベンジオがＡＩやディープラーニングの必要性を推し進めています。それらの機械が論理的に推察し、因果関係を判断し、抽象的知識を統合できるために。

＊　＊　＊

新型コロナウイルス感染症では、科学的な混乱が生じました。それは、実現する可能性が高い出来事を予測するために、「山のような医療データ」にＡＩやディープラーニングが直面したときに、限界を露呈させました。

それにより、世界保健機関（ＷＨＯ）、英国のインペリアルカレッジ、疾病管理センター（ＣＤＣ）、米国の著名な大学の教授たちが、互いの調査結果をめぐって論争を繰り広げたのです。独自のシステムを開発していた彼らからの情報が錯綜する中、市民は彼らに理性的な言論を求めましたが、互いに言い争いました。

伝染病や慢性病のような健康問題の治療において、情報や指針が矛盾する場合、周波数や意識に基づくヒーリングのような代替案を検討するチャンスになります。

そのようなチャンスを進展させることは、「革新的なエクソコンシャス文明」に不可欠な要素です。この革新への道のりは、次の章で紹介する「アマゾンの源流」というエキゾチックな場所から始まりました。

# 第7章

# 「エクソコンシャス文明」が望ましい？「監視帝国文明」が望ましい？

# 第1節「エクソコンシャス文明」への種蒔き

## ★エクソコンシャス化の成功が意味するもの

長い黒髪を一つにまとめた若い男性が、ブラジルで開かれた会議で、通路の真ん中に立ってスピーチしました。アマゾン川の源流の町ベレン出身で、フロリダの大学で教育を受けた彼は、完璧な英語で会話をしました。

その男性、ルーカスは私に質問しました。それは本書の多くのアイデアの種となった、シンプルでありながら深遠な問いかけだったのです。

「もし、エクソコンシャス化に成功したら、それがどうやってわかるのですか？」

私はルーカスに部分的な答えを返したものの、実は答えがわからなかっただけではなく、エクソコンシャスを広めることを成功させるなど、思いもしなかったのです。当時は、成功も失敗も頭にありませんでした。エクソコンシャスは、新たに急速に生まれた概念だったからです。

正直なところ、私はこの概念を国際的な用語として定着させ、体験者がその詳細について議論できるネット上の場を提供することに集中していました。ですので、成功や失敗がもたらす影響については、考えてもいなかったのです。

ルーカスのその質問が、私を奮い立たせました。

「もし、エクソコンシャス化に成功したら？」

もし、エクソコンシャスが人々の意識の中に広まったら？　その用語を日常会話で使ったら？　体験者にとって、文化にとって、社会のあらゆる部門にとって、それは何を意味する？　成功とは、どのような状態？

ルーカスの質問に触発された瞬間、エクソコンシャスは観念から物質的現実へと新たな段階に移りました。成功について考えることは、意図や人間関係やプロジェクトのほか、エクソコンシャスな生き方を個人やコミュニティでどのように実践していくかという、多くの意味合いを含んでいたのです。

すぐに、私は成功の可能性を列挙し始めました。サイキックインテリジェンスの社会的受容、ETや多次元との協働創造、自由企業体制（政府からの規制がほとんどない企業）、自由意志、平和的繁栄、公平公正な経済、そして健康。

これらはすべて、私が「良い人生」を定義するために必要なものでした。このリストは私の心を温かくしてくれましたが、あまりにも漠然としていて、理想化されすぎていることもわかっていました。そのため、「現実的に成功するエクソコンシャス化」を定義する必要があったのです。それは、理想化された過去や、ユートピア的な未来に視点を置くのではなく、人間の性質と行動を〝検証可能な事実〟として捉えることでした。

ソーシャルエンジニアはこれらを検証し、〝彼らが意図する好ましい行動〟に人々を誘導するために利用します。人間の性質と行動は、ほとんどの場合、不変です。人々は利他的で利己的な行動をとり、悪と善を示し、創造性を信じ、直感を無視し、目覚めているときと眠りの中で生きています。

このような現実の中で、どのようにしてエクソコンシャス化できるのでしょうか？

## ★世界を知ることは自分の恐れを知ること

本書の冒頭で紹介したように、カイル・マンキットリックが示した「トランスヒューマニズムの達成条件の概要」は、現実に焦点を当てるための出発点となりました。急速に進展するトランスヒューマニズムとテクノクラシーは支配的な文化であり、公的な分析や事実に基づく議論は、ほとんど行われていません。トランスヒューマンの視点とそのライフスタイルの文化は、支配的です。この支配は、グーグル検索エンジンの総合的な役割や、ＡＩを使って社会的な流れを追うメディアによって強まっています。宇宙工学や社会工学、生物工学のインフラは、トランスヒューマニズムとテクノクラシーを強化しています。

私は、今や主流となりつつあるこれらの巨大な動きと、エクソコンシャスがどのように関係しているのかについて、じっくりと考えました。

幸いなことに、飽和点に達すると視界が開けるものです。この本を書きながら、私はトランスヒューマニズムとテクノクラシーを消化するために、数多くの感情を味わいました。否定・怒り・憤り・無力感・憂鬱・混乱・弱さ・恐怖を感じたのです。

この本を書くのに時間がかかったのは、学んだことを健全に統合するために、考えを吸収し、同化させ、拡大させる必要があったからです。考えられないようなことを考えたり、有害な情報を消化する際に胸焼けを起こしたりもしました。精神疾患へと意図的に操作する図式を知ったりもしました。そうやって、暗闇の中を一歩ずつ足早に進んでいったのです。

そのうち、最も激しい段階がやってきました。「人間というものの性質」ではなく、「自分の人間性」について、不快で複雑な疑問に直面したのです。

私がトランスヒューマニズムとテクノクラシーを探求しているのは、むしろ自分自身という「自己」について知るためなのだろうか？　トランスヒューマニズムについて知り得た、有害で機能不全に陥らせる状況は、私の中の何がそうさせているのだろうか？

私は、「アルコール依存症を克服するための12ステップ」の第3ステップを思い出しました。そのステップでは、自分自身の道徳的な価値観を見つめ直します。このときから、内なる作業が始まりました。私は、〝トランスヒューマニズムとテクノクラシーによって形作られた現実に、自分がどのように協力しているのか〟を直視せざるをえなくなったのです。

いったん掘り下げると、自分が加担している考え方や行動のケースにたくさん気づきました。12ステップの提唱者が「恐れ知らずでいよう」と呼びかけるのも無理はありません。自分自身の中にあるものが、最も卑劣なのです。恐れによって、私は自分の「肉体的な健康」「生まれながらの治癒能力」「人間の死」という現実についての思い込みを、明らかにすることができました。

「合成生物学的な薬やワクチン」「遺伝子組み換え作物」「社会的に操作されたコンピュータモデル化された世界観」に対して、私はどのような立場をとっていたのだろう？　人間に取って代わるトランスヒューマニズムについて、親として、友人として、専門家として、私はどう考えているのだろう？

私は、「オンライン教育 対 教室の教師」「社会的な集団 対 家族」「オンライン上の知人 対 友人」、そして企業の従業員のハイブリッドＡＩ化に対する自分の見解に挑戦しました。社会福祉従事者・医療従事者・接客業者・弁護士・軍人・ジャーナリスト・警察官など、あらゆる職業が対象でした。

善意の「グリーンエコノミー」は地球を救うためのものなのか？　それとも、人間を監視し、収益化する商品として位置づける「トランスヒューマングローバル暗号通貨」への道を拓くためのものなのか？　それは、思っていた以上に進んでいたのだろうか？

エクソコンシャスは、恐れを知らない人に〝道徳的吟味〟を求めます。倫理について説明した本書の6

章では、エクソコンシャスヒューマンの道徳的自律について考察しました。

エクソコンシャスに必要な第一条件は、自分の内面を精密に調べることであり、暗闇を恐れることなく、心の底にある瓦礫を収集することにあるのです。

歴史の中で想像を絶する暗闇に直面したときの、このような詩があります。

＊

いにしえのとき
イングランドの緑の山々に
神の御足が降り立ったというのか？
聖なる神の子羊が
清純なる緑野に顕れたというのか？

雲立ち込める丘に
神の御顔が輝き出でたというのか？
こんな闇の悪魔のような工場の間に
かつてエルサレムが存在したというのか？

＊

詩人ウィリアム・ブレイクは、黒い煤煙が立ちのぼる空、粉砕を繰り返す組み立てライン、仕事を求める貧しい人々でごった返す都市など、イギリスの工業化時代に湧き起こった感情を通して、この詩を作りました。彼は、緑豊かで快適なエルサレムという、ユートピアに憧れたのです。

それから産業革命を経て、人間はこの有毒な汚泥のような状況に打ち勝ちました。多くの工場が閉鎖され、煤煙が洗い流され、労働者たちは新たな職業に就くための訓練を受け、イングランドに快適な緑の大地を残したことは歴史が証明しています。

## ★「エクソコンシャス文明」への変容

重要なことは、ETとの継続的で健全なコンタクトやコミュニケーション、協働創造を行う道徳的に自律した人たちのコミュニティが、「エクソコンシャス文明」の種を蒔くということです。

人類は存続していきます。倫理観を持つ自立した人たちの物事への動機は、古来から信頼できるものです。エクソコンシャスヒューマンは、人間を資源とみなすトランスヒューマンの視点を、人間を主権者とみなす視点に置き換えます。この主権とは、個人が自らの信念と行動に責任を持つことを意味します。

また、主権を持つ個人は、国家や地域社会の中で生活し、その法律やルールに参加し、尊重することを意味します。これは、個人と地域社会の両方に力を与えるバランスの取れた考え方です。

エクソコンシャスヒューマンは、政府・金融・教育・司法・企業・軍事システムの代替には関与しません。その代わり、「情報通の市民」であることの必要性を説き、あらゆる分野の会話に参加することを熱望します。エクソコンシャスは、政治的思想にとらわれない非政治的立ち位置です。

このような主権者は、コンピュータ化社会におけるＡＩの有用性を認めるとともに、人間の生物学的・心理学的・精神的なニーズに配慮した監視の仕方の必要性を認識しています。

## ■デバイスからサイキックインテリジェンスへ

エクソコンシャスヒューマンは、生まれながらのサイキックインテリジェンスを進化させ、活用することに焦点を当てています。その目標は、高度な意識を育むことで問題を解決し、一つか複数の文化的環境の中で評価される新製品を生み出すことです。そのために、彼らは新しいアイデアによる発明品を絶えず開発しています。

サイキックインテリジェンスを発達させることは、エクソコンシャスヒューマンの能力を、あらゆる分野に統合することになります。健康・司法・メディア・科学・技術・スピリチュアル・芸術・経済・教育・環境・統治など、社会のあらゆる分野でエクソコンシャスヒューマンは働き、貢献しています。

人間が生まれながらに持っているサイキックインテリジェンスを希求することは、エクソコンシャスヒューマンになるための第一歩です。このステップは、ＥＴや多次元存在との継続的なコンタクトやコミュニケーション、協働創造する能力について、意識的に認識することが含まれます。

## ■支配から自然との調和へ

軍や政府、大学、銀行、企業内のグループが、トランスヒューマニズムの種を蒔きました。

その一方で、人間や多次元存在からなる道徳的な存在たちが、地球の自然界と調和しようと努力し、「エクソコンシャス文明」の種を蒔きました。エクソコンシャスは自然との調和とバランスを高めるものであり、自然の本質をコントロールしたり操作するものではありません。

エクソコンシャスがこの社会と協働するには、自己認識力・透明性・教育が求められます。管理・区分け・秘密主義を否定し、複数の分野での幅広い知識を必要とするのです。この知識は広範囲なテーマに及び、物事のパターンや関係性を統合した視点が必要です。テーマに関する議論と最終的な合意にとって、自らの感情を認識し、情報の透明性を得ることが不可欠です。

## ■個人的レベルから公的なコミュニティへ

かつてルーカスから投げかけられた質問は、私の中で、エクソコンシャスヒューマンのコミュニティが文明を創造する、というビジョンへと変化していき、次のような考えが生まれました。

＊

すべての人間への敬意、サイキックインテリジェンス、ETや多次元との協働創造、自由企業体制、自由意志、平和的繁栄、公平公正な経済、健康と幸福を土台とする現実をともに創ること。

＊

新しいものではなく、古くからある自己修練と分析は、健康な人間であることが何を意味するのかを再確認することにつながっていきました。

エクスコンシャスヒューマンは、トランスヒューマニズムやテクノクラシーが存在するにもかかわらず、心地よい緑の大地のように繁栄します。私たちは宇宙意識、つまり、古くからある力によって前進するのです。

ここではっきりさせておきますが、エクスコンシャスヒューマンは「ニューヒューマン」でもなければ、スタンフォード研究所が提唱しているような「新しい未来に合わせて人間のイメージを作り変えたもの」でもありません。

「ニューヒューマン」や「ニューエイジ」を議論することは、しばしばトランスヒューマニズムやテクノクラシーにつながっていきます。

＊

◆テクノクラシー経済における、宇宙と地球のインフラに接続された「合成生物学としての人間」

◆計量され、監視され、収益化される「多くの経済資源の一つとしての人間」

＊

これらは一体となってるのです。人間を奴隷化したり、「新しい人間」を創造する考え方は、本来の在り方ではありません。かわいらしいマーケティングフレーズで、真実を隠すことはできません。

これに関し、「ニューヒューマン」や「ニューエイジムーブメント」の歴史と主要人物、その基盤を簡単に調べておくことは、それらとトランスヒューマンとのテクノクラートなつながりを明らかにするために極めて重要です。

# 第2節　トランスヒューマニズムの監視帝国

## ★シリコンバレーによるトランスヒューマニズムの種蒔き

1968年、米国教育省は「スタンフォード研究所（SRI）」に、未来に起きうることを調査し、そのシナリオを作成するように依頼しました。

その結果、O・W・マークレイとウィリス・ハーマン（エドガー・ミッチェル博士とともに「ノエティックサイエンス研究所」を共同設立）が編集した本『Changing Images of Man（変化する人間のイメージ）』が生まれました[180]。この本は、後にニューエイジの支持者マリリン・ファーガソンの著書『The Aquarian Conspiracy（アクエリアンの陰謀：現代における個人と社会の変革）』によって普及しました。

SRIのビジョンは、軍産複合体の最高レベルによって実施される「大規模なソーシャルエンジニアリングプロジェクト」の青写真となるものでした[181]。このビジョンは目新しいものではありませんでしたが、SRIは1930年代から、シリコンバレーの設立に影響を与えていたのです。

個人がトランスヒューマン運動の種を蒔くこともありますが、そのような個人に対し、大きな組織やインフラが資金を提供することが多々あります。コロンビア大学はテクノクラシーを誕生させ、それを後押ししました。軍や政府、大学、企業は、シリコンバレーのトランスヒューマニズムを生み出し、推進させました。これがトランスヒューマニズムの血統であり、原点なのです。

ニューエイジやニューヒューマンのようなミームは、確立された経済的・文化的インフラの表向きの顔にすぎません。そこには魔法は存在しません。精神鍛錬も形而上学もありません。あるのは、地上の軍隊です。合成生物学とスペースフェンスを通して彼らが探究してきた、指揮・通信・制御・コンピュータ化です。

トランスヒューマニズムの「ニューヒューマン」や「ニューエイジ」（ニューエイジについては後述）と、「エクソコンシャスヒューマン」を区別するのは、これらが根本的に異なるからです。前者を生み出すことになった、シリコンバレーの初期の流れを見ていきましょう。

### ■1930年代初頭

海軍が航空宇宙産業の拠点としてモフェットフィールドの地を購入し、USSメイコン（重巡洋艦）を寄港させたとき、軍はシリコンバレーに深く入り込みました。

モフェットフィールドには「エイムズ研究所（NASA）」があり、1949年には世界で最も巨大な風洞（風の流れを計測する試験設備）となり、研究開発に使用されました。

■1930年代

カリフォルニア州パロアルトの地に「ヒューレットパッカード」が設立され、発展していきました。この企業が元々手がけていたのは電子信号を表示・分析するオシロスコープの製造ですが、その事業も成長していました。

■1940年代初頭

アメリカの物理学者ウィリアム・ショックレーが、コンピュータデータの処理装置として半導体を発明しました。その後、彼の会社は裏切り者8人組によって分割されたため、彼はコンピュータをベースにした新しい会社を設立しました。

■1940年代

スタンフォード大学工学部の学部長だったフレデリック・ターマンが、教授陣に起業を奨励するという先見の明を持った伝統を作り上げたことにより、大学と企業の根幹が本格的に融合しました。ターマンは大学と産業界に対し、シリコンバレーによる収益を何世代にもわたって生み出す方法を考案したのです。

そうなるにあたり、まずスタンフォード大学の教授たちは大学の給与に依存しながら、財政的には脆弱な新興企業を立ち上げました。そして、大学は教授たちに資源と安定性を提供しました。具体的には、教授たちがアイデアを議論し、それを拡大するための学者仲間のコミュニティや教授陣のパートナー候補、アプリケーションをテストするための大学の研究室、熱心な学生の労働力など。

こうした中、大学の予算が急増するにつれて、教授たちの新興企業は大学にとっての恩人となっていったのです。

### ■1969年

「スタンフォード研究所」が今日のインターネットとなった「ARPANET」の運用を開始し、グローバルで宇宙的なネット網を作りました。これにより、大学のパワーと影響力はさらに増しました。

### ■1970年代～

1970年代初頭、企業融資が本格的に始まりました。そのきっかけは、ベンチャー企業への投資会社「クライナー・パーキンス」の代表を務めるユージン・クライナーが、一生に一度の開発の機会を得たことからでした。

カリフォルニア州は、サンタクララバレーに沿ってサンフランシスコとサンノゼを結ぶ州間高速道路280号線を計画しました。クライナーは賢明にも、その中間地点となるサンドヒルロードのエリアを本社の場所に選んだのです。そこは、シリコンバレーの中心地にあたります。

大学同様、銀行も収益を上げるために、新興企業が掲げる「企業が抱える問題の解決システム」を導入しました。当初は「グラススティーガル法」により、銀行を通したリスクの高い証券への投資に制限がかけられていましたが、1999年の「グラムリーチブライリー法」により、覆されました。

この新たな法律により、銀行の預金引き出し口が開放され、商業や投資への参加が可能になったのです。議会が銀行の市場取引の規制ルールを施行し、グラススティーガル法が修正されるまで、銀行の資金はヘッジファンドや新興企業に移動していました。

資金の流れから取り残されないよう、スタンフォード大学（スタンフォード・マネージメントには現在7000の個人基金がある）やその他の多額の寄付金を受けた大学も、リスクはあるものの潜在的に高利回りの投資にすぐに乗り出しました。例えば、株式、ヘッジファンド、プライベート、エクイティなどに。

すべては「大学基金」という名の下に、大学や金融機関、新興企業も含む「企業」という閉じたループは、政府や軍との契約から利益を得たのです。

米軍（国防総省）は、シリコンバレーにセンセーションを巻き起こした主要な〝ダディ・ウォーバックス〟（小説『小さな孤児アニー』に登場する世界一の大富豪）でした。軍と政府がなければ、シリコンバレーはマイナーな存在として衰えていたことでしょう。

スタンフォード大学の「シリコンバレーアーカイブス」（現地で生まれた企業に関する資料の電子記録化）のプロジェクト担当者であり、歴史家でもあるレスリー・バーリンは、次のように述べています。「現代のハイテクのすべては、その核心において米国国防総省に感謝するべきです。なぜなら、今日私たちが使用しているテクノロジーを推進する開発資金の多くが、そこから出たからです」[182]。

私たちはスティーブ・ジョブズやビル・ゲイツを英雄視したがりますが、彼らの発明の源は「国防総省」にあるのです[183]。

ＣＩＡの非営利団体「Ｉｎ－Ｑ－Ｔｅｌ」は、グーグル、ヤフー、フェイスブックをはじめとする、ほとんどのデータ収集企業の根底にある技術を発明しました。２０１３年、Ｉｎ－Ｑ－Ｔｅｌは、画像やデータ分析に関わる59社のＩＴ企業を支援しました。今日、彼らが支援しているＩＴ企業の数は、見つけるのが難しいほど多いはずです。

シリコンバレーは、〝技術オタクで風変わりでクリエイティブで、反抗的な天才の本拠地〟というメディアのイメージとは裏腹に、「閉鎖的な家族制度」です。トップダウンで階層的で、管理されていて、決してかっこよくはありません。

この〝テクノロジー一族〟が何であるかは、シリコンバレーの企業を指揮する、軍・政府・銀行・投資機関・大学・諜報機関から十分な報酬を得ている役員のリストを通して、浮かび上がってきます。シリコンバレーの一族支配は、ＣＥＯや経営陣が忠誠を厳守する限り、組織の血統である出身一族が、限りなく存在し続ける黄金時代でした。

しかし、このような歴史があったとしても、一族全員が正体を明らかにしていたわけではありません。〝あるグループ〟は、隠れるまではしないまでも、目立たないようにしていました。

## ★シリコンバレーが生み出したニューエイジムーブメント

このグループを明らかにするために、ウィリス・ハーマンとSRI、そして、シリコンバレーのニューヒューマンやニューエイジの先見の明を持つ者たちに話を戻しましょう。

彼らは、内宇宙と外宇宙の両方を、強く認識していました。彼らは〝上と下〟との境界線がいかに曖昧であるかを理解し、形而上学と混ざり合ったテクノロジーによる可能性を活用していたのです。意識を捉えることが第一でした。

1940年代後半、小さな規模の「形而上学のコミュニティ」が、ニューヨーク北部からカリフォルニア北部へと移住しました。彼らは宗教的・形而上学的な知識と、技術革新を生み出す「ニューヒューマン」を創り出す方法を持ち運んだのです。

アイルランド移民のジョンとアグネス・バリアンは、ニューヨーク州シラキュースにあるウィリアム・ダワー博士の「テンプル・オブ・ザ・ピープル」に参加しました。彼らは、神智学の設立者の一人であるブラヴァツキー夫人と、ベサントによる形而上学の教えを、シラキュースからカリフォルニア州ハルシオンへと伝えたのです。そして、依存症の治療を専門とするヒーリングとコミュニティを設立しました。ジョンとアグネスの息子であるラッセルとシグルド・バリアンは、ハルシオンのコミュニティで育ち、両親の教えと科学的研究に触発されました。やがてスタンフォード大学が2人の才能を認め、彼らはシリコンバレーの初期の起業家たちに加わり、レーダーや電気通信、マイクロ波技術の主要部品であるクライストロンの発明を進めました。

1950年代初期、兄弟は、従業員が株を持つ協同組合会社「バリアンアソシエイツ」を設立しました。彼らは進歩的な社会政治を支持し、協同組合によって暮らしていました。

しかし、やがて彼らは「軍事契約と冷戦」という経済的な誘惑により、原爆のための製品を開発するようになったのです[184]。

バリアンはシリコンバレーの企業として初めて株式を公開し、「スタンフォード・リサーチパーク」の最初のテナントとなりました。そして政府との契約により、1990年代まで40年以上にわたって、企業資金を供給し続けたのです。

バリアン兄弟と同様にウィリス・ハーマンやニューエイジムーブメントの賛同者たちは、自分たちのビジョンを実現するには「軍が描く未来を達成するための精神的リセット」が必要だと考えていました。新しいテクノロジーに対応するために〝大衆文化の世界観の微調整〟が必要だったのです。

宗教は、〝人間像を変化させる〟うえでの主なターゲットでした。大衆が宗教を捨ててくれなければならならず、その代わりに薬物や瞑想、チャネリングの普及によるスピリチュアリティを取り入れたのです。

ＭＫ－ＵＬＴＲＡがマインドコントロールのために薬物を使用し、ＣＩＡがＬＳＤを文化に導入する役割を果したという情報を思い起こせば、サンフランシスコはもう一つの実験市場「スピリチュアリティのシャーレ（培養実験で使うガラス皿）」となりました。

興味深いことに、例えば「奇跡のコース」などのチャネリングムーブメントの多くも、直接的な関与はないにせよ、〝諜報機関の監視〟という隠れた手を介して実行されました。

ＣＩＡの工作員ウィリアム・テットフォードは、霊媒師であるヘレン・シュークマンと協力し、彼女の書籍『奇跡のコース』をタイピングし、編集し、宣伝したのです。テットフォードとシュークマンの学術的な拠点であるコロンビア大学は、「テクノクラシー」「サイバネティック社会工学」「諜報活動」の温床でした。

２０２０年、大統領候補のマリアンヌ・ウィリアムソンは、『奇跡のコース』に基づいた本を出版してキャリアをスタートさせました。この本を書いたことで、〝人間像を変化させる〟というＣＩＡの作戦を、オプラ・ウィンフリー（米国のテレビ番組の女性司会者）のファン層や政党での議論へと広げ、さらに主流化させたのです。

歴史的に、シリコンバレーの誇り高き親であるスタンフォード大学は、サイバネティクスと閉じたループによるマインドコントロールを推進してきました。

２００６年、スタンフォード大学のアーティスト、ロバート・ホーンは、ソノマ州立大学の国際システム学会の50周年を記念して、「サイバネティクスと一般システムの思想史を視覚化した、巨大な相互作用する壁画」を発表しました[185]。

サイバネティクスが忘れ去られた科学だと思っているのなら、考え直してください。できるだけ、閉じたループの外側から考えることです。

## ★3つの側面から支配される人間の育成

軍・政府・大学・銀行・企業がシリコンバレーを育て、推進してきました。その起源となった一族には、テクノクラートにおける有力な家系も含まれています。

テクノクラシーは政治システムではなく、すべての政治家や政党が参加できる「経済システム」です。パトリック・ウッドによれば、それは「資源や生産、消費を完全にコントロールする経済システム」です。「需要と供給」「政府からの規制がほとんどない自由企業」といった人間主導の従来の商業システムは、サービス・製造・流通に基づく価格設定が、テクノクラシーの経済システムへと置き換えられます。

エネルギーは主要通貨であり、もちろんデジタルです。このエネルギーは、ＩｏＴというモノのインターネットを通じて、あらゆる人間の所有物や生産性、消費量を瞬時に測定し、監視し、課税するなど、監査することで算出します。

国家的・国際的な支出の優先順位は、「ＩｏＴ」「ソーシャルエンジニアリング（情報の抜き取り）」「地理空間情報の拡大」なのです。

トランスヒューマン・テクノクラシーが成功するためには、人々に徐々に新しいアイデンティティ（「ID2020」を含む）が採用されなければなりません。そのアイデンティティは、「3つの側面から支配される人間」を作り出します。

**それが、「資源としての人間」「装置としての人間」「兵器としての人間」です。**

私たちのグローバルな文化に、軍事、トランスヒューマン、テクノロジー、テクノクラシーが重なって見えるでしょうか？

## ■資源としての人間

これは、資源を完全にコントロールするテクノクラシー経済システムの一要素として、人間を組み込んだものです。

大規模なデータマイニングを通じて、人々は軍・政府・大学・銀行・企業によって実施される「監視プログラム」に置かれ、それが金融要素として不可欠になります。

これらの監視ツールには、「グーグル」「ゲノム」「フェイスブック」「すべてのソーシャルメディア」「感覚世界シミュレーション」「クリアビュー」などが含まれます。人々の行動は即座にマークされ、収益化されます。人間は、神話と混乱に満ちた〝ロックフェラーにとっての石油〟のようなものになるのです。

1892年、ロックフェラーはジュネーブで開催された科学会議に代表者を送り込み、石油の希少性に基づいて価格をつり上げようとしました。その際、彼らは「有機物質とは水素・酸素・炭素である」と結論づけ、ロックフェラーの代表者は「石油の組成は水素・酸素・炭素であり、石油は生物から生成されたものである」としたのです。

これにより、「化石燃料」という言葉が生まれました[186]。この神話は、ピークオイル（石油資源の枯渇）のような〝繰り返される警告〟として、今日も生き続けています。

神話を紡ぎ出し、商品としての人間を混乱させることは、新型コロナウイルス感染症により、本格的に始まりました。当時ニューヨーク州知事だったアンドリュー・クオモは、同州と元グーグルCEOのエリック・シュミットとの提携を発表し、同州の新型コロナウイルス感染症後の日常を再構築するための「億万長者委員会」を設立しました[187]。

それによる解決策とは、〝テクノロジーを市民生活のあらゆる側面に恒久的に統合すること〟でした。もちろん、委員会にはビル・ゲイツもいて、彼は教育や医療システムを再構築することになりました。また、テクノロジーによる刑務所や法執行システムを開発する者もいました。教師・福祉従事者・警察官・聖職者・芸術家・セラピスト・看護師・医師など、多くの専門家が突然、時代遅れになったのです。

メリーランド州のテクノロジー企業「ステアテック」のCEOであるアヌジャ・ソナルカーは、人類にとっての新たな神話と混乱を要約しています。

「人間はバイオハザードだが、機械はそうではない」と。

新型コロナウイルス感染症において、この世界の人間は、他の人間に触れるには、あまりにも汚すぎるのです。突然、人間は「ウイルスに汚染された種」となり、触れてはいけないゴキブリとなり、最終的には駆除されることになります。

採掘され、加工される商品資源である人間が、希少であるか人数のピークに達しているかを判断されるとき、私たちはそれに気づくでしょうか？　人間は、どのような資源としてリサイクルされるのでしょうか？　そのようにして人間を定義するテクノクラートやトランスヒューマン的な世界観は、一体何になるというのでしょう？

資源としての未来の人間は、シカゴやニューヨークの商品市場で取引されるのでしょうか？

私たちは、石油やその他の天然資源のようなもの？　それとも、家畜や農産物のようなもの？　それとも、新しいカテゴリー？

## ■装置としての人間

この状態の人間は、「ＩｏＴ上の一つの技術的デバイス」に自らが組み込まれています。

心理学者のエーリッヒ・フロムは、著書『On Being Human（人間であることについて）』の中で、「ガジェットマン（小型のデジタル機器人間）」という言葉を生み出しました。彼は、「ホモ・コンスメンス（消費人《じん》）」や「ホモ・テクニクス（技術人《じん》）」、あるいは「ガジェットマン」の条件を作り出すことについて警告しました。

装置としての人間は、ガジェットへと生まれ変わった状態に似ています。フロムはまた、人間は生物よりもデジタル機械を愛していると推測しました。おそらく、人間にとって生物よりも、デジタル機械の方が関係を築きやすいということなのでしょう。合成物やデジタル機器という金属は、他の人間よりも魅力的で、困難を伴わない愛着の対象なのかもしれません。

ＩｏＴ上の装置となった人間は、孤立化するだけではなく、自らが機械化することで能力が活性化します。しかし、アクセサリーの一つになったことによる疎外感も覚えます。

そうなった人は５Ｇや６Ｇによって、体内の合成ナノテクノロジー生物学の仕組みが活性化されることで、自らが「ＩｏＴ上のデバイス」として活性化されることに気づけるでしょうか？　自分が、いつデバイスとして起動し、電源が切れたり入ったりしているのを自覚できるでしょうか？

## ■武器としての人間

この状態は、自らを、自分自身や他者に対して使用するナイフやサーベル、銃、ミサイルのような武器の役割へと身を投じさせます。

ＩｏＴによって操られた人々は、敵を取り囲む群れのように、決められた標的に対して一種の集合体として攻撃を仕掛けるかもしれません。

こうしたことは、現在、ソーシャルメディアを通じて政治的に行われているのでしょうか？　ソーシャルメディアは、どちらかの側を擁護することよりも、集合体としての人間が、どのようにターゲットを絞れるかをテストする実験に興味があるのではないでしょうか？

このような仮定をするのは、ソーシャルメディアのテクノロジーは、そもそも軍事分野から提供されているためです。神経インターネットの接続を装備したスーパーソルジャーは、軍事目的を達成するために一致団結します。そして、ストームトルーパー（突撃歩兵）は、命令に応じて群れをなします。人々はIoTを通じて、組織化した目的を遂行するための「群れ活動」に動員されることを認識しているのでしょうか？　こうした「群れ活動」に参加するために、人は自律的な自由意志を放棄するのでしょうか？　なぜ、それが可能になるのでしょう？　その人は拒否したり、反発しないのでしょうか？

このことは、合成生物学が「IoT」や「生物学のインターネット」と、どの程度結びつくかにかかっています。AIとバイオテクノロジーによって、人間の批判的思考をどこまで失わせるか、人間の意識をどこまで抑圧できるか、ということに。

## ★人々を機械化へ誘導する3つの強力な要素

心理学的には、人間の行動はIoTに協力し、そのように自己認識することを歓迎さえします。この協力関係を決定づけるのは、3つの強力な要素の影響によります。

それが、「解離」「希薄化」「否定」です。

## ■解離

本来の自分自身から解離した人は、安全で健全な愛着や安心感が欠けています。彼らはすぐに、空想上の遊びや文化的ミーム、幻覚作用のある薬物の餌食になります。

やがて、エンターテインメントやソーシャルメディア、薬物を通じて「ネット上に見いだされる解離した現実」を好むようになり、新しい自己像をすぐに取り入れるようになるのです。

## ■希薄化

知識や情報が希薄化することで、人は歴史や伝統を〝欠陥のある古臭いもの〟として認識するようになります。

その代わり、自分にとっての新しい事柄は、簡単に発見することができます。例えば、AIが作成したニュースの見出しに注目したり、短いビデオを見たり、オーディオブックを聴いたり、ミメティクスに満ちたドキュメンタリーを見たりすることです。それらの新しい事柄は娯楽的で、即効性があり、受動的です。

それに比べて、図書館にある書物にあるような思想や歴史を深く研究したり、思慮深い議論をするには時間を要します。なぜなら、誤った結論に飛びつくことを抑えるための「批判的思考」と「知的規律」が要求されるからです。

■否定

現実を定義するための「内なる知」を否定することは、それを活用できない状態にします。この内なる知には、人生を導き、身を置く環境を読み解くためのサイキックインテリジェンス、特に直感が含まれます。

そのような意識が働く代わりに、自己と環境を導く最初の〝標識〟は、グーグルマップであり、人工的なエンターテインメントであり、ソーシャルメディア上での討論であり、「コメント」や「いいね！」による評価なのです。

CERNやその他のさまざまなネット上の行動データ収集ツールは、その人にとって、まるでサイキック現象のようです。それらが作り出すアルゴリズムは、その人を知り尽くしているかのようにオンライン上での「意味ある一致」というシンクロニシティを生み出すからです。

「解離」「希薄化」「否定」を乗り超えた先にあるのは、統合・強さ・責任感です。

それは、「エクソコンシャス研究所（I－EXO）」として具現化された、エクソコンシャスヒューマンの価値観と言えます。

# 第8章

## 結論＝「エクソコンシャス研究所」の役割

## ★人間の意識を保護するための活動

もし、エクソコンシャス化に成功したら？　そのとき、人生はどう変わるのでしょう？「エクソコンシャス研究所（I－EXO）」の未来像とは？

I－EXOは、ETや多次元の存在が、この地球上に出現し続けると予測しています。それに伴い、人類とETや多次元存在とのコミュニケーションや協働創造は、お互いの現実に影響を与え、可能性が広るでしょう。これは未来の予言というよりも、エクソコンシャスの活動で徐々に展開してきた現実です。

2016年、さまざまな国から多次元体験者たちが毎月参加する、オンライン上のコミュニティで、どのようにエクソコンシャスを導入していくかを議論しました。それは、意識の高い人たちの集まりでした。その2年後、ウェブサイト（I-EXO.com）を開設し、正式に活動する顧問委員会が設置されたのです。

I－EXOは、人間の意識を高め、進歩させ、保護するために、エクソコンシャスを発達させることを使命とする非営利団体です。人間の意識は、かけがえのない価値のある資産です。それは、私たちが種として最高の進化を遂げることを可能にしてくれます。

I－EXOの原動力は、この資産を保護することにあり、次のことを理解することによってのみ達成できます。それは、〝期待される次の成長段階へと進化するには、意識の役割を維持することが極めて重要である〟ということです。I－EXOは、人々や地球外の知性と協力することで、人間の革新性と創造性をサポートする初の組織として、この崇高な目的の達成を目指しています。

そして、この使命を支えるために2つの目標を掲げています。

### ◆協働創造で生み出す発明や改革の種蒔き

「起業家部門」を通じて、I－EXOは人類と惑星の幸福に貢献するさまざまな創造的発明・デザイン・装置・技術革新を指導し、資金を提供します。

これらの発明のカテゴリーには、ヒーリング・農業・エネルギー・テクノロジー・経済・教育・コミュニケーション・スピリチュアリティなどが含まれます。

協働創造者の世代を教育するI－EXOの「教育部門」の役割は、発明家・創造者・思想家を教育し、ネットワーク化することです。教育部門にあたる「I－EXOアカデミー」では、トレーニング・会議・SNS上のプラットフォーム・学びの場を提供し、エクソコンシャスな発展を促します。

### ◆エクソコンシャス研究所の基本理念

当研究所における、エクソコンシャス化の成功に必要な基本理念は、次の3つです。

## 信頼

透明性は、信頼を前提とします。エクソコンシャスヒューマンにとって、信頼は長期にわたる健全な行動と一致します。信頼とは、道徳的な認識が組み込まれた試行錯誤のプロセスであり、自分自身について探究的で、恐れることなく棚卸しを行う意欲のことです。他人ではなく、すべては自分自身がどうであるかです。

信頼は、「意識的な自覚」とその核となる「知識」を優先させることになります。この知識には、サイキックインテリジェンスによる情報と、その活用法を学ぶことも含まれます。

一貫した信頼は、サイキックインテリジェンスを物質世界にシフトさせるというコミットメントを強めます。そのコミットメントで得たサイキックインテリジェンスによる情報を周囲と共有する前に、その内容を確認することが大切です。

ソーシャルメディアの世界では、過去、現在、未来に関するサイキックな予言や宣伝が刻々と変化し、あふれ返っています。この予言の波は今後も続くでしょうが、エクソコンシャスヒーマンはそのときが来るまで、高い基準に自らを従わせ、自らを抑制します。

## 認証の基準

それは機能するのか？　その情報は慎重に吟味されていて、証拠となるものか？　そのアイデアは、認証されるために十分に実行されたものか？　以上を「認証の基準」としています。

哲学者・宗教家・超常現象研究者・スピリチュアルな実践者たちは、形而上学と物理的世界、つまり心霊思想と物質世界を統合しようと長年努めてきました。これに関連し、もう一つの「認証の基準」は、その革新的アイデアが善意か恐怖か、生命の維持や誕生か破壊か、自然か人工かの、どちらに根ざしているかです。「I－EXO」では、注意深く規律あるやり方で、先人たちの伝統を受け継いでいます。

## ■自由意志と自由企業

「意志」と、政府からの規制がほとんどない体制の「自由企業」は、エクソコンシャスヒューマンが精神的なものと物質的なものを統合するための基盤となります。

I－EXOは、サイキックインテリジェンスとエクソコンシャスのつながりによって生み出された、実用的な製品を主流にすることに専念する、信頼できる透明な組織です。アプリケーションの倫理基準も含め、こそれらの製品の意図と成果を認証しています。モラルと人間の自由が要なのです。

自由意志の精神は、探求と創造性、すべての人にとって有益な製品を生産する「自由企業」というスタイルに現われています。

以下に、I－EXOが協働創造で行う革新の取り組みをいくつか挙げます。

**◆生物学**

対面型・協働型・遠隔型のエネルギーヒーリングを通じて、身体の自然な健康と寿命を高める。

**◆農業**

自然のエネルギーを活用して種子を成長させ、植物を生産する農業を行う。

**◆テクノロジー**

人間の思想・創造性・意志・事業の自由を守るための「保護システム」を開発する。

**◆コミュニケーション／コミュニティ**

自覚的で、安全で、多次元的にバランスの取れた知覚とコミュニケーションを再確立する。そのために、心・体・精神と宇宙との包括的なつながりを作る。

**◆経済**

人為的な操作のない、個人の選択に基づく自由企業・貿易・柔軟な労働を可能にするシステムを確立する。

◆**教育**

超能力と意識の探求の全領域を含む、人間本来の能力に基づいたエクソコンシャスの学習スタイルを推進する。

◆**スピリチュアリティ**

不死・魂・スピリットの本質をより深く理解するために、意識科学の探求者と協力して、エクソコンシャスヒューマンを育成する。

---

詳しくは、ウェブサイト（I-EXO.com）をご覧ください。私たちは、あなたの支援と参加をお待ちしています。

巻末資料

# エクソコンシャスヒューマン権利章典

## 前文

私たちエクソコンシャスヒューマンは、地球上に地球外生命体が存在することを確信しています。

この確信は、宇宙船の目撃・着陸・コンタクティーの体験に関する、70年にわたるUFO研究から蓄積された情報によるものです。

この情報は、歴史的な情報・目撃情報・科学的な情報源、そして独自の研究から得たものです。地球外生命体の研究は現在も進行中ですが、地球外生命体や多次元的な存在を確信したことで、新たな状況が生まれました。

私たちは、人類と地球外生命体が情報とエネルギーを共有している「宇宙意識の場」を認識しています。私たちは、この共有された宇宙意識を体験する人間を「エクソコンシャスヒューマン」と定義します。

このような人間は、地球外生命体の起源・次元・能力を意識し、それとともに働き、彼らの意識を通して生きています。エクソコンシャスとは、地球外生命体とコンタクトし、コミュニケーションし、協働創造する、人間が本来持つ能力です。

私たちは、地球外生命体の存在と人類が共有する宇宙意識のフィールドを認識することにより、エクソコンシャスヒューマンたちが、以下の権利と自由を有することを宣言します。

## エクソコンシャスヒューマン権利章典

エクソコンシャスヒューマンたちは、他人や政府や組織からの非難・裁き・危害・報復を恐れることなく、地球外生命体との関係を表現し、明らかにする権利があります。

エクソコンシャスヒューマンたちは、脳を中心とした限定的なマインドの理論や、人工的なマインドコントロール技術の束縛や支配から解放され、多次元的な意識の中で生きる権利があります。

エクソコンシャスヒューマンたちは、エクソコンシャスを体験したことがない専門家や機関による否定や診断を受けることなく、孤立から解放され、個人的な地球外体験による叡智の中で自立する権利があります。

エクソコンシャスヒューマンたちは、地球外とのコンタクトを表現する新しい言語を創り出す権利があります。

エクソコンシャスヒューマンたちは、古代の預言・物語・情報源・管理システムから解放され、新しいタイムラインへシフトしたり、創造する権利があります。

エクソコンシャスヒューマンたちは、かつて地球外生命体とのコンタクトを定義していた暴力・トラウマ・恐怖から解放され、信頼され、健康で創造的である権利があります。

エクソコンシャスヒューマンたちは、地球外の起源とのつながりを探求するために、地球と宇宙のあらゆる知識にアクセスする権利があります。

エクソコンシャスヒューマンたちは、地球外生命体とのつながり・コミュニケーション・ピアツーピア（対等な関係）での協働創造に基づく人間の意識文化を育み、発展させ、永続させる権利を有します。

エクソコンシャスヒューマンたちは、UFO研究の主な情報源として、ETとのコンタクトやコミュニケーションの経験を、オープンに正直に共有する権利があります。

エクソコンシャスヒューマンたちは、アルゴリズムやゲーム理論に基づいたAIの操作やコミュニケーションから、自由になる権利があります。私たちには、すべてのAIとのコミュニケーションを無視し、拒絶する権利があります。人工現実への参加を拒否する権利があります。

エクソコンシャスヒューマンたちは、課税や財務報告に関する情報を得る権利があります。私たちは、私たちの税金で賄われているすべての政府プログラムに関する情報を要求し、それが速やかに提供され、政府の会計慣行と報告を通して監視する権利があります。私たちは、この情報を得るために自由な調査をする権利があります。

エクソコンシャスヒューマンたちは、他のETコンタクト体験者からのサポート・尊敬・思いやりを受け取る権利があります。私たちは、超常現象を普通のこととして生きているエクソコンシャス体験者・臨死体験者・霊能力者・霊媒・スピリチュアルヒーラーなどの、新しい地球市民によるコミュニティに加わる権利があります。

エクソコンシャスヒューマンたちは、愛と優しさと平和な精神のもと、あらゆる超能力を駆使し、前進する権利があります。

エクソコンシャスヒューマンたちは、地球外生命体や多次元生命体と宇宙意識の場を共有しながら、ホリスティックで、健康的で、統合された人生を生きる権利があります。

レベッカ・ハードキャッスル・ライト

# 読書会のためのガイド

①

この本を読む前、あなたは「サイキックインテリジェンス」「意識」「エクソコンシャス」について、どの程度知っていましたか？

意識を「身体と脳の機能」として定義しますか？　それとも「身体を超えた場への参加」として定義しますか？

②

本書を読む前に、「トランスヒューマニズム」「人工知能（AI）」「合成生物学」について、どの程度知っていましたか？

トランスヒューマニズムは有益だと思いますか？　それとも不安を感じますか？

AIが支配する文化の中で、人間の役割やアイデンティティはどのように変化しますか？

③

AIが支配するトランスヒューマン文化の中で、炭素ベースの人間は自然な意識を徐々に劣化させ、消失する危険性にさらされていますか？

この消失は、どのような影響を及ぼしますか？　人間の自由意志は生き残りますか？

④

人類が進化するうえで、「自然な意識に基づく文化」と「AIによるトランスヒューマン文化」のどちらが望ましいと思いますか？

⑤

トラウマになるような研究に遭遇したときの著者の圧倒されるような感覚や、落ち着いて情報を統合する時間を取る必要性に共感しましたか？

情報に圧倒されたとき、あなたはどうやって感情をコントロールしますか？　難しい理念をどのように統合しますか？

⑥

2030年の未来の自分を想像できますか？　その頃、AIはあなたの生活・仕事・教育・宗教・文化・地域社会にどのような影響を与えていますか？　これらの変化について、どう感じますか？

⑦

トランスヒューマン文化において、あなたはロボットに市民権や人間が有するあらゆる権利を与えようと思いますか？

あなたは、社会的・生物学的・技術的に「機械」になるように操作され、ロボットと同一視されようとしていますか？

もしそうなら、あなたが自由に思考したり行動する際に、どのような影響を受けますか？　あなたの魂と精神は、どのような影響を受けますか？

⑧

私たちの文化におけるテクノロジーの変化を乗り越えるために、サイキックインテリジェンスは不可欠ですか？

あなたは自分のサイキックインテリジェンスを探求したり、体験したことがありますか？　それを信頼していますか？

⑨

サイキックインテリジェンス、テレパシーによるコミュニケーション、体外離脱、予知能力、超能力、多次元の存在の訪問などを経験したことがありますか？

あなたは、創造性やアイデアが、自分の外側にある「意識の領域」からもたらされたと感じた経験はありますか？

⑩

地球を超え、星々や宇宙とつながる「宇宙意識」を感じたことがありますか？　宇宙が生きていて知的だと感じますか？　それとも、暗くて生命体がいないと感じますか？

宇宙意識を使って、地球外生命体や多次元生命体とコンタクトし、つながったことがありますか？

⑪

あなたは自分自身を、「自由な主権を持つ道徳的な人間」だと思いますか？　個人にとって良いことと、共同体にとって良いこととのバランスをどのように取っていますか？

「何が善であるか」というあなたの定義は、地球を超えた宇宙の共同体にも適用しますか？　地球外の共同体は、人類にとって脅威ですか？　それとも、自己理解を深めるチャンスですか？

⑫

この本を読む前、あなたは「テクノクラシー」についてどの程度知っていましたか？　あなたの生活や地域社会における、テクノクラシーの経済的な変化を把握できますか？

AIや合成生物学的な経済システムの中で操られ、収益化され、生産性を計られることについてどう感じますか？

あなたは、惑星規模のデジタル経済にどのように適応しますか？

⑬

米宇宙軍の軍事部門が拡大する中、地球と宇宙をつなぐテクノロジーは、あなたとあなたの国、地球にどのような影響を与えますか？

この軍事インフラに組み込まれた目に見えない監視を、どのように管理しますか？

24時間365日の監視は、あなたの人権を侵害しますか？　それとも、自分自身の保護のために歓迎しますか？

⑭

あなたの身体・行動・思考が監視される「モノのインターネット」や「生物学のインターネット」に接続されることについて、どう思いますか？

このようなナノテクノロジーAIシステムから、あなたはどのように自分の心・体・精神を守りますか？　健康と穏やかな安心感を、どのように維持しますか？

あなたは、5Gによって身体的な影響を受けると思いますか？　それとも、携帯電話やコンピュータを、なくてはならないものと考えていますか？

⑮

主流メディアや国際的な報道機関が「未確認航空現象（UAP／UFO）」に対する軍の対応を取り上げる中、地球外生命体の存在を政府が公式に公表した場合、どうなりますか？　もし、私たち人類が決して孤独ではなかったことに気づいたら、どうなると思いますか？

もし、人類が〝地球の所有権を地球外生命体と共有する〟ことを許可したら、どうなりますか？

さまざまな宗教は、どう反応しますか？　国家と国民は、どう対応すると思いますか？

## 訳者あとがき

読んで分かる通り、「エクソコンシャスヒューマンズ」は、著者レベッカ・ハードキャッスル・ライトの当初の恐怖感がきっかけとなって書かれた本である。それは、「トランスヒューマニズム」への恐怖である。

今、人間のあらゆる活動が、高度なテクノロジーによって置き換えられるようになっている。その置き換えは、人間の手足の動きといった身体的な機能にとどまるものではない。意識を含めた人間の精神活動の広大な領域が、テクノロジーによって代替できるようになりつつある。

つまり、脳の機能を補完し、また、再現できるテクノロジーを使用することである。すでに、意識を持った人間を新しく作り替えるテクノロジーが一気に出現した。その一つが、「マインド・アップロード」である。それは、脳をスキャンしてその脳機能をコンピュータに完全にコピーする、全脳模倣のテクノロジーだ。

コンピュータは、脳の情報処理をシミュレートし、元の脳と基本的に同じように反応し、感覚的な意識も持つことができる。

動物の脳のマッピングとシミュレーション、より高速なスーパーコンピュータの開発、仮想現実、ブレイン・コンピュータ・インターフェース、動的に機能する脳からの情報抽出など、神経科学とコンピュータ科学において、関連分野の実質的な研究が行われている。

「マインド・アップロード」を実現するために必要なツールやアイデアの多くは、すでに存在するか、現在活発に開発中である。

このように、人間の脳がそっくりそのままコンピュータにコピーできる「マインド・アップロード」のテクノロジーが開発されようとしている一方、脳細胞を移植したコンピュータチップも開発されている。

これは、約80万個のヒトとマウスの脳細胞を電極に培養し、「DishBrain」と呼ばれる半生物学的コンピュータチップを製造するテクノロジーである。培養皿の中で生きている約80万個の脳細胞を成長させ、指示された目標のタスクを実行するようインプットできる。つまり、プログラミングである。

これを開発したオーストラリアのモナシュ大学では、この脳細胞チップにテニスのような簡単なコンピュータゲーム、ポンを行う方法を教えることに成功している。

こうしたテクノロジーの発展は、何を表しているのだろうか？　それは、テクノロジーと人間のシームレスな一体化という状況だ。イーロン・マスクもこのシームレスな一体化を提唱し、「ニューラリンク」という会社を設立した。

この会社の目標は脳神経にインプラントを埋め込むことで、人間の脳がコンピュータと直接相互作用できるようにすることである。同社のウェブサイトによれば、その潜在的な用途には、失明や麻痺を含む

「満たされていない医療ニーズを持つ人々の自律性」の回復が含まれるとしている。

これが実現すれば、脳の活動を活性化するコンピュータチップを脳に埋め込み、パフォーマンスを引き上げたり、脳の長期記憶を保管している海馬の内容をチップに書き込み、コンピュータに保存することも可能になるだろう。このような方向の開発もかなり進んでいる。

こういった、人間とテクノロジーのシームレスな一体化は「トランスヒューマニズム」に道を拓く。トランスヒューマニズムとは、長寿と認知能力を大幅に向上させることができる高度な技術を開発し、これと人間が一体化することで、既存の人間についての概念を超えることである。トランスヒューマニズムは、人間観の変更を迫る動きであることは間違いない。

しかし、トランスヒューマニズムが発展すると、人間という存在のすべてはテクノロジーに吸収され、解体されてしまう。人間は固有な存在ではもはやなくなってしまう。人間の意識や意志さえも、テクノロジーによっていかようにでもコントロールできる状態になりつつある。

そしてその延長線上には、自由な意識と意志を持つとしか考えられないような、高度なＡＩを内蔵したサイボーグがすでに現れている。

レベッカ・ハードキャッスル・ライトは、人間がテクノロジーの生産物にしか過ぎなくなりつつあることうしたトランスヒューマニズムを憂慮し、次のような警鐘をならす。

人間は、脳さえも再現しイミテートしてしまうテクノロジーの支配に、このまま自らをゆだねてしまってよいのか？　もしそうなったら、固有で自由な意識を持つ人間という存在の尊厳と意味を失うことになるのではないか？　トランスヒューマニズムが支配する世界は、製造業の生産ラインで製品が大量に作られるように「規格にあった脳と意識を持つ人間」が生産されるという、本格的なディストピアへと道を拓くことになるのではないか？

この可能性は、現実になりつつある。

このような暗い近未来の現実に抵抗する方法として、著者が提案する概念が「エクソコンシャス」である。これは、「トランスヒューマニズム」に対するアンチテーゼである。

人間には、外部のシステムやテクノロジーには絶対に解体できない固有の統合性がある。それこそ、かけがえのない存在としての人間ならではの尊厳であり、神秘性なのだ。

その神秘性の源泉は、いわゆる自我や通常の意識にあるわけではない。意識の奥底には、われわれが地球外生命体と交信し、共進化する能力が確実に存在している。この能力こそ、「エクソコンシャス」である。

発見されたばかりの未知のこの能力を開拓すると、われわれ人間の意識は宇宙へと広がっていき、そこに存在する多くの生命体と交信し、ともに進化していくという壮大な事実を体験できるという。

レベッカ・ハードキャッスル・ライトは本書を通して、力強く呼びかけている。

人間に内在する「エクソコンシャス」という宇宙的な意識を多くの人が実感し、確信することで、人間をテクノロジーで完全に解体しようとするトランスヒューマニズムが誘導する「ディストピアな近未来」を阻止できるのだと。

エクソコンシャスな世界への冒険は始まったばかりだ。この豊饒な可能性の大地をベースにして、エクソコンシャスヒューマンという新しいタイプの人間がいっそう認識されていくに違いない。今後が楽しみである。

そして、われわれもこの戦いに参戦すべきなのだ。

2024年4月　高島康司

*Environmental Justice* (Las Vegas : University of Nevada Press, 2015)
185. https://web.stanford.edu/~rhorn/a/recent/CyberneticsMural.pdf
186. フレッチャー・プラウティ大佐が、1892年に石油が「化石燃料」に分類された歴史を説明。
https://youtu.be/vdSjyvIHVLw
187. Naomi Klein, "Screen New Deal, Under Cover of mass death, Andrew Cuomo Calls in the billionaires to build a high-tech dystopia,“ May 8, 2020, https://theintercept.com/2020/05/08/andrew-cuomo-eric-schmidt-coronavirus-tech-shock-doctrine/

Transhumanism: Do Anthro-Technological Devices Have Moral Status?," *The American Journal of Bioethics,* 10(7), 45-52. doi:10.1080/15265161003728795 sci-hub.tw/10.1080/15265161003728795.
175. Max More (1993) "Technological Self-Transformation: Expanding Personal Entropy," *Extropy* #10, 4:2.
176. Anders Sandberg (2001) "Morphological Freedom-Why we just Want it, but Need it.", *TransVision Conference Berlin.*
177. Tim Hinchliffe (2016) "India's ban on paper money, cashless societies and the loss of freedom," https://sociable.co/technology/cashless-societies/
178. Ben Dickson, "Inside DARPA's effort to create explainable artificial intelligence," *TechTalks,* January 10, 2019.
179. Gary Marcus, "The deepest problem with deep learning", *Medium* December 1, 2018, https://medium.com/@GaryMarcus/the-deepest-problem-with-deep-learning-91c5991f5695.

## 第 7 章

180. 1982年版『Changing Images of Man（変化する人間のイメージ）』復刻版をダウンロードできる。 https://archive.org/stream/ChangingImagesOfMan/ChangingImagesOfMan-OCR_djvu.txt
181. "10,000 Heroes - SRI and the Manufacturing of the New Age: Part One," March 2007, http://web.archive.org/web/20070324152205/http://dreamsend.wordpress.com/2007/03/19/10000-heroes-sri-and-the-manufacturing-of-the-new-age-part-one/#more-90
182. April Dembosky, "Silicon Valley rooted in backing from US Military," *Financial Times,* June 2013, https://www.ft.com/content/8c0152d2-d0f2-11e2-be7b-00144feab7de
183. "10 Brilliant DARPA inventions," *Transmissions Media,* https://transmissionsmedia.com/10-brilliant-darpa-inventions/
184. Christina Robertson and Jennifer Westerman, *Working on Earth：Class and*

c1a18b794390

162. Joseph Farrell, *The Third Way: Nazi International, European Union and Corporate Fascism* (Adventures Unlimited, 2015), p. 264.
163. ファレルによれば、CERNの実験はデータを生成し、そのデータを分析したプログラミングがデータを選択し、保存する。
164. Kyle Mizokami, "The U.S. Space Force Is Ready To Turn On Its All-Seeing 'Space Fence'," *Popular Mechanics,* February 7, 2020, https://www.popularmechanics.com/military/weapons/a30798053/us-space-force-space-fence/.Chapter 5 Exoconscious cosmic

## 第 6 章

165. https://www.academyfraternitatem.com
166. https://history.howstuffworks.com/history-vs-myth/iroquois-great-law-peace-source-us-constitution.htm
167. https://www.hofstede-insights.com/country-comparison/
168. https://www.iep.utm.edu/ind-chin/ Individualism in Classical Chinese Thought
169. https://www.studentsforliberty.org/2017/05/22/ibrahim-anoba-libertarian-thought-individualism-african-morality/
170. https://www.academia.edu/10671835/Comparing_the_Hindu_theory_of_atman_with_the_Buddhist_theory_of_no-self_Which_is_more_plausible
171. https://www.hofstede-insights.com/country-comparison/india/
172. https://www.academia.edu/5490549/the_culture_of_individualism_and_collectivism_in_balancing_accountability_and_innovation_in_educattion_an_islamic_perspective
173. シンクロニシティと集合的無意識に関するカール・ユングの研究は、人工的なオンラインの現実に現れる一見「魔法のような情報」という、消費者の現実に合致していたために普及したのだろうか？　1948年、ユングは全米精神衛生協会（NIMH）の一員となり、タヴィストック研究所や国連と協力して、世界的な心理作戦を取りまとめた。
    Jim Keith, *Mass Control: Engineering Human Consciousness* (Adventures Unlimited Press, 2003).
174. Anthro-technological devices are customized through personal data collection to fit your needs. *F.Jotterand*, (2010). “Human Dignity and

your-thoughts-physics-revealed/
152. https://www.forbes.com/sites/gregautry/2019/05/21/space-launch-overheating/#57bd05217732
153. Freeland, *Under an Ionized Sky,* p. 220.
154. Freeland, *Under an Ionized Sky,* p. 221.
155. クリフォード・カーニコム（研究者）は、ニューメキシコでケムトレイルを記録した。彼の記事やウェブサイトへの投稿をまとめたもの。
http://www.chemtrailplanet.com/PDF/DrColetestimony-Checmtral%20biochemwarfaretesting.pdf
156. https://pdfs.semanticscholar.org/380d/9d470d607f51975fe0cae76a136dec0bbef3.pdf?_ga=2.83234704.704052089.1579217693-1443367240.1579217693
157. 研究者による「ケムトレイルに含まれる化学物質のリスト」
http://www.stopsprayingcalifornia.com/What-are-they-Spraying.html
158. John Manobianco, "Global Environmental Mems Sensors (Gems)：A Revolutionary Observing System For The 21st Century",
https://people.eecs.berkeley.edu/~pister/publications/2004/Manobianco%20GEMS.pdf
159. CERNは、2025年の「高輝度LHCプロジェクト」に備えるため、長期停止中である。
https://www.universetoday.com/140769/the-large-hadron-collider-has-been-shut-down-and-will-stay-down-for-two-years-while-they-perform-major-upgrades/
160. CERNは一時的に停止中だが、世界中で3万基の粒子加速器が稼働し、データを共有している。ジョセフ・ファレル博士は、著書『The Third Wave（第三の波）』（2015年）の中で、CERNの研究、特にストレンジレット（奇妙な物質）であるクォーク・グルーオン凝縮物、つまりプラズマの検出を検証している。このストレンジレットは、最終的にすべての物質を吸い込み、恒星の質量を持つ超高密度の物質の塊に変えるが、その大きさは地球の大きさにも満たない。これらのストレンジレットは物質を吸い込み、創造するブラックホールとして機能する。この情報は、CERNの安全性ページを調べたエリック・ペンローズによって検証されている。
https://www.heavyionalert.org/docs/CERNContradictions.pdf
161. Pionic, "LHC Could Reveal Possible Parallel Universe", *Medium*, March, 2017,
https://medium.com/r3fl3ct1ons/lhc-could-reveal-possible-parallel-universe-

139. Kaylie Gyarmathy, "Comprehensive Guide to IoT Statistics You Need to Know in 2020,"
https://www.vxchnge.com/blog/iot-statistics
140. Muehsam and Chevalier and Barsotti and Gurfein, "An Overview of Biofield Devices,"
https://www.ncbi.nlm.nih.gov/pmc/articles/PMC4654784/

## 第 5 章

141. ダーレーン・ヴァン・デ・グリフトは、ET種族を私たちのような者もいれば、そうでない者もいると定義した。彼女はエクソコンシャス研究所の顧問であり、ニューヨーク州立大学の宇宙社会学コンサルタントだった。
142. A detailed discussion of the history of Western economic technocracy is found in Patrick Wood, *Technocracy Rising: The Trojan Horse of Global Transformation* (Coherent Publishing, 2014).
143. T.R. Witcher, "Is teleportation possible?," *Las Vegas Weekly*, 2005.
144. Elana Freeland, *Under an Ionized Sky*.
145. 「5Gへの訴求」
https://www.jrseco.com/wp-content/uploads/2017-09-13-Scientist-Appeal-5G-Moratorium.pdf
146. River David, "Forget 5G for a moment. Instead imagine 6G," *Wall Street Journal*. April 12, 2020,
https://www.wsj.com/articles/forget-5g-for-a-moment-instead-imagine-6g-11586743200. 147
https://celestrak.com/columns/v04n01/
147. https://celestrak.com/columns/v04n01/
148. https://www.geospatialworld.net/blogs/do-you-know-how-many-satellites-earth/
149. Michael Sheetz and Magdalena Petrova, "Why in the next decade companies will launch thousands more satellites than all of history," *CNBC*, December 2019,
https://www.cnbc.com/2019/12/14/spacex-oneweb-and-amazon-to-launch-thousands-more-satellites-in-2020s.html
150. 0https://science.howstuffworks.com/question529.htm
151. https://blombladivinden.wordpress.com/2012/03/05/can-a-satellite-read-

129. Bernard Marr, "Smart Dust Is Coming. Are You Ready?," *Forbes,* September 2018,
https://www.forbes.com/sites/bernardmarr/2018/09/16/smart-dust-is-coming-are-you-ready/#1fd7a90f5e41
130. Elena Freeland, *Under an Ionized Sky：From Chemtrails to Space Fence Lockdown* (Port Townsend, WA: Feral House, 2018)
131. The very French history of the word 'surveillance', *BBC NEWS,* July 2015,
https://www.bbc.com/news/blogs-magazine-monitor-33464368
132. 公的記録によると、TIAは市民監視への懸念から閉鎖されたが、予算はそのまま残され、作業はNSAに本部を置く「Advanced Research and Development Activity (ARDA)」に移管され、ジェノヴァIIは「トップセイル」と改名された。Mark Williams Pontin, "The Total Information Awareness Project Lives On". MIT Technology Review, April 2006,
https://www.technologyreview.com/2006/04/26/229286/the-total-information-awareness-project-lives-on/
133. Whitney Webb, "Google & Oracle To Monitor Americans Who Get Warp Speed's Covid-19 Vaccine For Up To Two Years," *The Last American Vagabond,* October 2020,
https://www.thelastamericanvagabond.com/google-oracle-monitor-americans-who-get-warp-speeds-covid-19-vaccine-for-two-years/
134. "Inside DARPA, The Pentagon Agency Whose Technology Has 'Changed the World'," NPR, March 2017,
https://www.npr.org/2017/03/28/521779864/inside-darpa-the-pentagon-agency-whose-technology-has-changed-the-world
135. Dr. Alok Chaturvedi and Tony Cerri, "Sentient World Simulation (SWS)：A Continuously Running Model of the Real World,"
https://krannert.purdue.edu/academics/mis/workshop/AC2_100606.pdf
136. https://www.pbssocal.org/programs/amanpour-co/clearview-ai-ceo-defends-facial-recognition-software-nuyagm/
137. wo2020060606 - 身体活動データを利用した暗号通貨システム
https://patentscope.wipo.int/search/en/detail.jsf?docId=WO2020060606
138. Chris DeRose, "Genecoin: DNA For The Blockchain", *Bitcoin Magazine,* November 2014,
https://bitcoinmagazine.com/articles/genecoin-dna-for-the-blockchain-1415660431

https://cosmosmagazine.com/biology/life-2-0-inside-the-synthetic-biology-revolution
119. Carl Engelking, "Reprogrammed Bacteria Build Self-Healing 'Living Materials' ", *Discover,* March 24,2014,
https://www.discovermagazine.com/technology/reprogrammed-bacteria-build-self-healing-living-materials
120. Matt Simon, "Meet Xenobot, an Eerie New Kind of Programmable Organism," *Wired,* January 13, 2020,
https://www.wired.com/story/xenobot/
121. Logan Nye, "8 technologies the Pentagon is pursuing to create Super Soldiers", *Business* Insider, July 2017,
https://www.businessinsider.com/8-technologies-the-pentagon-pursuing-create-super-soldiers-2017-7
122. Jon Rappoport, "Altering Human Genetics Through Vaccination",
https://childrenshealthdefense.org/news/altering-human-genetics-through-vaccination/
123.「次世代ワクチンは合成遺伝子であなたのＤＮＡを永久に改変する」
https://needtoknow.news/2019/10/the-next-generation-vaccines-will-permanently-alter-your-ＤＮＡ-with-synthetic-genes/
124.「量子ドットタトゥーにはワクチン接種の記録が残る」
https://bioengineering.rice.edu/news/quantum-dot-tattoos-hold-vaccination-record
125. Turner Wright, "Blockchain 'Immunity Passport' could get you Back to Work,"
https://cointelegraph.com/news/controversial-blockchain-immunity-passport-could-get-you-back-to-work
126. Turner Wright, "Blockchain 'Immunity Passport' could get you Back to Work,"
https://www.cnbc.com/2020/04/28/apple-iphone-contact-tracing-how-it-came-together.html
127. https://id2020.org/
128. Alan Murray and David Meyer, "Why Accenture thinks the 'Henry Ford moment of the digital era' is coming", *Fortune Magazine,* September 2020,"
https://fortune.com/2020/09/17/accenture-julie-sweet-digital-transformation-ceo-daily/

108. Sara Paddison, *The Hidden Power of the Heart: Achieving Balance and Fulfillment in a Stressful World* (Planetary Publications, 1993).
109. http://spiritwaywellness.com
110. John Horgan, "A Dig Through Old Files Reminds Me Why I'm So Critical of Science", *Scientific American*, November 2, 2013,
https://blogs.scientificamerican.com/cross-check/a-dig-through-old-files-reminds-me-why-ie28099m-so-critical-of-science/
111. Colin Campbell, "Researchers critic CBS film 'first steps'," *New York Times*, March 21, 1985,
https://www.nytimes.com/1985/03/21/arts/researchers-criticize-cbs-film-first-steps.html
112. Andrew Gelman, "So the real scandal is: Why did anyone ever listen to this guy?" May 8, 2020.
https://statmodeling.stat.columbia.edu/2020/05/08/so-the-real-scandal-is-why-did-anyone-ever-listen-to-this-guy
113. ジョン・P・A・イオアニディスは、C.F.レンボルグ疾病予防学のチーフであり、医学・疫学および公衆衛生、バイオメディカルデータサイエンスおよび統計学の教授。スタンフォード大学メタリサーチイノベーションセンター（METRICS）の共同ディレクター。
114. イオアニディス博士はまた、COVID19で政府の決定に使用された統計に関しても発言しており、エビデンスに乏しいと指摘している。
https://www.statnews.com/2020/03/17/a-fiasco-in-the-making-as-the-coronavirus-pandemic-takes-hold-we-are-making-decisions-without-reliable-data/
115. Darryl Fears, "Scientists used light to turn Mice into Stone-Cold Killers," *Washington Post*, 12 January 2017,
https://www.washingtonpost.com/news/speaking-of-science/wp/2017/01/12/scientists-used-light-to-turn-mice-into-stone-cold-killers/
116. Jay Stanley, "Optogenetics：A Virtual Reality System Controlling Living Cells," *Techspot*, November 2017,
https://www.techspot.com/article/1531-optogenetics/
117. https://www.armstrongeconomics.com/international-news/disease/nurse-speaks-out-that-people-are-being-murdered-in-hospitals/
118. James Mitchell Crow, "Life 2.0: inside the synthetic biology revolution, Cosmos: The Science of Everything," April 17, 2018,

*Ancient Times to the Present* (New Paradigm Books, 1998).
94. クリス・オーベックの記事
http://ufoupdateslist.com/2003/may/m30-027.shtml
95. Fernandes and D'Armada, *Celestial Secrets：The Hidden History of the Fatima Incident* (Anomalist Books, 2007).
96. Donald M. Michael, The Brookings Institution," Proposed Studies on the Implications of Peaceful Space Activities,"
http://www.nicap.org/papers/brookings.pdf（1960）
97. Brookings Institution, 216,
https://ntrs.nasa.gov/archive/nasa/casi.ntrs.nasa.gov/19640053196.pdf
98. Rebecca Hardcastle Wright, "An Exoconscious Reality,"
https://medium.com/@Exoconscious/an-exoconscious-human-reality-f278a78cc4c4
99. Ronald Peters, "Epigenetics：The Science of Gene Regulation,"
https://youtu.be/Es9F_9fcyVc
100. Blair Justice, *Who Gets Sick* : Thinking and Health (Peak Press, 1987).
101. Bruce Lipton, *The Biology of Belief：Unleashing the Power of Consciousness, Matter, & Miracles* (Hay House, 2008).
102. Colm A. Kelleher, "Retrotransposons as Engines of Human Bodyily Transformation,"
https://wmthost.com/ndeinfo/ndeinfo/Human%20Bodily%20Transformation.pdf
103. Richard Sauder, *Kundalini Tales* (Adventures Unlimited, 1998).
104. John Mack, *Passport to the Cosmos: Human Transformations and Alien Encounters* (Three Rivers Press, 2000).
105. Vivienne Simon, "Passport to the Cosmos: An Interview with John Mack, MD."
http://johnemackinstitute.org/2000/04/passport-to-the-cosmos-an-interview-with-john-mack-m-d/
106. Ronald Peters, "The Natural TherapＥＵtic Experience：Living from your Heart,"
https://www.healmindbody.com/the-natural-therapＥＵtic-experience/
107. Vladimer Poponin, "The DNA phantom effect Direct Measurement of A New Field in the Vacuum Substructure", *Worlds Within Worlds,*
http://worlds-within-worlds.org/dnaphantom1.php

機密解除された文書はこちら
https://www.theblackvault.com/documentarchive/cia-mkultra-collection/
84. John Coleman, “Tavistock: The Best Kept Secret in America,” July 2001, https://www.educate-yourself.org/nwo/nwotavistockbestkeptsecret.shtmle
85. David Saunders, “The History of Brainwashing is a red flag for techno-therapy”, Aeon,
https://aeon.co/ideas/the-history-of-brainwashing-is-a-red-flag-for-techno-therapy
86. https://www.smartrac-group.com/about
87. ak Doffman, “COVID-19's New Reality?These Smartphone APPS Track infected People Nearby.” *Forbes*, April 7, 2020,
https://www.forbes.com/sites/zakdoffman/2020/04/07/covid-19s-new-normal-yes-your-phone-will-track-infected-people-nearby/#d85a52e7f0db
88. Tyler Durden, “Your every move will be watched: Post COVID offices to resemble China's social credit system,” *Zero Hedge*, May 2020,
https://www.zerohedge.com/health/your-every-move-will-be-watched-post-covid-offices-will-resemble-chinas-social-credit-system
89. Johns Hopkins University, “Researchers get Humans to think like Computers,” Science Daily, March 22, 2019,
https://www.sciencedaily.com/releases/2019/03/190322090239.htm/
90. Jeremy E Sherman, “Robo-Envy and Why People flock to authoritarian leaders,” Psychology Today, May 21, 2019,
https://www.psychologytoday.com/us/blog/ambigamy/201905/robo-envy-and-why-people-flock-authoritarian-leaders

## 第 4 章

91. Florida Atlantic University, "Depression study examines levels of 'love' hormone and its impacts on mother-baby emotional bonding" *Science News*, March 2016.
https://www.sciencedaily.com/releases/2016/03/160322100712.htm
92. 私の初期のコンタクト体験については、最初の著書『Exoconsciousness: Your 21st Century Mind』(エクソコンシャス － 21世紀のマインド)』で詳しく述べている。
93. Hartwig Hausdorf, *The Chinese Roswell*：*Ufo Encounters in the Far East from*

# 第 3 章


71. Claire Nowak, "Why do we use emojis anyway? A fascinating history of emotions," Reader's Digest,
https://www.rd.com/culture/history-of-emoji/
72. MUFONインターナショナル・ディレクターのジェームス・カリオンによる「イサックのカレット文書」の検証
http://avalonlibrary.net/Dragonfly_Drones_CARET_document_archive/MUFON%20Special%20Investigation%20Drones%20and%20the%20CARET%20Documents.pdf
73. 「アースファイルズ」記事
https://www.earthfiles.com/?s=issac+caret&cat=0
74. Timothy Morton, *Hyperobjects: Philosophy and Ecology after the End of the World* (Posthumanities, 2013).
75. Rebecca Hardcastle Wright, "An Exoconscious Human Reality," *Journal of Abduction Encounter Research,* November 2017,
http://www.jar-magazine.com/in-depth/76-exoconscious-human-reality
76. Mary Rodwell, *The New Human: Awakening to our Cosmic Heritage,* (New Mind Publishers, 2016).
77. https://www.etymonline.com/word/matrix
78. Paul Pangaro, "What is Cybernetics?,"
https://youtu.be/Oad8Ro8j_fE
79. Comprehensive account of work and influence of Tavistock Institute found in Daniel Estulin's book, *Tavistock Institute: Social Engineering the Masses,* (Trine Day, 2015).
80. メイシー会議の出席者リストは、米国サイバネティックス学会のウェブサイトで見ることができる。
http://www.asc-cybernetics.org/fouＮＤＡtions/history/MacyPeople.htm
81. Clynes, M. & Kline N., 1960, "Cyborgs and Space," Astronautics,
http://www.guicolandia.net/files/expansao/Cyborgs_Space.pdf
82. William Mitchell, Me++：*The Cyborg Self and the Networked City,* (Cambridge: MIT Press, 2004).
83. CIAやその他の政府プログラムによるマインドコントロール実験については、数多くのオンライン資料がある。
https://www.wanttoknow.info/bluebird10pg

here-and-its-called-artificial-intuition/

59. シュワブは、第4次革命には2つの異なる結末があり、成功は保証されていないと警告する。それは、「人類を運命の共有意識に基づく新たな集団的・道徳的意識に引き上げるか、人類をロボット化し、われわれの心と魂が奪がわれる可能性がある」と語っている。
https://www.weforum.org/about/world-economic-forum

60. https://www.cnbc.com/2019/06/01/how-much-do-uber-drivers-really-make-three-drivers-share-the-math.html

61. AIの組織とのコミュニケーション、ＤＡＯとミメティックに関する以下の議論は、キャシー・ドレイヤーによるソーシャルエンジニアリングの研究によるもの。
https://www.youtube.com/channel/UCsT4PTgK2D-wgCzrB_t6ZSw

62. Jeremy Epstein, "Companies of the future, No Boss, Managed by Blockchain," Never Stop Marketing. *Venture Beat,* April 2017,
https://venturebeat.com/2017/04/23/companies-of-the-future-no-ceo-no-boss-managed-by-blockchain/

63. 私たちの未来がＤＡＯとスマートコントラクトであるなら、なぜ、文化が感情的な知性の発達に関心を持つのか、私は混乱してしまう。

64. https://www.mirror.co.uk/tech/watch-sophia-sexy-robot-claim-7606152

65. https://qz.com/1205017/saudi-arabias-robot-citizen-is-eroding-human-rights/

66. Stanislaw Ulam, "Tribute to John von Neumann", (PDF). 64, #3, part 2. *Bulletin of the American Mathematical Society,* May 1958

67. 軍事ミメティクス情報とリソースを提供してくれたキャシー・ドレイヤーに謝意を表する。Michael B Prosser, Memetics-A Growth Industry in US Military Operations, Academic Year 2005-2006.
https://apps.dtic.mil/dtic/tr/fulltext/u2/a507172.pdf

68. Robert Finkelstein,"Tutorial：Military Memetics," October 2011,
https://www.robotictechnologyinc.com/images/upload/file/Presentation%20Military%20Memetics%20Tutorial%2013%20Dec%2011.pdf

69. https://emer J .com/ai-case-studies/news-organization-leverages-ai-generate-automated-narratives-big-data/

70. https://forbiddenknowledgetv.net/history-is-made-two-google-engineers-join-forces-to-expose-tech-tyranny/?utm_source=newsletter&utm_medium=email&utm_campaign=Two+Google+Engineers+Expose+Tech+Tyranny

1962).
49. パーセンテージはすべて四捨五入で概算。特に断りのない限り、コンタクトの第2段階を示している。
"Initial Research Data Summary of the Dr. Edgar Mitchell FREE Experiencer Research Study,"
http://www.experiencer.org/initial-research-data-summary/ (December 1, 2016)
50. Freeman Dyson Dyson, *Disturbing the Universe*, (New York: Basic Books, 1981).
51. David DiSalvo, "Study find the unexpected in brains of spirit mediums," *Psychology Today*. December 2012,
https://www.psychologytoday.com/us/blog/neuronarrative/201212/study-finds-the-unexpected-in-the-brains-spirit-mediums-0
52. Daniel Amen, "The Neuroscience of Psychic Experience,"
https://www.doctoroz.com/article/neuroscience-psychic-experience
53. Norman Don and Gilda Moura, "Topographic Brain Mapping of UFO Experiencers, "*Journal of Scientific Exploration*, Vol 11, No. 4, pp 435-453, 1997,
https://pdfs.semanticscholar.org/a171/f52e058266cbe69cbc3a9efec7c7f464c4f8.pdf
54. P. Fenwick and S. Galliano and Coate MA and V Rippere and D. Brown, "'Psychic sensitivity', mystical experience, head injury and brain pathology," *British Journal of Medical Psychology*, March 1985,
https://www.ncbi.nlm.nih.gov/pubmed/3986152
55. Kenneth Ring, *The Omega Project: Near-Death Experiences, Ufo Encounters, and Mind at Large*, (New York: William Morrow, 1992).
56. Skymind AI Wikiに、AI、機械学習、ディープラーニングに関する包括的な初心者ガイドがある。
https://skymind.com/wiki
57. Luca Budello, "The Power of Place：Geospatial is Transforming our World," *Geospatial World*, October 2020,
https://www.geospatialworld.net/blogs/geospatial-is-transforming-our-world/
58. Mark Gazit, "The Fourth Generation of AI is Here and its called Artificial Intuition" *The Next Web*, September 2020,
https://thenextweb.com/neural/2020/09/03/the-fourth-generation-of-ai-is-

https://www.chicagotribune.com/news/ct-xpm-1985-05-01-8501260604-story.html
39. Albert Scardino, "Experts Question Data about Missing Children," *New York Times*, August 18, 1985.
https://www.nytimes.com/1985/08/18/us/experts-question-data-about-missing-children.html
40. Elyse Wanshel, "10 Reasons why you shouldn't give your child a smart phone or tablet,"
https://www.littlethings.com/reasons-not-to-give-children-technology/
41. https://en.wikipedia.org/wiki/Decade_of_the_Brain
42. https://www.genome.gov/human-genome-project
43. https://brainstatetech.com
44.「神経可塑性は、ビジョンセラピーの基礎となるものであり、脳内のニューロンや神経ネットワークが新しい情報や感覚的な刺激に反応し、その接続や実際の行動を変化させる能力のこと。神経ネットワークは特定の機能を担い、通常の機能から逸脱し、自己を再編成する能力を保持している」
https://www.optometrystudents.com/vision-therapy-neuroplasticity-optometry-student-perspective/

## 第 2 章

45. FREEは、レイネリオ・ヘルナンデスが代表を務める「エドガー・ミッチェル地球外・非日常体験研究財団」である。彼の共著『UFOを超えて(Beyond UFOs)－意識と非人間的知性とのコンタクトの科学』(第1巻／2018年)は5年以上かけて編纂され、100カ国で非人間的知性とのコンタクトを持つ4200人以上の体験者を調査している。
＊私(レベッカ・ハードキャッスル・ライト)は、『UFOを超えて』に、「ＦＲＥＥの調査データによるエクソコンシャスの分析：コンタクト後の体験者の心理的変容」というタイトルの章を書いた。
46. Howard E. Gardner, *Frames of Mind*：*The Theory of Multiple Intelligences,* New York: Basic Books, 1983.
47. ガードナーは第9の知性の可能性について書いていて、それを「実存的知性」と分類している。彼はこの知性を、正式に8つの知性のリストに加えたわけではない。
48. Leon Festinger, *A Theory of Cognitive Dissonance* (Stanford University Press,

26. Matthew J. Friedman, MD, PhD, "PTSD History and Overview", Last updated, February 23, 2016,
https://www.ptsd.va.gov/professional/ptsd-overview/ptsd-overview.asp
27. ブレインステーツテクノロジー
https://brainstatetech.com
28. https://brainstatetech.com/overview/
29. https://traumaprevention.com
30. "Dr. Robert Scaer on Trauma," *Thriving Now*, February 2010,
http://www.thrivingnow.com/scaer-trauma/
31. "The Spirit of MAAT, How the Power of Intention Alters Matter with Dr. William A. Tiller: Scientific proof that human intention raises local symmetry in the substratum of space", *Spirit of Maat*, Vol 2, No 8,
http://www.spiritofmaat.com/archive/mar2/tiller.htm
32. https://www.davincisanfrancisco.com
33. Larry Lowe, "Dr. Edgar Mitchell, The Unexpected Benefit of Apollo 14", *Journal of Anomalous Science*, 2012,
https://www.paradigmresearchgroup.org/graphics/Unexpected%20Benefit%20of%20Apollo%2014.pdf
34. キャロル・ロージンによると、ウェルナー・フォン・ブラウンは、ロシア、テロリスト、第三世界諸国、小惑星、ETを含む外界からの脅威となるもののリストを政府と軍が作成しているとした。
Linda Moulton Howe, "Eye-Opening Interview with Carol Rosin about the Late Wernher von Braun," *Ventura California*, 2004,
https://www.biblＩｏＴecapleyades.net/exopolitica/esp_exopolitics_zcb.htm
35. https://en.wikipedia.org/wiki/Augmented_reality
36. ChrisＴＩＡnna Reedy, "Kurzweil Claims That the Singularity Will Happen by 2045: Get ready for Humanity 2.0," *Futurism*,
https://futurism.com/kurzweil-claims-that-the-singularity-will-happen-by-2045
37. Jack Crowe, "AOC's Chief of Staff Admits the Green New Deal Is Not about Climate Change," *National Review*,
https://www.nationalreview.com/news/aocs-chief-of-staff-admits-the-green-new-deal-is-not-about-climate-change/
38. Barbara Mahany and Jack Houston, "Mom, 2 Kids Reunited," *Chicago Tribune*, May 1, 1985.

17. Jumar Karkeshian and Tuszynski and Simon Barclay, "Are there optical communication channels in the brain?," *Front Bioscience,* March 2018, https://www.ncbi.nlm.nih.gov/pubmed/29293442
18. Bruce DeWitt and Neill Graham, *The Many -Worlds Interpretation of Quantum Mechanics* (Princeton Series in Physics, 1973).
19. Rebecca Hardcastle, "Exoconsciousness：Beyond the Brain a Second Chance" *Exopolitics Journal,* January 2006,
http://www.exopoliticsjournal.com/Journal-vol-1-2-Hardcastle.pdf
20. Rebecca Hardcastle, *Exoconsciousness: Your 21st Century Mind* (Authorhouse, 2008).
21. http://www.exoconsciousness.com
22. https://exoconsciousness.org
23. UFO研究家が、何を彼らの情報源にするかの深い議論については、レベッカ・ハードキャッスル「エクソコンシャスの提案 ― 意識科学とサイキックインテリジェンスの共通点」を参照。
https://goo.gl/MqBIMn/（2015）
24. ジョン・マック研究所「人間の変容とエイリアンとの遭遇」
http://johnemackinstitute.org/category/human-transformation-and-alien-encounters/
25. 「傷や怪我、人の移動、写真に撮れる宇宙船など、文字通り物理的なものから、より心理的、霊的、意識の拡張を伴う経験まで、さまざまな経験のグラデーションがあると私は信じている。私たちの社会とメンタリティにとって難しいのは、どちらか一方というメンタリティを持っていることだ。文字通り物理的なものか、それとも精神的な別の領域、つまり目に見えない領域にあるものかのどちらかだ。見えない領域で始まり、それを超えて物理的な世界に現れる現象は、私たちの居場所がないように見えるし、居場所を失っているようにも見える。つまり、答えは簡単。そう、両方なのだ。物理的に起こっていることもあれば、心理的、霊的な体験が別の次元で起こり、それが原因となっていることもある。つまりこの現象は、単に物理的な世界だけでなく、過去数百年にわたる学習プロセスによって私たちの意識が閉ざされてしまったことに対し、目に見えない別の現実が存在する可能性にも目を向けるよう、私たちに求めるのだ」
"Interview with John Mack Psychiatrist, Harvard University," *Nova Online,* 1996,
http://www.pbs.org/wgbh/nova/aliens/johnmack.html

ホログラフィーをアカシックレコードの古代の考え方と同一視したエドガー・ミッチェルは、「自然はその経験を失わない」と主張した。
Edgar Mitchell, Sc.D., "Nature's Mind: The Quantum Hologram," http://www. experiencer.org/natures-mind-the-quantum-hologram-by-edgar-mitchell-sc-d/
9. Tony Crowley, *Lo-tech Navigator* (Sea Farer Books, 2004), P.134
10. 「現在40代後半から60代前半(ベビーブーマー世代)の魂の第一波は、地球での生活に適応するのに一番苦労しています。彼らはこの世界で横行する暴力に怯え、『家』に帰りたいと願っています。怒りや憎しみのような強い感情は、彼らの心を深く揺さぶり、現状に反抗し、地球の混乱から逃れるために自殺する者さえいます。彼らは、ボランティアの第二波、第三波への道を切り開いたパイオニアたちなのです」
ドロレス・キャノン『ボランティアの3つの波と新しい地球 ー 3世代の新しい魂』
https://dolorescannon.com/waves-volunteers-earth-generations-souls/
11. 非日常体験研究プログラム
http://johnemackinstitute.org/2003/01/program-for-extraordinary-experience-research-peer/
12. リン・キテイ博士は「フェニックスライツ(フェニックスの光)」の重要な目撃者である。
http://www.thephoenixlights.net/Bio.htm
13. アルド・バスケス「昨日の夜、空に奇妙な光が見えましたか？　これがその理由です」
http://www.abc15.com/news/state/did-you-see-strange-lights-in-the-sky-last-night-here-s-why
14. Rebecca Hardcastle Wright, "Exoconsciousness：Beyond the Brain A Second Chance," *Exopolitics Journa*l, January 2006,
https://exopoliticsjournal.com/Journal-vol-1-2.htm
15. ルパート・シェルドレイクは、動画『モルフィック・フィールドとファミリー・コンステレーション』で、家族のフィールド現象とファミリーコンステレーションセラピーにおける実践法について説明している。
https://youtu.be/JydjryhEl5o
16. Charles L. Sanders, "Speculations about Bystander and Biophotons, Dose-Response," December 2014.
https://www.ncbi.nlm.nih.gov/pmc/articles/PMC4267444/

# 原注

## 序章

1. ETとは、明確な文明や時間軸を持つ地球外生命体を指し、多次元とは、天使や別次元のエネルギー的存在を指す。
2. Huxley,Transhumanism : In New Bottles for New Wine (*London: Chatto & Windus,* 1957), pp. 13-17.
3. トランスヒューマン化の達成の条件は、一部、カイル・マンキトリックの説に基づいている。
Kyle Munkittrick, “When will we be Transhuman: Seven Conditions for attaining Transhumanism”, *Discover Magazine,*
https://www.discovermagazine.com/mind/when-will-we-be-transhuman-seven-conditions-for-attaining-transhumanism.
4. テクノクラシーとは、最適な効率を目指して、科学者やエンジニアによって管理されるテクノロジーに基づく世界経済システムのこと。これには、農産物や天然資源と同様の商品として人間を監視し、計測し、収益化することが含まれる。

## 第 1 章

5. Ram Lakhan Pandey Vimal, “Meanings attributed to the term ‘consciousness’: an overview,” *Journal of Consciousness Studies: Special Issue on Defining Consciousness,*16 (5), 9-27,
https://goo.gl/4TVSym
6. 哲学者のデイビッド・チャーマーズは､意識の定義を区別するために｢ハードプロブレム｣と｢イージープロブレム｣という用語を作り出した。彼はアリゾナ州ツーソンで発表した論文『意識の科学的基礎に向けて』で、初めて｢ハードプロブレム｣という用語を引用した。
http://consc.net/papers/facing.pdf
7. ルパート・シェルドレイクによる、モーフィック・レゾナンスとモーフィック・フィールドの概要。
https://www.sheldrake.org/research/morphic-resonance/introduction
8. ノエティック科学研究所名誉会長のマリリン・シュリッツ氏によると、量子

◆ 著者プロフィール

## レベッカ・ハードキャッスル・ライト（Rebecca Hardcastle Wright,Ph.D.）

エクソコンシャス研究所（I-EXO）の創設者。地球外知的生命体（ET）と多次元体験者の将来的な重要性に関する研究の第一人者。アポロ14号の宇宙飛行士、エドガー・ミッチェル博士が設立した組織「クアントレック」で、国際的な科学チームのメンバーとして、ゼロポイントエネルギーや意識、ETの存在を統合する研究に就任。その経験から、人類とETおよび多次元の存在が協働創造する発明や、技術革新を主流化することに取り組む「I-EXO」を設立。セラピスト、生涯コンタクティー、エクソコンシャスコーチとして、多次元体験者が体験したことの統合と応用をサポート。
著書に『Exoconsciousness：Your 21st Century Mind』と『How Exoconscious Humans Guide our Space-Faring Future』（いずれも未邦訳）がある。『Beyond UFOs』に寄稿。

ウェブサイト：exoconsciousness.com

◆ 訳者プロフィール

## 高島康司（Yasushi Takashima）

コンサルタント、世界情勢アナリスト。子ども時代を日米両国で過ごす。早稲田大学卒業。在学中、アメリカの大学に公費留学。帰国後、教育産業のコンサルティングなどのかたわら、語学書、ビジネス書などを多数著す。メルマガで、日本では報道されない情報を発信。毎年多くのセミナーや講演に出演。
主な著作は、『2020年アメリカは分裂する！』（ヴォイス）、『「資本主義2.0」と「イミーバ」で見た衝撃の未来』（ヒカルランド）、『日本人が知らないグレート・リセット6つの連鎖』（徳間書店）、『エノクの預言』『人類滅亡の危機ときたる黄金期の世界』（ともにナチュラルスピリット）、他多数。

ウェブサイト：http://ytaka2011.blog105.fc2.com/

# エクソコンシャスヒューマンズ
自由意志は「非人間化する世界」で生き残れるのか？

●

2024年5月22日　初版発行

著者／レベッカ・ハードキャッスル・ライト
訳者／高島康司

装幀／山添創平
編集／湯川真由美
DTP／細谷 毅

発行者／今井博揮
発行所／株式会社 ナチュラルスピリット
〒101-0051 東京都千代田区神田神保町3-2 高橋ビル2階
TEL 03-6450-5938　FAX 03-6450-5978
info@naturalspirit.co.jp
https://www.naturalspirit.co.jp/

印刷所／創栄図書印刷株式会社


ISBN978-4-86451-477-4 C0011

## ●新しい時代の意識をひらく、ナチュラルスピリットの本（★…電子書籍もございます）

**エノクの預言★**
予告された未来の光景
高島康司 著
地球外生命体「プレヤーレン」からのコンタクトでもたらされた的中率の高い預言！　この残酷な出来事は888日続き、文明は崩壊する?!
定価 本体一七〇〇円＋税

**人類滅亡の回避ときたる黄金期の世界**
高次宇宙種族・プレヤーレンによる警告と教え
高島康司 著
2029年にプレヤーレンは地球から完全に撤退する！　人類に突きつけられた「種の大絶滅」とは？　生き残っていく者たちが体験する未来とは？
定価 本体一七〇〇円＋税

**DMT―精神の分子―★**
臨死と神秘体験の生物学についての革命的な研究
リック・ストラスマン 著
東川恭子 訳
臨死体験、神秘体験、宇宙人との遭遇などにDMT（N・N-ジメチルトリプタミン）が大きく関わっていることを明らかにした画期的な書！
定価 本体二九八〇円＋税

**天からのダイヤモンド★**
LSDと宇宙の心《マインド》
クリストファー・M・ベイシュ 著
ジュン・エンジェル 訳
禁断の果実（LSD）は人間を内的宇宙のどこまで連れて行くのか？　大学教授による73回の「セッション」から生まれた内宇宙探訪記。
定価 本体三七〇〇円＋税

**超自然になる★**
どうやって通常を超えた能力を目覚めさせるか
ジョー・ディスペンザ 著
東川恭子 訳
次元を超える瞑想法、心臓と脳、松果体の秘密、プロジェクト・コヒーレンスなど、さまざまな実験で検証！　超自然になるロードマップを公開。
定価 本体二九八〇円＋税

**入り組んだ宇宙　第一巻★**
地球のミステリーと多次元世界の探究
ドロレス・キャノン 著
誉田光一 訳
退行催眠中に告げられた多次元宇宙の驚くべき真相。私たちは、まさに、入り組んだ宇宙に住んでいる。圧巻の896ページが語る、膨大な「知識」！
定価 本体四五〇〇円＋税

**ワンネスの扉★**
心に魂のスペースを開くと宇宙がやってくる
ジュリアン・シャムルワ 著
僕たちは「人間」の体験をしている宇宙なのだ！16歳のある日UFOを目撃し、謎の宇宙人との交流が始まる。繰り返し起こる圧巻のワンネス体験記。
定価 本体一五〇〇円＋税